조선 엘리트 파워

김옥균과
젊은 그들의 모험

김옥균과 젊은 그들의 모험

조선 엘리트 파워

— 안승일 지음 —

연암서가

나는 원한다, 조국이 나를 이해하게 되길,
조국이 원치 않는다면, 그땐…
그냥 조국을 지나가는 수밖에,
비스듬히 내리는 비처럼!

— 블라디미르 마야코프스키

프롤로그

격동의 시대 격정적인 삶을 살다간 '젊은 그들'의 꿈과 좌절

국가가 '누란累卵의 위기危機'에 처할 때 소용돌이치는 그 역사의 현장에는 언제나 '젊은 그들'이 있었다. 이 책에서 이야기하고자 하는 김옥균과 '젊은 그들'도 후기 조선 왕조의 철옹성鐵甕城 같은 세도정치勢道政治 체제에서 실세는 아니었지만, 권력의 중심부 또는 그 언저리에서라도 호가호위狐假虎威하며 안락한 삶을 누릴 수도 있었다. 그러나 시대를 앞서가는 이들 신진 엘리트들은 현실의 안일한 삶보다 더 나은 조국의 미래를 향한 도전과 모험을 통해 '닫힌 세상'이 아닌 '열린 세상'을 열망하였다. 그것만이 그들이 살아가는 '존재의 이유'요 '존재의 목적'이었다.

어느 시대 어느 국가든 그 시대가 요구하는 시대정신(Zeitgeist)이 있다. 국가·사회 지도층이 그 정신을 솔선수범率先垂範 실천에 옮길 때 그 나라 역사는 바로서고 발전할 것이다. 그렇지 못하고 지도층이 수사학(rhetoric)적 언어유희나 반복하며 그들만의 리그, 그들만의 파라 다이스'로 재미를 독점한다면, 그 나라 그 역사는 어찌 되겠는가? 19세기 중반 이후 서구 열강들의 서세동점西勢東漸이 본격화하는 상황에서 중국·일본은 이들과의 불평등 조약까지 맺으면서도 선진문물을 받아들이고 개혁·개방을 서두르며 국가의 선진화를 추진해나갔다. 그러나 후기 조선 왕조의 집권층, 특히 왕실 척신戚臣들은 급변하는 국제정세의 도도한 흐름을 외면한 채 용렬庸劣한 왕을 등에 업고 견제세력이 없는 절대 권력을 휘두르고 매관매직賣官賣職과 가렴주구苛斂誅求를 일삼으며 민생을 도탄塗炭에 빠뜨렸다. 이와 같은 내재적 부조리와 모순이 확대·심화하는 가운데 이들 기득권 수구세력들은 열강의 개방 압력에도 불구하고 극단적인 쇄국정책을 펴는 한편 쇠잔해가는 청나라의 그늘을 벗어나지 못하고 그들의 눈치만 보며 일희일비一喜一悲하는 비겁한 타성에 젖어 있었다. 이런 위기상황에서 조선의 젊은이들에게는 메이지 유신明治維新을 계기로 눈부신 발전을 거듭하고 있는 일본이 선망의 대상이며 롤 모델이었다. 이에 따라 이들 신진 엘리트들은 전통적인 성리학을 기반으로 하고 있는 수구세력과 위정척사파衛正斥邪派, 온건 개화파와는 시국관을 달리하며, 급진적인 개혁과 개화의 필요성을 절감했고 이를 서둘러 행동으로 옮기는 주체가 되고자 했다.

　이들 '젊은 그들'에게 발전하는 세계에 대한 인식과 사고의 지평地平을 넓혀주고, 개화의 눈을 뜨게 한 선각자들은 역관 출신으로 사신을 따라 청국을 자주 드나들며 선진 서양문물에 관한 각종 자료를 수집·소개한 오경석, 같은 역관 신분이며 한의사로 불교의 만민 평등 사상에 투철한 유대치, 그리고 당시(1860~70년대 중반) 정계의 거물로 진보적인 세계관을 갖고 있는 박규수 등 3인이었으며, 이들은 만남이 거듭되면서 서양의 발전된 문물을 자기들만이 보고 아는 데 그치지 않고 뜻있는 젊은이들에게 전수傳授하는 것이 나라의 발전을 위해서 절실하다고 생각했다.

이렇게 해서 이들 3인의 선각자들은 박규수 집 사랑채에서 자주 만나 장래가 촉망되는 양반집 젊은 자제들을 포섭, 규합해 나갔다. 어쩌면 이러한 일련의 움직임을 왕실 당국, 특히 실세인 민비 측근 수구세력들이 예의 주시했다면 이들을 '불온서적'을 탐독하는 '불온서클', 내지는 '반체제 조직'으로 규정할 수도 있었을 것이다. 그런 면에서 당시 잘 나가는 정계의 실력자로서 현실에 안주할 수도 있었던 박규수가 연로한 나이임에도 이처럼 '위험'하고도 진보적인 세계관을 가진 모임의 리더가 된 것은 매우 이례적이었으며, 그의 집 사랑채는 이들 엘리트들을 개안開眼・개화開化시키는 신학문의 산실産室이요 요람搖籃이 되었다.

이들 박규수 문하생들 중 새 물결・새 바람 개화사상을 통해 새로운 세계에 대한 탐구열과 실천 의지가 강한 청년은 어느 누구보다 김옥균이었으며, 그런 면에서 그는 개화라는 새로운 바람의 '아들'이었다. 특히 김옥균은 신진 엘리트들 중에서 총명함과 지적 수준, 흡인력이 단연 뛰어났기 때문에 일찍부터 이들 모임의 핵심인물이 되었으며, 그런 그였던만큼 박규수를 중심으로 한 3인의 선각자들도 그에 대한 기대감이 남달랐다. 김옥균은 22세 때(1872년, 고종 9년) 문과에 장원급제한 후 성균관과 사헌부를 거쳐 1874년 홍문관으로 자리를 옮기면서 고종과 자주 대면하게 되었다. 그는 1883년 이조참의가 될 때까지 거의 10년간이나 홍문관에 몸담고 시독관試讀官 자격으로 경연經筵에 수시로 참여하여 왕으로부터 인정을 받기도 했으나 그런 직무는 당시의 급박한 시대상황과 그의 웅지雄志에 비추어 볼 때 별 실권도 영향력도 없는 한직이었다. 당시 국정의 요직은 민비 척족들이 독점하고 있었기 때문에 김옥균은 이런 한직에 머물러 있으면서도 선진문물의 조속한 수용은 물론 국토 개발(울릉도 등 동남제도개척東南諸島開拓)과 수산업 육성(동해안 일대 포경사업捕鯨事業), 국가 재정의 건전화(일본으로부터의 차관도입借款導入) 등 각종 혁신적인 개혁방안을 국왕에게 직·간접으로 건의하였으나, 그때마다 수구파의 강력한 견제로 어느 것 하나 뜻을 이루지 못했다. 마침내 김옥균은 이러한 퇴행적인 정치풍토에서 더 이상 국가발전을 기대할 수 없다고 판단하고 뜻을 같이하는 급진 개화파 동료들과 함께 쿠데타적인 방법으로 정치판을 새롭게 짜는 모험을 감행, 역사를 바르게 이끌어 가고자 했다. 그러나 모든 일이 다 젊음의 혈기로만 되는 일은 아니었다. 그들은 사전에 치밀한 준비와 행동 프로그램이 미흡한 상태에서 민심의 동향과 청국 병력의 적극 개입 가능성을 간과한 채 정변을 일으켰기 때문에 권력이동은 엉성하게도 '3일 천하' 사상누각이 되고 말았다. 그리고 김옥균은 일본에서 10년간의 참담한 망명 생활 끝에 조·중·일이 합작한 덫에 걸려 상하이에서 비참한 최후를 맞았다. 훗날 유길준은 김옥균 묘비문에 "비상한 재주를 갖고 비상한 시국을 만나 비상한 공도 없이 비상한 죽음만 있었다……(抱非常之才 遇非常之時 無非常之功 有非常之死……)"라고 썼는데 이 비문은 인간 김옥균을 가장 압축적으로 표현한 명문장이다.

인간에 대한, 살아 있는 모든 생명체에 대한 사랑 말고는 모든 것은 그 시대가 요구하는 시대정신에 맞게 변해가야 할 것이다. 그런 점에서 현실의 부조리와 모순을 혁파하고자 분연히 일어선 김옥균과 '젊은 그들'의 모험적인 도전정신은 비록 그 자체가 실패로 끝났더라도 역사의 길을 바로 이끄는 실천적인 동력의 하나로 자리매김하였다고 본다. 따라서 이 책을 집필한 직접적인 동기도 이러한 역사인식을 바탕으로 이들 인물에 대한 올바른 이해와 재평가를 해보고자 하는 것이며, 역사적 사건과 인물을 다루는 데 있어서 맹목적인 쇼비니즘chauvinism이나 편견과 편애, 작위적인 폄훼貶毁를 피해야 된다는 점도 유념하였음을 밝히고 싶다.

끝으로 이 책을 쓰는 데 이 분야의 독보적 선학先學이신 고故 이광린李光麟 교수, 원로 역사·사회학자 신용하愼鏞廈 교수, 사학자 박은숙朴銀淑 박사와 재일在日 사학자 금병동琴秉洞 선생의 역저力著들, 그리고 이 밖의 많은 분들의 저작과 사료史料들에 힘입은 바 컸음을 밝히며, 졸고를 출판하는 데 물심양면으로 지원을 아끼지 않은 연암서가 권오상 대표, 항시 격려와 조언으로 큰 힘을 보태주신 선배·동료 여러분께도 깊은 감사를 드린다. 독자 여러분의 많은 관심과 질정叱正을 기대한다.

2012년 3월
안승일 씀

차례

프롤로그
격동의 시대 격정적인 삶을 살다 간 '젊은 그들'의 꿈과 좌절 7

제1장 새 물결·새 바람, 그 이름 개화사상 —— 15
개화의 선각자, 서울 '북촌' 박규수와 그의 집 '사랑방 손님들' 17
개화사상의 원류 실학파의 '북학'과 박제가의 북학사상 35

제2장 역사의 전면에 나선 '젊은 그들' —— 45
총체적 난국에 빠진 후기 조선왕조 47
김옥균, 운명의 마을 서울 '북촌'에서 뜨다 53
젊은 그들, '불온서적'을 탐독하고 '불온서클'을 조직하다 59
대원군의 집권과 이에 맞서 이긴 민비의 세 불리기 73
일본의 조선 침탈 신호탄 운요호 사건 79
갑신정변의 전주곡 임오군란 82
고종과 개화파, 일본 미국을 벤치마킹하다 87

제3장 '3일 천하'로 끝난 허무한 꿈 —— 95

난관에 부닥친 1단계 '거사' 계획 97

심기일전 '거사' 세부계획을 재수립하다 101

정변 가담자 포섭 및 행동대원 동원 준비 107

'운명의 날' 1884년 12월 4일, '정변'을 결행하다 110

신정부 조각과 정강 공포 117

신정부, 청국군 개입으로 3일 만에 무너지다 126

수구파의 반격과 잔혹한 보복 131

예견된 실패 – 디테일이 부족한 스케일 141

잃은 것과 얻은 것 152

제4장 참담한 망명 생활 – 그 '잃어버린 10년' —— 159

후쿠자와 유키치를 다시 만나다 161

박영효의 김옥균 콤플렉스 168

거듭되는 신변위협과 재기의 몸부림 173

절해고도 오가사와라 섬으로 추방되다 182

두 번째 추방지 홋카이도에서의 '이루어질 수 없는 사랑' 189

좌절 속에서의 문란한 사생활 192

피할 수 없는 선택, 거부할 수 없는 유혹 – 상하이 행 197

제5장 혜성처럼 떠오르다 운석처럼 떨어지다 —— 201

더욱 암담해진 조국의 현실 203

동학농민군 진압과 청일전쟁 승리로 조선 지배권을 선점한 일본 206

상하이에서 비참한 최후를 맞다 211

김옥균 암살은 조·중·일 '3국 합작 모살' 224

암살자 홍종우의 그 뒤 행적 229

제6장 망국의 길에서 다시 만난
'북촌' 개화파들의 험난한 행로 —— 237

재기와 좌절을 반복하며 친일파로 전락한 박영효 239

정계 복귀 후 미국에 재 망명하여 쓸쓸히 생을 마감한 서광범 246

자기실현과 조국의 독립을 꿈꾸며 다채로운 삶을 살다간 서재필 253

전통과 근대화를 아우른 중도 개화 주창자 유길준 260

죽음 앞에서도 의연했던 '조선의 마지막 개화파' 김홍집 270

도피 중 전설 같은 죽음을 당한 올곧은 재정 전문가 어윤중 280

망국의 소용돌이 속에서도 천수天壽를 다한 현실주의자 김윤식 288

에필로그

인간 김옥균의 빛과 그림자
—— 왜 이 시대에 김옥균을 다시 이야기하는가? 299

참고문헌 306

제1장

새 물결 · 새 바람,
그 이름 개화사상

❝ 어느 시대 어느 국가든 지도층이 박제剝製된 낡은 사고의 틀에 갇혀 시대정신을 외면하고 기득권 수호에 집착할 때 그 사회, 그 국가는 고인 물처럼 썩게 마련이다. 안타깝게도 후기 조선사회가 그런 일그러진, 아니 그보다 더한 슬픈 자화상을 그리고 있었다. 불행 중 다행이라 할까 이런 암담한 현실 속에서 한 자락 불빛이 있었으니 그것은 바로 홍대용·박지원·박제가를 비롯한 뜻있는 일부 '북학파北學派' 식자들이 주도한 '실사구시實事求是' 실학사상實學思想이었으며, 특히 이들 가운데 박제가는 그의 주저主著 『북학의北學議』를 통해서 이용후생利用厚生적 실학사상을 '북학' 사상으로 구체화하였다.

그리고 이 실용적인 북학사상은 훗날 지도층 박규수와 중인 신분 역관 오경석·유대치 등 일단의 신사고新思考 지식인들에 의해 수용되었으며, 이들은 이 사상을 새 물결·새 바람 '개화사상開化思想'과 접목, 조선의 실정에 맞는 개화사상으로 발전시켜 김옥균과 '젊은 그들'에게 적극 전수傳授하였다. 당대의 신진 엘리트 파워인 '젊은 그들'은 기득권을 포기하면서까지 진보적인 세계관이 담긴 이 '개화사상'을 자신들 계파인 '개화당'의 시대정신이자 어젠다Agenda로 삼고 당시의 퇴행적인 정치 풍토를 혁신하는 행동 철학과 실천 동력으로 삼는 데 주저하지 않았다. ❞

제1장 새 물결·새 바람, 그 이름 개화사상

개화의 선각자, 서울 '북촌' 박규수와
그의 집 '사랑방 손님들'

서울 '북촌北村', 지금의 종로구 북촌로 15(재동 83) 헌법재판소 본관 건물 좌측 정원 언덕에 수령 600년이 넘은 희귀종 백송白松이 신비로운 자태를 뽐내며 두 갈래로 의연히 뻗어 있다. 수령이 이토록 오래되고, 우리나라 토종 나무가 아닌 이 소나무는 조선 왕조 초기를 전후하여 중국에 사신으로 파견된 누군가가 소중하게 가지고 들어와 이 자리에 심어 오늘에 이른 것으로 전해지고 있다. 이렇게 해서 이역 조선 땅 한복판에 조선의 소나무로 새롭게 뿌리 내린 이 백송은 오랜 세월, 모진 풍파를 겪어 오면서 질곡과 영욕이 엇갈린 역사의 현장을 지켜보아 왔다. 멀리는 조선 왕조의 피비린내 나는 왕권 다툼에서의 칼과 창이 부딪치는 소리와 외세의 말굽소리, 수구와 개화의 거친 숨결, 가까이는 6·25 동족상잔의 비극, 독재에 항거한 4·19 민주학생 혁명, 5·16 군사 쿠데타와 궁정동 대통령 시해사건, 사상 초유의 전직 대통령의 자살로 빚어진 비탄과 분노의 함성, 그런가 하면

역동적인 경제발전 속에서의 성장과 분배에 관한 보수와 진보의 소모적인 논쟁을 이 백송은 켜켜이 쌓여가는 나이테 속에 차곡차곡 간직해왔다.

1869년 4월(음) 하순 어느 날부터 바로 이 백송이 자리한 북촌 재동齋洞의 형조판서 겸 한성판윤 박규수 집 사랑방에는 그가 평안도 관찰사 임무를 마치고 상경하여 채 자리를 잡기도 전에 수상(?)한 사람들이 분주히 드나들기 시작하였다. 실학파의 거목 연암 박지원의 손자인 박규수는 1866년 2월 평안도 관찰사로 부임 후 몇 개월이 지난 7월 23일 대동강에 침입한 미국 상선 제너럴셔먼호를 격침시키고 3년 남짓의 임기를 마친 후 1869년(고종 6년) 4월 3일 예문관제학藝文館提學(왕의 칙령과 교명을 기록하는 관청의 종 2품)으로 임명되어 상경하였다. 그는 곧바로 4월 23일 한성판윤, 6월 15일 형조판서라는 중책까지 겸임 발령을 받고서 당대의 실력자로 공사다망한 나날을 보내는 중이었다. 그러나 그는 당시 민비 척족들의 세도정치가 기승을 부리는 정국에서 말 그대로 정치권의 실력자였지만, 실세는 아니었다.

당시 박규수 집에 가장 빈번히 출입하는 사람은 중인 출신 역관 오경석과 같은 역관이며 한의사인 유대치(본명 유홍기)인데 이들은 급변하는 시대의 흐름, 소위 새 물결·새 바람 개화사상의 선각자들이었다. 그렇다면 이들은 어떻게 해서 만나고 만나야만 했는가? 박규수가 처음 만난 사람은 역관 오경석이었다. 오경석은 박규수를 만나기 전인 1853년부터 10여 차례 역관 자격으로 사신을 따라 북경을 왕래하며 서양 문물의 눈부신 발전상에 큰 자극을 받고 각종 신학문 자료를 입수하거나 필사筆寫하여 국내에 가지고 들어왔다. 이 과정에서 오경석은 서양의 발전상과 선진문물에 관심이 많은 박규수를 접하게 되었으며, 두 사람이 본격적으로 만나 뜻을 같이한 시기는 대략 1869년 4월 박규수가 상경한 이후부터였다. 이무렵 오경석은 자신과 동년배(1831년?)이며 신분이 같은 역관이자 한의학자인 유대치를 자주 만나 그에게 신학문을 소개하였다. 두 사람은 중인 신분이었기 때문에 정치일선에 나설 수 없었으므로 오경석은 유대치와 함께 박규수를 만나 개화의 필요성을 건의하였으며, 세 사람은 만남이 거듭되면서 자연스럽게 의기투합하였다. 첫 상면부터 유대치의 인품에 매료된 박규수는 그 뒤부터 두 사람을 자기 집 사랑채로 자주 불러 이들과 밀회를 거듭하고 위기에 처한 조선의 참담한 현실을 타개하기 위해서는 개화가 절실하다는 인식을 함께하게 되었다.

그렇다면 개화開化란 어떤 의미이며 이들 선각자 3인이 그토록 절실하게 조선의 개화를 염원하게 되었는가? 원래 '개화開化'라는 말은 일본이 1860연대 메이지 유신明治維新 이후 서양 문물을 적극 수용하면서 널리 사용하기 시작하였다. 물론 이 말은 일본에서 처음으로 만들어 사용된 것이 아니고 타국의 문물을 모방, 발전시키는 데 탁월한 능력을 지닌 일본이 중국 고전에 있었던 말을 차용해서 쓰기 시작하였다. 즉 개화란 말은 『역경易經』에 나오는 '개물성무開物成務'와 '화민성속化民成俗'의 합성어로서 개물성무는 사람이 아직 알지 못하는 것을 개발하고 사람이 이루고자 하는 것을 이루게 한다는 뜻이며, 화민성속은 무지한 백성을 교화하여 아름다운 풍속을 만든다는 뜻이었다. 따라서 이 두 말을 합쳐 '개화'란 말이 나오게 된 것인데 결국 이는 새로운 것을 개발하고 백성을 교화한다는 뜻이었다. 이런 의미를 띠고 있는 개화사상을 위 선각자 3인이 조선의 현실에 맞게 그 기반을 조성하게 된 것은 당시 선진 서양문물을 적극 수용, 비약적인 발전을 거듭하고 있는 중국(청)·일본에 비해 너무도 뒤떨어져 있는 조국의 위기상황을 이들은 깊이 통찰하고 있었기 때문이었다. 따라서 이들 개화 선각자 3인의 활동을 통해서 조선 사회에서의 개화사상이 어떻게 형성, 발전하게 되었는지 파악할 수 있기 때문에 이들의 면모와 활동상황을 좀 더 자세히 살펴보자.

먼저 조선 개화파의 원조격인 사람은 오경석吳慶錫(1831~1879. 호는 역매亦梅)이었다. 조선시대의 문물은 그 유입처가 주로 중국과 일본을 통해서였는데 그 중심적인 채널은 사신과 함께 상대국을 왕래하였던 역관譯官들이었다. 이들은 신분상 중인 출신이었지만 전문적인 지식을 바탕으로 폭넓은 활동을 하며 문화·문명발전에 큰 몫을 하였다. 특히 조선의 개항과 함께 갑자기 밀어닥친 서구문명은 큰 충격을 주었으며, 이러한 현실을 맨 먼저 직시한 사람들은 어느 누구보다도 중인 출신 역관들이었다. 이들 역관들은 중국을 자주 왕래하면서 중립적인 시각에서 새로운 문물을 여과 없이 받아들이는 데 인색하지 않았다. 그들은 신분질서의 벽이 되고 있는 유학儒學의 도그마에 빠져들고 싶지 않았고, 그렇기 때문에 현실 변화에 민감하였다. 그 대표적인 사람이 바로 오경석이었다.

오경석은 조선 왕조가 쇠락의 길로 접어든 암울한 시기인 1831년(순조 31)년 1월 21일(음) 서울 장교동에서 역관인 오응현의 아들로 태어났다. 장교동 일대는 조선시대에 중인들이 집중적으로 살던 곳이었다. 그는 재주가 뛰어나 어학 외에도 서화와 금석학金石學에도 일가견을 가진 사람이었다. 그는 어려서부터 중국 원나라의 화가였던 매화도인梅花道人 오진吳鎭을 흠모한 나머지 자신의 호를 역매亦梅로 썼다. 그의 집안은 당초에는 문반이었으나 중종 이후부터는 후손들이 역과譯科와 의과醫科에 합격, 이 분야에 활동하면서 중인 신분이 되었으며, 특히 숙종 이후 조

오경석

선 말기 오경석의 아들 오세창에 이르기까지 8대를 거치는 동안 그의 가계에서 20여 명의 역관이 배출되었다.

  오경석의 아버지 오응현은 18세 때 역과에 합격하여 역관의 직위로는 최고직인 정 3품의 당상역관堂上譯官을 거쳐 지중추부사知中樞府事의 명예직을 제수받기도 하였다. 오경석은 5남 1녀의 장남이었으며 그의 다섯 형제도 모두가 역과에 합격하여 말 그대로 역관 집안이었다. 그의 아버지는 당상역관으로 중국을 자주 왕래하면서 인삼을 비롯한 특산품을 가지고 가서 팔고 돌아올 때는 그 곳의 희귀물품을 가지고 와서 국내는 물론 일본에까지 넘겨다 팔아 상당한 부를 축적해나갔다. 따라서 오경석은 어려서부터 가난과는 거리가 멀었지만 현실의 안일한 삶에 안주하지 않고 새로운 것에 대한 지적 호기심과 진보적인 세계관을 키워나갔다.

  이런 그였기에 오경석은 어릴 때부터 자연스럽게 진보적인 실학에

관심을 갖게 되었고, 그의 지적 호기심을 먼저 자극한 책들은 실학자 박제가朴齊家의 『북학의北學議』를 비롯한 그의 여러 저서들이었다. 그래서 그는 박제가의 문집인 『정유고략貞蕤稿略』, 『정유시초貞蕤詩抄』, 『초정소고楚亭小稿』 등을 탐독하고 일부는 직접 필사하여 학습하기도 하였다. 또한 오경석은 추사秋史 김정희金正喜(1786~1856. 본관은 경주로 후에 안동 김씨 세도정치 때 제주도에 유배되어 유명한 〈세한도歲寒圖〉를 남김)의 금석학에도 관심을 갖고 자신의 저서 『삼한금석록三韓金石錄』에 김정희가 발견, 판독한 진흥왕 순수비 등을 수록하기도 하였다. 또한 이와 함께 오경석은 이상적李尙迪(1804~1865)을 스승으로 모시고 그로부터 많은 영향을 받았다.

서얼 출신인 이상적은 역과 식년시에 수석으로 합격한 수재로 역관 시절 중국을 열두 차례나 다녀온 중국통이었다. 그는 어느 누구보다 중국의 선진문물에 이해가 깊었으며 국내에서는 김정희와 교류하며 금석학과 서화에 큰 경지를 이루었을 뿐만 아니라 시문에도 능하여 헌종이 그의 시를 애송할 정도였다. 오경석은 이런 선배 스승을 사부로 삼고 학업에 정진하여 그가 16세 되던 해인 1846년(헌종 12년) 역과 식년시式年試 한학漢學 역과에 합격, 본격적으로 역관에 입문하였다. 그는 사역원司譯院의 한학습독관으로 있으면서 18세 때 결혼하였으나 첫 부인이 일찍 세상을 뜸으로써 1856년 재혼하여 아들을 낳았는데 그가 바로 일제 강점기에 활약한 오세창吳世昌(1864~1953. 호는 위창葦滄으로 언론인·독립운동가)이었다. 오세창은 아버지 오경석에 대해서 이렇게 회고하였다.

"나의 아버지 오경석은 조선의 역관으로서 중국에 파견되는 동지사冬至使(해마다 동짓달 중국에 보내는 사신) 및 기타 사절의 통역으로서 자주 중국을 왕래하였다. 그는 중국에 체재 중 세계 각국이 각축하는 상황을 견문하고 크게 느낀 바 있었다. 후에 그는 열국의 역사와 각국 흥망사를 연구하여 조선의 정치가 부패해 있으며 세계사의 흐름에 크게 뒤쳐져 있음을 깨닫고, 앞으로 언젠가는 비극이 일어 날 것이라고 하여 크게 개탄하는 바가 있었다. 이로써 그는 중국에서 귀국할 때 각종 신서를 지참하였다. (중략) 아버지 오경석은 신사상 자료를 갖고 귀국하자 그간 친분을 맺어온 대치大致 유홍기를 찾아갔다. 그는 학식과 인격이 모두 탁월, 고매하고 또한 교양이 심원한 인물이었다.

아버지 오경석은 중국에서 가져온 각종 신서를 유대치에게 주어 연구를 권하였다. 그 뒤 두 사람은 사상적 동지로 결합하여 서로 만나면 조선의 형세가 실로 풍전등화처럼 크게 위태롭다고 장탄식하고 언젠가는 일대 혁신을 일으키지 않으면 안 된다는 데 뜻을 같이 하였다. 어느 날 유대치가 우리 아버지 오경석에게 우리나라의 개혁은 어떻게 하면 성취할 수 있겠는가 하고 묻자, 먼저 북촌北村(당시 서울 북촌에는 상류층이 많이 살고 있었음)의 양반 자제들 중에서 뜻 있는 동지들을 모아 혁신의 기운을 일으켜야 한다고 대답하였다."(이 부분 이광린, 『한국사 강좌(근대편)』, 일조각, 2002, 124~125쪽; 신용하, 『한국 근대지성사 연구』, 서울대학교 출판부, 2005, 11쪽 참고. 인용문 원출처 고균기념회 편, 『김옥균전』, 동경, 경응출판사, 1944)

오경석은 23세 때인 1853년 4월 중국어 통역관 자격으로 처음 중국에 가 이듬해 3월까지 체류하면서 중국이 위기에 처해 있음을 직접 감지하였고, 또한 중국의 동남 지방의 청년 출신 지식인들과 교류하면서 사상에 큰 변화를 갖게 되었다. 오경석은 총 13차(열한 번째인 1872년 7월~12월 중에는 박규수가 사절단 대표인 정사正使였음)에 걸쳐 중국을 방문, 견문을 넓히고 그 곳 지식인들과 친교를 맺으면서 이들로부터 많은 정보를 입수하였을 뿐만 아니라 다양한 외교활동을 펴게 되었다. 즉 1866년(고종 3년) 프랑스군의 침공으로 병인양요가 일어나자 오경석은 정사 유후조柳厚祚를 수행, 북경을 방문하여 관계요로와 대책을 협의하는 한편, 프랑스군의 동양함대에 관한 각종 정보를 수집하여 이에 대한 대응책을 마련하는 데 결정적인 기여를 하였다. 그가 수집한 정보에 의하면 조선을 침공한 프랑스 함대가 재정이 부족해 중국 상인들로부터 백만금을 빌려 보급품을 조달한 형편이므로 많은 군사를 동원할 수 없으며, 이들 함대에 적재되어 있는 군량이 부족하므로 그들은 단기전으로 끝내거나 조속한 화친을 바라고 있으므로 서두르지 말고 지구전을 펴면 적들은 제풀에 꺾여 물러갈 것이라는 점 등이었다. 이와 함께 오경석은 청국 주재 프랑스 대사관과 청국의 총리아문總理衙門 사이에 주고받은 중요한 문서를 입수, 즉시 필사하여 조선 정부에 긴급히 보냈다.

또한 1871년 미국측에서 수호통상조약 체결과 개항을 요구하여 왔을 때에도 오경석은 대원군에게 이를 수용하는 것이 바람직하다고 건의하였다. 그러나 대원군은 이를 받아들이지 않았다. 당시 그는 이렇게 회고하였다. "신미년에 아미리가阿米利加(미국을 말함) 배가 왔을 때 대원군은 거의 최고의 전권을 쥐고 있었다. 그때 나는 대원군에게 외교관계를 맺지 않을 수 없는 까닭을 설명하였다. 그러다가 미국 배는 약간의 포사격을 받고 마침내 퇴각하였다. 그 이래 나는 개항가開港家로 지목되어 어떤 일을 건의해도 다시는 채택되지 않았다." 그 후 오경석은 미국이 신미양요辛未洋擾(1871)를 일으켰을 때에도 사후처리와 관련하여 정사 박규수를 수행하였다. 그 밖에 1875년 운요호雲揚號 사건이 일어났을 때에도 무조건적인 척화斥和는 바람직하지 못하므로 자주성을 지키면서 개항하는 것이 좋겠다고 건의하였지만, 이 역시 받아들여 지지 않았고 당국에서는 미적거리다가 1876년 2월 조선은 불리한 조건으로 일본과 조일수호조규朝日修好條規(일명 강화도조약)를 체결하게 되었다.

　이처럼 오경석은 역관 실무자로서 다양한 외교 활동을 펴며 중국을 방문하고 귀국길에 새로운 서적을 구입해 왔다. 그가 가지고 온 신서는 『해국도지海國圖志』, 『영환지략瀛環志略』, 『박물신편博物新編』 등 10여 종에 달하였다. 이 가운데 『해국도지』는 위원魏源이 1844년 저술한 책으로 '양이洋夷'의 침략에 대비하기 위한 책으로 그 속에는 영국을 비롯한 세계 각국의 지리 역사·국방 병기·과학 기술 등과 선거제도 등을 담고 있는데, 특히 이 책은 조선의 개화파들에게 결정적인 영향을 미쳤다. 『영환지략』은 세계 각국의 지리서로 동양인이 서양을 이해하는 데 필독서였으며, 『박물신편』은 서양과학의 해설서이다. 이 모든 어느 것 하나 소홀히 넘길 수 없는 신서들로서 당시로서는 조선인들을 개안開眼시키기에 충분하였다. 특히 그는 이 모든 책들을 동지 유대치에게 읽도록 권하였으며 유대치는 이 책들을 탐독하였다. 후에 두 사람은 1869년 평안도 관찰사로 있다가 한성판윤으로 부임한 박규수와 뜻을 함께하여 북촌에서 살고 있는 김옥균·박영효·박영교·홍영식·서광범·유길준 등 신진 엘리트들과 김홍집·김윤식 등 중견 엘리트들까지 규합하였다. 이렇게 해서 이들은 박규수 집 사랑방에 수시로 모여 오경석이 가져온 신서를 돌려가며 읽고 개화사상을 키워나갔다.

그런 점에서 박규수 집 사랑방은 혁신 세력 개화파의 아지트요, 개화당 조직의 산실이 된 셈이었다. 다만 이들보다 연장인 김홍집과 김윤식은 후에 어윤중과 함께 온건 개화파로 다른 길을 걷게 된다. 오경석은 직접 저술활동도 하였는데, 주요 저서로는 삼국시대부터 고려시대까지의 금석문 146종을 수록한 『삼한금석록三韓金石錄』 외에도 병인양요丙寅洋擾(1866)에 관한 역사적 기록을 담은 『양요기록洋擾記錄』 등이 있다. 이처럼 오경석은 1879년 49세의 비교적 젊은 나이로 타계할 때까지 역관으로서 우리나라 근대화에 큰 몫을 하였을 뿐만 아니라 개화사상을 확립하는 데 결정적인 역할을 함으로써 우리나라 개화사상 선구자 중 비조鼻祖로 자리하게 되었다.

또 한 사람의 개화 중심인물은 유대치劉大致(1831?~84?)이다. 그 역시 역관 출신이자 한의사로 오경석과 같은 중인 신분이었기 때문에 정치 일선에 참여할 수 없었다. 따라서 그는 개화파 인사들과 뜻을 함께하면서도 전면에 나서지 않고 항상 막후에서 이들을 지도하였다. 특히 박규수가 1876년 8월 수원유수留守로 부임한 후 70세의 나이로 그해 12월 노환으로 사망하고 3년 후 오경석마저 사망하게 되자 그의 역할은 막중하였으며 개화파 신진 엘리트들의 정신적인 지주支柱로 자리하게 되었다. 그의 본명은 유홍기劉鴻基이지만 그의 호가 대치大致(또는 大癡)였기 때문에 유대치로 통용되고 있다. 유대치에 대해서 일찍이 최남선은 그의 글 『고사통古事通』에서 이렇게 썼다.

"오경석이 조관朝官을 통하여 외교를 유도할 때에 일백의一白衣로 시정市井에 은복隱伏하여 『해국도지』, 『영환지략』 등으로 세계의 사정을 복찰卜察하면서 뜻을 내정의 국면전환에 두고 가만히 귀족 중의 영준英俊을 규합하여 방략을 가르치고 지기志氣를 고무시켜 준 이가 있으니, 당시 지인들 사이에 백의정승白衣政丞의 이름을 얻은 유대치가 그라. 박영효·김옥균·홍영식·서광범과 귀족 아닌 이로 백춘배·정병하 등은 모두 대치 문하의 준모俊髦로…… 박영효·김옥균 등이 연래로 일본 교섭의 선두에 선 것은 실상 대치의 계획 중에 나온 것이요, 세상이 개화당으로 지목하는 이는 대개 대치의 문인을 칭하였다."

이 글에서 볼 때 유대치는 분명히 신진 개화파들의 정신적 리더였음에 틀림이 없다. 유대치는 1831년 서울에서 태어난 것으로 전해지고 있다. 그는 역관 집안(조선시대 역과 합격자 2,780명 중 유대치의 문중 한양 유씨 집안의 역과 합격자는 42명)에서 태어났으나 한의사를 직업으로 했고 불교와 역사에 조예가 깊었으며 언변이 유창했다. 그리고 신체도 건강했고 홍안에 백발이었으며 항상 생기가 넘쳐 있었다. 이런 그였기 때문에 그는 교제 범위가 넓고 카리스마가 있어 그를 따르는 사람이 많았다. 개화승開化僧 이동인李東仁 · 탁정식卓挺埴 등이 그의 영향을 받고 활동한 승려들이었다.

　유대치는 개화파 세력의 활동이 본격화하면서 개화승 이동인을 포섭, 특수 임무를 부여 그를 일본에 밀항시킨 후 일본 외교 우편선 치도세마루千勢丸 편으로 부산에 도착할 때에 그를 마중 나갔으며, 이때 그가 동래부사 관헌에게 체포되어 옥에 갇혔을 때 유대치는 관계 요로에 로비를 하여 그를 석방시키기도 하였다. 1882년 유대치는 정부가 인력 · 기구 감축의 일환으로 설치한 감생청減省廳 직원으로 특채되어 활동하였는데, 이때 어윤중이 그 곳 총책임자였다. 그러나 그 기구는 수구 세력들의 반대에 부닥쳐 6개월 만에 해체됨으로써 유대치도 그 자리를 그만 두어야만 했다. 통리교섭통상사무아문의 주사이면서 주한 미국 공사 통역관인 윤치호가 고종과 자주 접할 기회를 이용하여 유대치의 인물됨을 소개하고 그의 등용을 건의하기도 하였으나 기용되지는 못하였다. 이런 그였지만 유대치는 언제나 젊은 개화 세력들의 정신적인 지주로서 활농하였으며 그 가운데 김옥균의 비범함에 특히 관심을 가졌다.

　유대치는 김옥균과 불교의 만민 평등사상을 논하였고 이로 인해 김옥균은 열렬한 불교 신자가 되었으며, 조선 왕조 개국 이래 통치이념이었던 유교의 폐단에 대해서 인식을 같이하고 조선이 발전하기 위해서는 전통적인 양반 체제를 깨트려야 한다고 생각하였다. 이 점은 청년 김옥균에게 새로운 세계관을 심어준 중대한 계기가 되었다. 유대치의 이러한 막후 활동은 갑신정변 때까지 영향력을 발휘하였으나 정변이 실패로 돌아가자 그는 집을 나간 후 행방을 감추었다. 일설에 의하면 그가 오대산에 입산하여 승려가 되었다는 설과 갑신정변 때 수구당 일파에 의해서 참살당하였다는 설이 있으나 확실한 기록은 없다.

다음으로 개화사상의 3대 선각자 중 가장 핵심인물은 박규수이다. 그는 조부 박지원의 혈맥을 이어 받아 실학사상을 개화사상으로 계승, 발전시킨 개화파의 원로 지도자로서 조선의 개화사상 형성과 개화파 결집에 지대한 역할을 하였다. 그는 이들 개화사상 선각자들 가운데 나이로나 신분상으로도 좌장격이요 구심점이며 개화파의 정신적 지주 역할을 하였다. 그런 면에서 사실 그가 없었다면 조선의 개화파가 조직적으로 세를 결집하여 역사의 전면에 나서기가 어려웠거나 아니면 훨씬 더디게 진행되었을 것이다.

박규수朴珪壽(1807~1876. 호는 환재瓛齋)는 1807년(순조 7년) 9월 27일 반남潘南 박씨 연암燕巖 박지원朴趾源(1737~1805)의 친손자로 부친 박종채朴宗采의 3남 중 장남으로 서울의 북촌 가회동에서 태어났다. 그는 태어나기 전 조부 박지원이 68세로 사망하고 부친이 내세울 만한 관직(경산현령에 그침)에 이르지 못하였기 때문에 가세가 빈한하여 유명 스승을 사사師事하지는 못하였으나 천생이 총명하여 7세 때 『논어』를 읽고 한시를 지어 주위를 놀라게 하였다. 그는 14세 때 학문이 크게 발전하여 풍양 조씨 가문의 조종영과 학문적 교류를 하였으며 19세 때에는 효명세자(1809~1830. 순조와 순원왕후의 외아들)와 친교를 맺고 그에게 『주역』을 강의해주기도 하며 교분을 두텁게 쌓았다. 그러나 절친한 효명세자가 대리청정 4년 만인 22세의 나이로 요절(후에 익종으로 추

박규수

존됨)하자 상심하여 과거 응시의 뜻을 접고 무려 18년 간 학문에만 전념하다가 42세 때인 1848년(헌종 14년)에야 과거(증광시 병과)에 응시, 급제하여 사간원정언으로 제수된 후 병조정랑을 거쳐 1850년(철종 1년) 부안현감, 1854년 경상좌도 암행어사, 1858년 곡산부사, 1854년, 동부승지, 1861년 1월부터 6월까지 6개월간 청국 사절단 부사로 청국을 다녀온 후 9월에 성균관 대사성에 제수除授(대신들의 추천을 받지 않고 왕이 바로 임명하는 방식)되었다.

청국 방문은 그의 대외 인식에 새로운 변화를 가져다주었다. 그리고 1862년 그의 나이 56세 때 '진주민란'의 안핵사按覈使(지방에서 일어난 일을 조사하기 위해 중앙에서 파견한 관리)로 나가 사태를 원만히 수습하였으며, 1864년(고종 1년) 그의 나이 58세 때 익종비인 내왕대비 신정왕후(풍양 조씨 조만영의 딸로 고종 즉위에 결정적인 역할)의 배려로 승진을 거듭, 한성판윤, 도승지, 사헌부 대사헌, 이조참판, 1865년 공조판서에 임명되었다. 1866년(고종 3년) 2월 그의 나이 60세 때 평안도 관찰사로 제수되어 그해 7월 미국 선박 제너럴셔먼호를 격침시키는 성과를 올려 더욱 인정을 받게 되었다. 그 후 한때 한성판윤과 형조판서를 겸직하기도 하였으며 1873년(고종 10년) 67세 때인 그해 말 우의정에 이르렀다. 그 사이 1872년에는 중국 사절단 정사로 북경을 방문(7월~12월)하였는데 그때 오경석이 역관으로 수행하였다. 특히 그의 두 번째 중국 방문은 개화의 필요성에 대한 확고한 신념을 가져다준 시기였다. 박규수는 1876년(고종 13년) 70세 때 수원유수로 제수되는 등 다채로운 경력을 끝으로 그 해 12월(음) 사망하였는데 그의 주요 활동을 살펴본다.

박규수는 앞의 경력에서 알 수 있는 바와 같이 40대에 뒤늦게 관직에 나아가 50대에 이르러서야 주요 직책에서 활약할 수 있게 되었다. 1860년 '영국·프랑스군의 북경점령사건' 후 조선 조정에서는 이듬해인 1861년 1월 위문사절단을 청국에 파견하였는데 그때 박규수는 부사副使 신분으로 사절단의 일원이 되었다. 이들의 방문 목적은 단순한 위문이 아니라 다음과 같은 목적을 띠고 있었다고 박규수의 제자 김윤식은 증언하고 있다. 즉 조선과 청국의 오랜 우호관계에 비추어 청국이 쇠퇴할 때에도 환난을 함께하고자 하는 위문의 뜻을 표시하기 위한 표면적인 이유 외에, 조선과 중국은 역사적으로 이와 입술의 관계이므로 청국이 불행에 빠지는 것은 조선에도 악영향을 미치므로 청국의 실정을 정확히 파악할 필요가 있었다. 중국이 양이洋夷의 침략으로 패전한 것을 볼 때, 그 침략이 장차 조선에도 닥칠 것이므로 그에 대한 대비책을 수립하기 위하여 서구 열강에 대한 힘의 허실을 정탐할 필요가 있었다. 청국이 어려움에 처했을 때 조선이 신의를 지켜 후의를 보임으로써 후일 청국이 다시 일어설 때 조선에 보답할 것으로 보았다. 청국이 서양의 침략에 망해가는 것을 타산지석他山之石으로 삼아 조선의 상하 모든 관료들이 이점을 경계, 유념키 위함이었다. 어떻든 6개월간의 중국 방문은 큰 충격과 자극이었으며, 개화의 필요성을 절감케 하는 계기가 되었다.

앞서 말한 바와 같이 박규수는 귀국 후 이듬해 56세 때인 1862년 2월 진주민란이 일어나자 안핵사로 급파되어 사태를 원만히 수습하는 데 탁월한 능력을 발휘하였으며, 4년 후인 1866년 평안도 관찰사 시절 제너럴셔먼호 사건 때 능력을 더욱 인정받게 되었다. 즉 1866년 3월 평안도 관찰사로 부임한 후 7월 23일 미국 상선 제너럴셔먼호가 대동강에 침범하자 평양의 관민과 함께 화공火攻으로 격침시켰다. 박규수는 이에 그치지 않고 격침된 셔먼호의 잔해 중 기계·부품은 물론 증기선 장치와 무기들을 건져 올려 중앙에 보내고 대포 등 여타 무기는 일단 평양감영 무기고에 입고시켜 조사, 파악토록 하였다. 박제경의 『근세조선정감』이란 기록에 의하면 대원군은 이를 접수하여 기술자 김기두를 통해 『해국도지』를 참고하여 철선을 제조, 실험토록 하였다.

제너럴셔먼호 사건이 일어난 지 두 달 후인 1866년 9월 병인양요가 일어난 후 위정척사衛正斥邪 운동이 대두되자 박규수는 이 점을 매우 비판하고 개탄하였는데, 김윤식은 다음과 같이 증언하였다. "옛날에 박환재(박규수)께서 병인양요를 당하여 사람들이 모두 서학에 물들음을 우려하였는데, 환재만이 홀로 말하기를 '어찌 우리 도가 서양에 적셔 들어가지 않는다고 장담할 수 있겠는가. 이 말이 장차 증명되지 않겠는가'라고 하였다." 그러면서도 박규수는 이와 함께 대원군에게 국방력을 강화하기 위해서 관서해방책關西海防策, 즉 서해안의 요충에 방어 진지를 구축해야 된다고 건의하였다. 그는 또한 당시의 상황과 직책상 제너럴셔먼호에 대한 대응 조치가 불가피하였지만, 1867년 1월 미국측 함대(함장 슈펠트)가 대동강에 정박, 제너럴셔먼호

제너럴셔먼호

사건의 경위에 대한 탐문 및 진상조사를 요구하고 나서자 차제에 미국과 수교하는 대미 개국론對美開國論의 필요성을 건의하였으며, 메이지 유신 이후 일본의 국력이 신장됨에 따라 1874년 박규수는 우의정 때 대일對日 개국도 아울러 건의하였다. 그의 이러한 일련의 개국론은 시대의 흐름을 직시한 개화사상에서 비롯된 것임은 의심할 여지가 없다.

박규수는 1872년 7월부터 12월까지 두 번째로 북경을 방문하였다. 그때 그는 정사正使(사절단 대표)의 자격으로 방문하였으며, 역관으로는 물론 오경석이 수행하였다. 이때가 박규수로 하여금 개화의 필요성을 더욱 확고하게 해준 시기였으며, 후에 오경석·유대치와의 동지적 관계가 더욱 견고해졌다. 이상에서 본 바와 같이 이들 3인의 개화사상 선각자들은 당면한 국가의 위기상황을 깨닫고 다음과 같이 조선의 실정에 맞는 개화사상을 정립하여 조선의 개화를 열망하는 그들 문하생들에게 적극 전수하였다.

　조선 왕국과 조선 민족은 심각한 위기에 직면해 있는데, 이 위기는 일차적으로 서양열강의 동양침탈로 말미암아 생긴 것이고, 이러한 사태가 조선에도 곧 불어 닥칠 것이다. 이러한 민족적 대 위기 속에서 조선의 정치는 부패해 있고 조선의 사회와 경제는 세계의 대세 속에서 매우 낙후되어 있다. 따라서 이러한 위기를 타개하기 위해서는 일대 혁신을 단행하지 않으면 안 된다. 여기에서 말하는 일대 혁신은 조선 왕조의 부분적인 개혁이 아니라 사회전반에 걸친 일대 경장·개혁을 의미하는 것이다. 그런 점에서 이들의 개화사상은 기존 체제를 유지하며 위기를 타개하려는 위정척사파들의 사상과는 정면으로 배치되는 것이었다. 그리고 일대 혁신은 반드시 자주적으로 단행해야 하며 붕괴해가는 중국에 의존해서는 안 된다는 것이고, 일대 혁신을 일으키기 위해서는 새로운 혁신 정치세력이 필요하다고 판단했다. 또한 조선도 세계 대세에 보조를 함께해야 하는데 이를 위해서는 선진 과학 기술을 도입하고 근대 시민사회로 나아야 한다는 것이다.

　이들은 조선 왕국의 고질적인 병폐인 양반 신분제도를 폐지해야 하며, 그러기 위해서는 나라 안의 각계각층에서 능력 있는 인재를 등용해서 적재적소에 배치해야 한다는 것이다. 이와 함께 이들은 국방력 강화의 필요성에 인식을 같이하였는데 박규수의 관서지방 해안 방위책과 오경석의 화륜선(군함) 개발 역설은 국방력 강화에 대한 의지의 표현이었다. 이들은 대원군과 위정척사파의 쇄국정책이 시대착오적인 맹목적 국수주의에 기인한다고 판단하고 하루속히 자주적 실력을 배양한 후 개항·개국해야 한다고 생각했다. 그 밖에 이들은 오경석이 주장한 바와 같이 외국과 통상을 하되 중국처럼 외세의 압력에 속아 넘어가 일방적인 교역을 하는 것이 아니라 균형무역을 해야 하며 조선의 금은을 외국의 물품과 교역하는 어리석음을 피해야 한다는 것 등이었다.(이 부분 신용하, 『초기개화사상과 갑신정변 연구』, 지식산업사, 2000; 이완재, 『초기 개화사상연구』, 민족문화사, 1989; 한국근현대사회연구회, 『한국 근대 개화사상과 개화운동』, 2001; 손형부, 『박규수의 개화사상연구』, 일조각, 1997 등 참고)

개화사상의 원류
실학파의 '북학'과 박제가의 북학사상

이러한 개화사상이 조선의 토양에 정착하기까지는 무엇보다도 실학파의 '북학北學'이 큰 영향을 미쳤다. 무능한 왕들의 치세 속에서 후기 조선 왕조가 암흑 속에서 방향타를 잃고 위기를 겪으면서도 한 줄기 빛과 서광이 있었으니 그것은 실사구시實事求是(사실에 의해 진리를 탐구. 중국 후한後漢 반고班固의 『한서漢書』에 처음 나온 말)를 추구하는 '실학實學'의 생성이었으며 이 가운데 '북학'은 훗날 개화사상으로 연결, 발전하게 된다. 어쩌면 이와 같은 자기 성찰적인 실학의 생성은 조국의 암담한 현실과 불투명한 미래를 타개하기 위한 뜻있는 식자들의 몸부림에서 비롯된 필연적인 결과라고 보아야 할 것이다. 즉 유형원·이익·정약용으로 대표되는 이들 실학파들은 소위 경세치용經世致用(모든 학문은 실제 정치·사회에 유용해야 된다는 이론. 중국 청나라 초기 이후의 지배적인 학풍 및 통치이념)학파로서 이들은 관념론에 치우친 성리학의 한계를 벗어나 현실을 중시하며 농촌 문제의 개선에 깊은 관심을 기울였다. 이들 경세치용학파의 실학은 정약용丁若鏞(1762~1836)에 의해서 집대성되었으나 그 자신이 권력의 중심축에서 밀려난 남인 계열이었기 때문에 당대에는 크게 빛을 보지 못하였다.

한편 이와는 달리 이용후생利用厚生(생산의 발달과 민생의 풍요를 지향하는 말. 중국 『서경書經』에 처음 나옴)학파 또는 '북학파'로 불리는 홍대용洪大容(1731~1783)·박지원朴趾源(1737~1805)·박제가朴齊家(1750~1805) 등은 국민 경제를 향상시키기 위해서는 농업보다 상공업의 육성과 외국과의 통상이 시급하다고 판단하고 선진 청나라의 문물을 조속히 받아들여야 한다고 주장하였다. 이들 북학파들은 청국을 왕래하면서 그 곳의 진보적인 사상가들은 물론 서양 선교사들까지도 접촉하면서 선진 문명·문화에 큰 자극을 받고 홍대용은 『연기燕記』, 박지원은 『열하일기熱河日記』, 그리고 박제가는 『북학의北學議』를 통해서 명분론적인 '화이華夷'사상을 지양하고 실질적인 '북학'(북학은 맹자가 처음 쓴 말로 초나라의 진량陳良이 북쪽 중국으로 유학, 북방의 학자들도 그보다 뛰어나지 못했다는 데서 유래)에 의해 선진국의 좋은 점을 배우고 생산력을 증강하여 나라를 부강케 해야 한다고 주장하였다. 그도 그럴 것이 당시 조선의 유학자들은 명나라가 망하고 청나라가 세워진 후에도 유아독존 '중화사상'을 탈피하지 못하고 외국의 문화를 천시하는 시대착오적인 생각에 치우쳐 있었다. 따라서 송시열을 중심으로 한 이들 유학자들은 형식적으로는 '사대事大'를 하는 척하면서 '화이북벌론華夷北伐論'을 펴고 있었기 때문에 진보적인 북학파들은 이에 맞서 청나라의 발전된 물질문명의 수용을 주장하였다.

이들 북학파 가운데 홍대용은 천문, 역법, 수학 등 자연 과학 분야에서 조예가 깊었는데 그는 44세에 늦게 관직에 올랐으나 연행사燕行使로 북경을 드나들면서 서양 과학에 대한 견문을 넓혔다. 또한 박지원은 홍대용의 친구로서 16세 때부터 처숙 이군문을 통해 학문의 길에 들어섰는데 박지원의 대표작 『열하일기』는 이용후생의 실학사상과 문학

박제가

작품의 집대성이었다. 그러나 이들 북학파 가운데서도 실학적인 측면이 가장 강했던 사람은 박제가이다. 그는 대표작 『북학의』를 통해 그의 진보적인 실학정신을 유감없이 발휘하였다. 박지원이 『북학의』 서문에서 피력하였듯이 이 책은 농잠, 목축, 성곽, 왕실의 축성, 기와, 도량형 등 각종 제도에 이르기까지 '눈으로 셈하고 마음속으로 헤아리지 않은 것이 없다'고 격찬하였다.

박제가가 이처럼 선배 실학자들을 보다 앞서게 된 점은 무엇보다도 다른 실학자들이 농본주의 입장을 견지하였고, 상공업의 중요성을 경시하였으나 박제가는 사회적 분업과 생산물의 상품화가 진전되고 있는 사회 현실을 직시하고 상품의 유통을 매개하는 상업의 중요

성에 역점을 두고 연구를 거듭하였기 때문이었다. 또한 그는 상품의 단순한 국내 유통에 그치지 않고 해외 무역의 중요성도 강조하였다. 즉 조선은 국토가 좁고 민생이 빈곤하기 때문에 대외 무역을 강화해야 한다고 주장하였다. 이러한 지론은 지금에 와서는 너무도 당연한 것이지만 고립화되어 있던 당시의 시대상황에서는 획기적인 발상이었다. 그러면 이들 북학파 가운데 개화사상에 가장 큰 영향을 미친 박제가에 대해서 더 알아보자.

박제가朴齊家(본관 밀양, 호는 楚亭, 1750~1805)는 1750년(영조 26년) 승지 박평(정 3품 우부승지)의 서자로 태어났다. 비록 사회적으로 천대받는 서얼庶孼 신분이었지만 그는 유년기에는 비교적 유족하게 살며 시문과 서화에 남다른 소질을 보여 부친의 사랑을 받았다. 그러나 그가 11세 때 부친이 세상을 떠남으로써 그의 생활에는 새로운 변화가 일어났다. 즉 부친이 사망한 후 가세가 기울어지고 그의 성격은 내성적이고 사색적으로 바뀌기 시작하였으며, 성장하면서 같은 처지의 서얼 출신들과 자연스럽게 어울렸다. 그 가운데 박제가는 남산 밑에 이웃하며 살던 의리의 협객 백동수白東脩(1743~1816)와 친하게 지냈으며, 후에 그를 통해서 알게 된 이덕무李德懋(1741~93)도 북학파로 뜻을 같이하게 되었다. 이덕무 역시 서얼 출신으로 학문 특히 역사와 지리·과학 분야에 조예가 깊어 후에 정조로부터 신임을 받기도 하였다. 박제가는 이들과 어울리며 19세 때 박지원을, 그리고 자신과 같은 신분 유득공柳得恭(1749~1807)과 명문 사대부 적자 출신 이서구李書九(1754~1825)를 만나는 등 교분의 폭을 넓혀갔다. 이들이 함께한 박지원은 34세 때인 1770년(영조 46년) 장원급제하여 급제 방이 붙던 날 영조가 친히 박지원을 침전으로 불러들여 그의 문재를 극찬하기도 하였다. 이렇게 해서 이들 젊은이들은 박지원을 중심으로 해서 정신적인 동지가 되었다.

　박제가는 그의 나이 27세 때 영조가 죽고 정조가 즉위한 후 규장각을 설치하고 서얼차별 정책을 폐지함으로써 29세 때인 1778년(정조 2년) 정사正使 채제공蔡濟恭(남인 출신으로 영의정)을 수행하여 이덕무와 함께 꿈에 그리던 북경을 다녀올 수 있게 되었다. 그 체험의 기록을 묶어 펴낸 것이 유명한 『북학의』란 책이다. 앞에서 잠시 언급한 바와 같이 이 책은 내편, 외편, 진북학의편進北學議篇 3편으로 구성되어 있는데 내편에는 차량·선박·궁성·도로·목축 39개 항목을 망라하고 있으며, 외편에는 전답·농잠·과거론·재부론財賦論·군사론 등 16개 항목을, 그리고 진북학의편에는 관개수리灌漑水利와 농기구 항목 등을 망라하고 있어 당시 북학파의 대표적인 저서로 자리매김하였다. 그는 재부론에서 옛날 신라는 경상도 일대의 영토를 가지고 북으로 고구려를, 서로는 백제를 토벌하고, 그 국경 위에는 10만의 당군이 있었는데 오늘의 조선은 경상도의 여덟 배를 가지고 있으면서 나라가 가난한 것은 다음과 같은 이유 때문이라고 밝혔다. 즉 그것은 '기용지불리器用之不利' 때문에 하루면 될 일을 1개월이나 2개월이 걸려 천시天時를 잃고, 경종법耕終法이 졸렬하기 때문에 지리地利를 잃고, 상업의 부진에 따른 무위도식하는 자의 증가로 인력을 잃고 있다고 지적하면서 결국 이것은 시간과 공간과 인간이 생산에 합리적으로 활용되고 있지 않은 데 기인하고 있다고 분석하였다.

박제가는 특히 대외 무역의 중요성을 강조하였는데, 즉 조선은 국토가 좁고 민생이 빈곤하기 때문에 고립주의와 쇄국을 탈피하고 국내 상공업을 일으켜서 외국과의 무역을 강화해야 하는데, 국력이 어느 정도 강화될 때까지는 우선 중국과의 무역을 증대해야 하며 그 방법으로서는 육로보다 산동반도와 강남지방의 여러 항구를 연결하는 수로가 적절하다고 주장하고, 그 이유로써 다음과 같은 점을 지적하였다.

"대저 수레 백 채에 싣는 양이 배 한 척에 미치지 못하고 육로로 천리를 가는 것이 뱃길로 만리를 가는 것보다 편리하지 못하다. 고로 통상하는 자는 반드시 수로를 귀하게 여긴다. 우리나라는 3면이 둘러싸여 서쪽으로는 중국 등래登萊와 직선으로 6백여 리이고, 남해의 남쪽은 곧 오吳의 입구와 초楚의 끝을 마주하였다."(박제가 지음, 이익성 옮김, 「북학의」, 진북학의편, 통강남·절강상박通江南浙江商舶議, 을유문화사, 1977, 299쪽)

이와 함께 박제가는 자주국방체제의 강화를 위한 '산군일치產軍一致'를 역설하였다. 즉 종래 다른 실학자들은 기본적으로 '병농일치兵農一致'에 의한 국방력 강화를 논해왔으나 그는 이용후생 측면에서 산군일치를 더욱 중시하며 이렇게 말했다.

"군사란 반드시 백성의 일상생활과 관련시켜 놓은 다음이라야 모든 일이 미리 준비되고 허비가 없다. 수레는 군사를 위한 것은 아니지만 벽돌을 이용하면 나라에 성곽이 갖추어진다.

  온갖 공인의 기예와 목축하는 일도 군사만을 위한 것이 아니다. 삼군三軍(중군 및 좌·우 양 군)의 말과 전투하는 기계가 구비되지 않고 예리하지 않으면 군사라고 할 수 없다. 그 까닭에 문루門樓와 망대[櫓], 창과 방패로서 앉고 일어나며, 치고 찌르는 것은 군무軍務로서는 말단이고 나라 안 재능 있는 사람과 쓰기에 편리한 기계는 군무의 근본이다."(앞의 책, 『북학의』, 209~210쪽)

  그는 또한 과거제도科擧制度와 관련하여 그간의 적폐積弊와 현행의 제반 폐단弊端에 대해서도 다음과 같이 신랄하고도 시니컬하게 통박하였다.

  "과거란 무엇인가? 장차 사람을 뽑으려는 것이다. 사람을 뽑는다는 것은 무엇인가? 장차 그 사람을 임용하려는 것이다. 문장으로서 사람을 시험하고 뽑아, 그 사람의 문장을 이용하는 것은, 활쏘기로써 사람을 뽑아 그 사람의 활솜씨를 이용하는 것과 같은 것인가? 그렇다면 지금 과거라는 것은 무엇 하는 것인가? 앞날에 보인 과거에 합격한 사람도 미처 다 임용하지 못하였는데, 그 뒤에 보인 과거에 합격한 자가 또 무더기로 나온다. (중략) 대저, 사람이 나서 열 살이 되면 슬기가 나날이 자라서 마치 대나무가 돋기 시작하면 만 자나 뻗을 기세이다. 이 시기에 글을 가르쳐서 몇 해를 골몰하니 고질적인 풍속은 고칠 수 없으며 요행으로 과거에 급제하였다 하더라도 급제한 그날부터 평소 배웠던 글을 죄다 버리는바,

일생의 정력이 이미 소모되어 나라에도 쓸 곳이 없다. 대저, 사람을 뽑아 놓고도 쓸 곳이 없고 또 소용없는 글을 뽑는 것은, 이 점을 내가 종일토록 먹지 않고 자지 않으면서 생각해도 그 까닭을 해독하지 못하는 바다."(위의 책, 『북학의』 과거론 1, 172~176쪽 일부 발췌 인용)

"(또한) 국가에서 오직 글로서 선비를 뽑으니 이권과 녹봉이 여기에 달려 있고 공명도 여기에서 나온다. 이 세상에서 나서 이 길이 아니면 세상과 어울려 할 일이 없다. 그런데 뜻있는 선비는 오히려 훨훨 날아갈 것 같은 기상으로 오히려 그들 속에 들지 않으며, 비루하게 여겨서 말도 하지 않은 것은 왜 그럴까? 그 마음에 이것은 옛글이 아니며 옛 도道가 아니기 때문이다. 나의 배운 바가 지금 세상에 처신하기에 어줍지 못하니 차라리 궁핍하게 사는 것을 달게 여길지언정, 이 참다운 학문으로써 저 시속時俗 것들과 바꾸지 못하겠다는 것이다. 지금 조정에서 문벌만을 보고 사람을 임용하니 여기에서 벗어나는 자는 다 날 때부터 친한 자들이 되고 만다."(위의 책, 『북학의』 과거론 2, 183~184쪽 일부 발췌 인용)

이상으로 박제가의 중심 사상을 『북학의』를 중심으로 그 일부분만 살펴보았지만 지금 이 시점에서도 그의 실학적 북학사상은 놀라울 정도로 실용적 또는 학문적 가치가 뛰어난 사상이며, 후대의 젊은 엘리트 개화파들을 개안시키기에 충분할 만큼 시사점이 많은 실사구시 개혁·개화사상이라고 평가해도 지나침이 없다고 하겠다.

박제가는 1779년부터 13년간 규장각에 머물면서 많은 책들을 교정·간행하였으며, 1790년(정조 14년) 건륭제의 팔순절에 중국에 파견되어 그의 견문을 더욱 높였다. 또한 그는 정조의 명을 받아 그 해 이덕무, 백동수 등과 함께『무예도보통지武藝圖譜通志』를 간행하고 문무쌍전의 부국강병책을 강화하였다. 그러나 정조가 죽은 후 정권을 다시 장악한 노론 벽파가 천주교를 금지한다는 명목으로 천주교 교도가 많았던 남인 계열을 대량 숙청함으로써 천주교를 지지하던 실학파들을 제거하였다. 이 바람에 박제가 역시 지나친 개혁파로 밀려 3년 6개월여 동안 유배생활을 하며 실의의 나날을 보내다가 56세를 일기로 길지 않은 삶을 마감하였다. 이처럼 시대를 앞선 박제가의 반봉건, 그리고 상공업 육성을 강조한 그의 실사구시 실학사상은 수구세력들의 견제와 몰이해로 당대에는 제대로 인정을 받지 못하였으나 훗날 뜻있는 개화파 식자들에 의해서 수용, 개화사상과 접목되어 계승·발전하게 된 것은 그나마 다행한 일이었다.(이 부분 박제가 지음, 이익성 옮김,『북학의』, 을유문화사, 1977; 강재언,『신편 한국 근대사 연구』, 도서출판 한울, 1995; 이이화,『한국 근대 인물의 해명』, 학민사, 1985; 박성순,『박제가와 젊은 그들』, 도서출판 고즈윈, 2006; 이덕일,『살아 있는 한국사 3』, 도서출판 휴머니스트, 2003; 박영규,『한권으로 읽는 조선 왕조실록』, 도서출판 들녘, 1996 및 기타 연구논문 참고)

이상에서 볼 때 조선의 실학사상 특히 박제가를 중심으로 한 '북학'은 조선의 자주적 입장과 만민 평등, 쇄국의 탈피와 자주적 개국, 상공병진을 통한 생산력의 증대와 대외무역의 강화, 봉건적 지벌地閥이나 문벌門閥을 초월한 만민개로萬民皆勞, 국토의 균형개발 특히 도로망의 정비, 그리고 주자학적 도그마를 탈피한 인간성의 해방 등으로 집약할 수 있다. 이러한 북학론은 당연하고도 필연적으로 전향적인 세계관을 가진 개화 1세대 박규수·오경석·유대치 등에 의해 수용될 수밖에 없는 실용적인 신학문이었으며, 이는 후에 개화 2세대인 김옥균·박영효·홍영식·서광범 등 급진 개화파는 물론 김홍집·김윤식·어윤중 등 온건 개화파에 이르기까지 적극 전수되어 조선 개화사상의 이론적 토양과 실천적 동력의 모티브로 작용하였다.

제2장

역사의 전면에 나선
'젊은 그들'

> 후기 조선 왕조사회는 세도정치의 횡포와 '삼정三政의 문란紊亂'시대로 특징지을 수 있다. 이러한 암담한 시대상황에서 현실의 모순을 혁파하고 개화의 필요성을 절감한 오경석·박규수·유대치 등의 지도를 받은 김옥균·박영효·홍영식·서광범·유길준 등 신진 엘리트들과 김홍집·김윤식·어윤중 등 중진들을 중심으로 한 일단의 개화·개혁세력이 정치 일선에 부상하기 시작하였다. 오경석·박규수·유대치가 개화 1세대라면 이들 신진 개화세력들은 개화 2세대라 할 수 있을 것이다. 그러나 1876년 박규수가 죽은 후 이들 문하생들은 개화의 실천방법을 놓고 두 파로 갈리게 되었다.
>
> 김옥균·박영효 등 젊은 개화파들은 청국보다 문물이 앞서 있는 일본을 본받아서 청국의 그늘을 벗어나야 하며, 이를 위해서는 급진적인 개혁·개화가 필요하다고 판단했고, 반면에 김홍집·김윤식 등은 청국과의 기존 우호관계를 유지하며 온건하고 점진적인 개화를 추진하는 것이 현실적이라고 판단했다. 마침내 이들 급진 개화세력들은 온건 개화파와 시국관을 달리하며 세를 결집, 역사의 전면에 나서 회오리바람을 일으키기 시작하였다.

제 2 장   역 사 의   전 면 에   나 선 ' 젊 은   그 들 '

총체적 난국에 빠진
후기 조선 왕조

조선 왕조 후기 국내에서는 세도정치, 즉 안동 김씨의 세도정치가 기승을 부리며 민중들의 생활상은 최악의 상태에 빠져들었다. 특히 이 무렵을 전후하여 나라의 조세 기반인 삼정三政(전정田政·군정軍政·환곡還穀[政] 또는 환상還上이라고도 함)이 문란해져 나라에서는 재정 수입을 제대로 거두지 못하고 있었고, 민중들의 삶은 겹치기 땅 주인 양반들의 수탈로 도탄에 빠졌으며, 이는 후에 겉 잡을 수 없는 민란民亂으로 이어졌다. 당시의 상황이 오죽했으면 소작으로 생계를 꾸려가던 민중들은 '송곳 꽂을 땅'도 없이 등뼈가 휘도록 시달리다가 온갖 세금을 내지 못해 야반에 도주하는 일까지 벌어졌겠는가? 더구나 당시 조선의 양반들은 병역의 의무도 없었다. 이들 양반들은 권리만 향유했지 의무와 책임은 없었다. 흔히 말하는 권한이 있는 곳에 책임이 뒤따르는 '노블레스 오블리주noblesse oblige'가 지금 우리 사회에서도 제대로 지켜지지 않는 상황이지만 당시 양반사회에서는 더더욱 생각도 할 수 없는 한심한 작태였다.

이런 상황에서 양반의 수효는 늘어나고 농민층은 감소하여 가난한 소작농이 군포軍布(병역세)를 다 부담해야 했다. 그것도 어려워지자 각 고을에서는 할당량을 채우기 위해 죽은 사람에게까지 군포를 지우는 백골징포白骨徵布, 어린아이를 장정으로 편입시켜 징수하는 황구첨정黃口簽丁 같은 희한한 군포 제도까지 시행되었다. 어디 그뿐이었는가. 견디다 못한 소작농들은 마을을 몰래 떠나는 일이 허다했고, 당국에서는 이를 막기 위하여 그 부담을 친척에 지우는 족징族徵이나 이웃에 떠넘기는 인징隣徵까지 실시하였다. 그래도 군정은 환곡에 비해 나은 편이었다.

환곡은 원래 나라에서 춘궁기 가난한 농민에게 쌀을 빌려주었다가 추수기에 최소한의 이자만 되돌려 받는 제도로 출발하였으나 각 고을 관청에서는 이를 악용하여 터무니없는 이자를 붙여 관청의 호화 비용에 충당하거나 관리들이 사복을 채우는 일이 비일비재하였다. 더욱 황당한 것은, 관청에서는 가난한 이들 소작농에게 필요 이상의 곡식을 강제로 빌려주고 높은 이자를 받거나 빌려주는 쌀에 겨를 많이 섞어 양을 부풀려 빌려주고 되돌려 받을 때는 철저하게 그 질을 체크하였다. 참으로 어처구니없는 수탈행위였다. 이런 환곡의 폐단에 대해서 정약용은 그의 저서 『목민심서牧民心書』(1818) 호전 6조 곡부戶典六條 穀簿(곡식 장부)편에서 "환상還上이란 사창社倉(흉년에 가난한 백성을 구제하기 위해 설치한 창고)이 한번 변해서 된 것으로, 곡식을 내어 파는 것도 아니고 곡식을 사들이는 것도 아니면서 백성들에게 뼈에 사무치는 병통만 안겨주니 백성이 죽고 나라가 망하는 것이 순식간에 달려 있다. 환상이 폐단이 되는 것은 그 법의 근본이 어지럽기 때문이다. 근본이 어지러운데 어떻게 말단이 다스려지겠는가?"(정약용 지음, 노태준 역해, 『목민심서』, 홍신문화사, 2004, 208~215쪽)라고 개탄했다.

정약용

이런 기막힌 현실은 이미 17세기 말부터 두드러져 당대의 지방 관서 사또들의 횡포와 학정이 전국 도처에서 성행하였다. 『춘향전』(작자와 연대 미상이나 17세기 말 또는 18세기 초에 발표된 것으로 추정됨)에 나오는 다음 한시漢詩 한 편은 당대의 실상을 잘 반영해주고 있다.

> 금동이의 좋은 술은 일천 백성의 피요　　　　金樽美酒千人血
> 옥소반의 맛좋은 안주는 만백성에서 짜낸 기름이라　玉盤佳肴萬姓膏
> 촛불 녹아 흘러 떨어질 때 백성의 눈물 떨어지고　　燭淚落時民淚落
> 노랫소리 높은 곳에 원망소리 높았더라.　　　　　歌聲高處怨聲高

이처럼 지배층의 일반 백성들에 대한 수탈과 억압의 결과로 특히 조선 후기 순조 11년 때인 1811년 12월 홍경래의 난을 필두로 1862

년 2월 임술민란과 진주민란, 1869~71년 이필제의 난, 홍길동의 활빈당 의적활동(1886년 이후 산발적으로 발생 한 후 1900년경부터 전국적 규모로 본격화하여 1906년 이후 점차 소멸됨) 등 각종 민란 및 소요가 잇따라 발생하였으며 특히 고종 재위 기간(43년 7개월) 중에는 더욱 빈번해져 1891년 3월의 제주민란, 1894년 1월의 갑오동학농민봉기(후에 전쟁으로까지 발전), 1901년 5월 제주에서의 이재수의 난 등 무려 15차례의 크고 작은 민란이 발생하게 된다.

여기서 잠시 후기 조선 왕조 세도정치(당초에는 세상을 교화한다는 세도정치世道政治로 출발하였으나 정조 초 도승지와 금위대장禁衛大將까지 겸한 홍국영이 누이동생을 정조의 계비로 만든 후 권력을 휘두르는 세도정치勢道政治로 변질, 순조 때의 김조순 때에 이르러 척신의 세도정치가 극에 달함)의 상징인 안동 김씨의 내력과 이들의 부침浮沈 과정을 간략히 살펴보자. 원래 안동 김씨는 구 안동 김씨와 신 안동 김씨가 있는데, 구 안동 김씨는 신라 경순왕의 손자 김숙종을 시조로, 신 안동 김씨는 고려 태조 때의 김선평을 시조로 하고 있다. 그러나 구 안동 김씨의 후손 김자점이 인조반정(1623년 3월 광해군 15년 김자점·최명길·이괄 등이 선조의 서손 능양군 인조를 추대해 일으킨 난)에 성공하여 한때 득세하였으나 인조가 사망하고 효종이 등극한 후 김자점은 반청주의자 김상헌·송시열등의 상소로 그가 정묘호란(인조 5년 1627년)과 병자호란(인조 14년 1636년) 때 크게 활약한 임경업 장군을 죽인 장본인임이 드러나 유배를 당하였다. 이에 앙심을 품은 김자점은 역모를 꾸미다가 발각되어 3족이 멸족됨으로써 구 안동 김씨는 그 이후 거의 멸문滅門되었다.

반면 신 안동 김씨는 1480년(성종 11년) 김계행이 가문 최초로 문과에 급제하여 대사간에 오르고 후에 그의 종손 김영과 김번이 모두 급제하면서 서울로 거처를 옮겨 김영은 청풍계淸風溪 부근에 살았고, 김번은 장의동(장동)에서 살았다. 여기에서 말하는 안동 김씨(일명 장동 김씨)는 주로 김번의 후손들을 두고 하는 말이다. 이런 안동 김씨 가문이 권력의 핵심부에 본격적으로 등장한 것은 경종 때 영의정을 지낸 김창집이었다. 그러나 그는 경종이 병약하다는 이유로 연잉군(후에 영조)으로 하여금 대리청정을 꾀하다가 유배된 후 처형되었다. 이 사건으로 김창집을 포함 63명이 처형되고 114명이 유배당하였는바, 역사에서는 이를 신축辛丑년과 임인壬寅년에 잇따라 일어났기 때문에 신임사화라고 칭하고 있다. 그런데 김창집의 4대손인 김조순(1765~1831)은 조상의 이런 슬픈 과거사를 가슴에 묻고 21세 때 문과에 급제하여 정조의 총애를 받으며 정조로부터 개명(당초의 洛淳에서 祖淳으로 바꿈)과 풍고楓皐라는 호까지 받았다. 김조순은 우여곡절 끝에 1802년(순조 2년) 자신의 딸을 순조비로 내세운 후 부제학, 병조판서, 이조판서, 훈련대장, 호위대장 등 막강한 권력을 점하였다.

 그의 권력 핵심부 등장은 안동 김씨 세도정치시대(순조·헌종·철종)를 여는 전주곡이었으며, 그런 면에서 김조순은 사실상 세도정치의 원조인 셈이다. 이렇게 시작된 안동 김씨 세도정치는 헌종 대에는 아들 김좌근으로 이어지고 그것이 철종 대에 와서는 철종비의 아버지 김문근과 함께 김좌근의 양자 김병기金炳冀(헌종 13년 문과에 장원급제 후 승승장구하여 철종 때 예조·공조·호조판서·금위대장·어영대장 등 모든 요직 거침. 김옥균의 양부 김병기金炳基와 다름)로까지 대물림되어, 고종 때 민비 일가가 세도를 부리며 여흥 민씨 세도정치로 교체될 때까지 이들 3대는 무려 60년간 세도정치를 하며 무소불위의 권력과 모든 영화를 누렸다.

이처럼 후기 조선 왕조는 60년에 걸친 안동 김씨의 막강한 세도정치체제가 지속되었으며, 그 뒤 헌종(1827~49)의 외조부 풍원부원군 조만영趙萬永(1776~1846)의 딸 신정왕후 조씨(1808~90)가 1834년 아들 헌종이 즉위(재위기간 14년 7개월)한 후 죽은 남편(효명세자)이 익종으로 추존되면서 왕대비에 봉해졌으며, 1857년 순조비인 순원왕후마저 죽게 됨으로써 그녀는 마침내 대왕대비가 되어 한때 풍양 조씨 세도정치체제를 이끌었다.

그러나 그 후 철종(1831~63)이 1849년 즉위하여 1851년 영은부원군 안동 김씨 김문근(1801~63)의 딸 철인왕후 김씨(1837~78)를 왕비로 맞으면서 안동 김씨 세도정치체제가 되살아났다. 하지만 철종 또한 재위 14년(재위 기간 1849년 6월~63년 12월) 만에 후사後嗣 없이 죽게 되자 안동 김씨 세도정치를 못마땅하게 여겨온 조대비는 왕실의 권한을 쥐고 조카 조성하, 흥선대원군 이하응과 결탁하여 여흥 민씨 민비를 고종비로 삼아 안동 김씨를 견제하며 세도정치의 폐단을 막으려고 했다. 그러나 조대비의 생각은 착오였다. 대가 세고 두뇌 회전이 빠른 민비가 유약한 고종비로 입궁함으로써 바야흐로 안동 김씨 세도정치를 훨씬 능가하는 민비 척족의 막강한 세도정치가 시작되어 조선 왕조 말기의 정세는 세도정치의 폐단을 막기는커녕 오히려 '혹을 떼려다 혹을 붙이는' 기막힌 형국으로 치닫게 되었다.

김옥균,
운명의 마을 서울 '북촌'에서 뜨다

암울한 시대에는 언제나 영웅이 등장하게 마련이다. 때로는 이들 영웅이 참담한 현실을 혁파하여 역사를 바로 이끌기도 하지만, 때로는 그 행동이 만용으로 끝나는 경우도 있었다. "영웅이 없는 나라가 불행한 것이 아니라 영웅을 필요로 하는 나라가 불행하다"고 브레히트Bertolt Brecht(1898~1956. 독일 시인·극작가)가 말한 바와 같이, 영웅의 도래는 불행한 현실의 책임이며, 그 사회가 영웅이 필요할 정도로 그만큼 절박한 상황에 이르렀다는 증거이기도 하다.

이 책의 중심인물인 김옥균도 따지고 보면 암울한 시대상황이 만든 영웅이요 역사의 희생양인지 모른다. 후기 영·정조 이후 무능한 왕들의 통치력 부재와 척신들의 발호로 민생은 도탄에 빠져들고, 서구 열강의 개방 압력은 나날이 고조되고 있는 상황에서 뜻있는 식자들, 특히 신진 엘리트 파워들의 눈으로는 참담한 조국의 현실을 강건너 먼 산 불구경하듯 바라만 보고 있을 수 없었다.

이와 같은 암담한 조국의 현실을 김옥균은 어릴 때부터 알게 모르게 운명적으로 체득했는지도 모른다. 김옥균이 여섯 살 때인 어느 날 밤, 생부 김병태는 아들에게 휘영청 밝은 보름달을 가리키며 글을 지어보라고 했다. 달빛에 눈망울이 초롱초롱한 어린 김옥균은 잠시 머뭇거리더니 다음과 같이 의미심장한 글을 지었다.

달은 비록 작지만 천하를 비춘다   月雖小照天下

이 글은 짧으면서도, 여섯 살 어린아이의 글치고는 자못 야심차고 범상치 않은 뜻을 내포하고 있다. 이처럼 어린 나이 때부터 남다른 지혜와 기개가 넘친 김옥균金玉均(처음 호는 고우古愚. 후에 고균古筠으로 고침)은 1851년 1월 23일(음) 지금의 충남 공주시 정안면 광정리에서 안동 김씨安東金氏 김병태金炳台와 그의 부인 송씨 사이에서 삼남매(2남 1녀) 중 장남으로 태어났다. 그가 태어날 때 피부가 백옥처럼 새하얗기 때문에 그의 아버지는 아들의 이름을 옥균玉均이라 지었다. 그의 부친은 앞서 말한 당시 세도 가문 안동 김씨 혈족이었지만, 벼슬과 재산과는 거리가 먼 이름뿐인 양반이었다. 이런 그의 집안을 가리켜 조선왕조 말기(1864~1910)의 비사秘史『매천야록梅泉野錄』을 쓴 우국절사憂國節士 황현黃玹(1855~1910)은 '장김壯金의 변족邊族'이라고 기술하였다. 장김이란 서울 장동壯洞(현 효자동과 창성동 지역)에서 대대로 부귀를 누리며 살아온 김상용·김상헌·김창집 등을 두고 하는 말이며, 김옥균은 족보상으로 인조 때 우의정을 지낸 김상용(1561~1637)의 10대손이었다.

이런 안동 김씨 가문인 김옥균은 세 살 되던 해에 그의 집은 공주에서 천안읍 원덕리로 옮겼다. 이곳에서 아버지 김병태는 서당을 차리고 아들과 동리 아이들에게 『천자문千字文』과 『동몽선습童蒙先習』 등 기초 한문을 가르치며 생계를 꾸려갔다. 그가 여섯 살 때쯤 그의 신상에 큰 변화가 일어났다. 당시 김옥균의 천재적인 재능을 소문으로 들어온 오촌 당숙 김병기金炳基는 40대 중반이 되어서도 자식이 없었기 때문에 어느 날 옥균 부친에게 옥균을 양자로 삼고 싶다는 뜻을 간곡히 전했다. 김병기는 1814년 생으로 소과에는 합격했으나 문과에는 합격하지 못했으므로 주로 지방관으로 이곳저곳 전전하다가 뒤늦게 좌찬성이 되었다. 어떻든 김병기의 이런 제의가 옥균 아버지로서는 선뜻 내키지는 않았지만 아들의 장래를 위해서는 바람직한 선택을 해야 했다. 이런 저간의 사정을 듣고 자식을 멀리 보내야 하는 어머니 송씨의 마음인들 오죽했겠는가?

김옥균

이렇게 해서 김옥균은 김병기 집 양자로 들어가 체계적인 한학 수업을 하기 시작하였다. 김옥균이 열한 살 되던 해 양부가 강릉부사로 전근을 가게 되자 그 역시 양부를 따라 강릉으로 갔다. 율곡栗谷 이이李珥의 고향이기도 한 그 곳 강릉은 율곡의 학풍이 곳곳에 배어 있어 어린 김옥균의 학문적인 상상력을 크게 키워주었다. 그 곳 오죽헌烏竹軒에서 느껴보는 율곡의 체취, 시정詩情이 넘치는 경포대, 웅장한 설악의 자태, 망망한 동해바다의 짙푸른 물결, 그런 환경 속에서의 학문 연마, 이 모든 것들은 어린 옥균에게는 경이로움 바로 그것이었으며, 그의 운명을 결정짓는 중대한 자양분이 되었다. 김옥균은 그 곳 강릉을 중심으로 16세 때까지 햇수로 6년여 동안 지방 수령인 양부의 임지(금성·옥천·양양)를 따라 각지를 돌며, 견문을 넓히고 민중들의 다양하고 어려운 삶도 체득하였다.

당시의 이 모든 상황은 마치 1917년 러시아 '10월 혁명'의 주역 트로츠키Leon Trotsky(1879~1940)가 그의 재능을 알아본 진보성향의 지식인인 외사촌형의 손을 잡고 반역의 물결이 일렁이는 미지의 항구 도시 오데사로 향하던 장면을 연상케 한다. 트로츠키가 그의 외사촌 형을 따라가 그 곳에서 성장하며 훗날 러시아 혁명의 주역이 될 줄을 아무도 예측하지 못했듯이, 김옥균 역시 강릉부사인 양아버지를 따라 포구 강릉으로 가게 된 것이 훗날 갑신정변의 주역이 되는 중대한 계기가 될 줄 어느 누구도 예견치 못했다. 어쩌면 이 두 사람은 영민함과 달변, 해박한 지식과 진보적인 세계관, 위험한 일에 대한 모험심과 추진력, 그리고 끝내는 정적의 하수인에게 비참한 최후를 맞는 비극적인 운명, 이모든 것들에서 유사점이 많다.

이처럼 김옥균이 출생 후 성장기를 전후하여 조선의 국내사정은 너무도 암담했으나 중국과 일본 등 주변국들은 선진문물을 받아들여 급격히 변모해가고 있었다. 김옥균이 태어날 당시 중국에서는 홍슈취안洪秀全(1814~1864)의 태평천국太平天國의 난(1851~64)이 일어났다. 당시 중국도 영국과의 아편전쟁阿片戰爭(1840) 패배 후 난징조약南京條約(1842)이라는 불평등 조약을 체결하는 등 나라꼴이 말이 아니었다. 당초 영국은 중국으로부터 차茶와 비단, 도자기 등을 사들이며 은을 많이 지급하였다. 그러나 18세기 말 이후 산업혁명이 활발하게 진행되면서 영국 내의 은 수요가 급증하자 중국으로의 은 유출을 막고, 한걸음 더 나아가 이를 역 유입시키기 위하여 인도산 아편을 대량으로 중국에 팔기 시작함으로써 중국 내에서 큰 사회문제가 야기되었다. 이에 따라 광동성·광서성 총책 린쩌쉬林則徐(1785~1851. 아편전쟁 패배 후 파직, 귀양)가 1839년 영국 상인들이 들여온 아편을 전량 몰수, 불태워버림으로써 양국 간에 마찰이 빚어져 이듬해 6월 전쟁으로 발전하게 된 것이다. 이런 저런 일로 중국내에서 민심이 흉흉해지자 이를 놓치지 않고 홍슈취안(과거에 낙방 후, 꿈에 천국을 찾아가 여호와, 즉 옥황상제와 예수 그리스도를 만나 나라를 구하라는 계시를 받았다고 함)은 그리스도교와 중국 전래의 사상을 융합한 상제교上帝敎(옥황상제를 뜻함)를 만들어 반 만주족·반외세 구호를 내걸고 1851년 1월 광서성 금전촌金田村에서 난을 일으켜 10여 년 동안 거의 중국 전역을 휩쓸었다.

"밭이 있으면 같이 갈고(有田同耕), 밥이 있으면 같이 먹고(有飯同食), 옷이 있으면 같이 입고(有衣同穿), 돈이 있으면 같이 쓰자!(有錢同使)"라는 이 단순하고도 호소력이 강한 슬로건은 시름에 빠진 중국 민중들의 가슴에 진한 울림으로 다가와 방방곡곡에 퍼져나갔다. 다급해진 청국 정부는 서구 열강들의 최신식 무기의 지원을 받아 1864년 7월에서야 반군을 진압하였다. 그런데 여기서 주목되는 점은 태평천국의 난이 중국 내정의 부패보다는 아편전쟁 후 선진국의 기계화된 값싼 제품이 한꺼번에 밀려들어와 농가에서 부업으로 만들어 온 면제품이 폭락하였고, 여기다가 운송업에 종사하던 소규모 자영업자들까지 일자리를 잃게 됨으로써 광동성·광서성 일대에 대량 실업사태가 발생한 것이 직접적인 원인이었다는 점이다. 이때 진압군 지휘관 쩡궈판曾國藩(1811~72)과 리훙장李鴻章(1823~1901)은 서양무기의 위력에 감탄하고 약 30년간 개혁·개방을 서두르며 소위 양무운동洋務運動(선진 서양기술을 통한 중국 근대화·군사 자강운동)을 전개하는 등 지도층 스스로가 각성하여 문명 근대화를 추진해 나가고 있었다.

한편 또 다른 인접국가 일본은 어떠했는가? 일본의 경우도 19세기 후반까지는 여타 아시아 제국과 별반 다를 바 없이 밀려오는 구미제국의 근대적인 군사력과 자본주의 경제력 앞에 속수무책 개항·개방 압력을 받고 있었다. 이러한 상황에서 일본의 경우도 개항을 해야 한다는 세력과 쇄국을 고수하려는 세력이 한때 팽팽하게 맞섰으나 결국 대세는 개항·개방으로 기울어졌다. 이런 상황에서 막부체제幕府體制(중앙에 본영을 둔 대장군이 지방의 번주藩主를 다스리는 통치체제)에 실망한 사쓰마 번薩摩藩과 조슈 번長州藩의 젊은 무사들이 1866년 12월 에도막부江戶幕府(1603년 도쿠가와 이에야스德川家康가 에도에 개창한 일본 통일정권이며, 에도江戶는 도쿄의 옛 이름임)의 막번체제幕藩體制(지방의 번주 다이묘大名가 중앙 장군과 주종관계를 맺고 권력을 분점하는 정치체제)를 무너뜨리고 천황을 정점으로 한 왕정체제로 복귀시켰다. 마침내 1868년 9월 천황은 연호를 메이지明治로 개원開元하고 수도를 교토京都에서 도쿄東京로 옮긴 다음 부국강병과 문명개화를 추진, 본격적인 메이지 시대를 열어가기 시작하였다.

그러나 불행히도 유독 조선에서는 대원군의 쇄국정책으로 '빗장수비'를 철저히 하고, 골수 성리학자들은 유교적 전통 윤리 기반을 수호하려는 소위 위정척사론衛正斥邪論을 펴며 선진국 문물 유입을 철저히 막는 등 대외 봉쇄 정책으로 일관하였다. 그 무렵, 그러니까 김옥균은 16세를 넘길 즈음 상경하여 북촌 '홍현紅峴'(지금의 정독 도서관 언덕 붉은 재)에 거주하며 더욱 깊이 학문을 연마해갔다. 김옥균이 그 무렵 서울로 올라온 것은 사실이지만, 김병기는 1880년까지도 지방관으로 돌아다닌 것으로 보아 16세 이후부터는 자신의 임지와 관계없이 아들의 장래를 위해서 이곳에 안정된 거처를 정해준 것으로 생각된다. 선천적으로 흡인력 있는 외모와 명석한 두뇌, 학문적인 깊이와 뛰어난 언변 실력을 갖춘 김옥균은 상경 후 얼마 되지도 않아 북촌 양반집 자제들과 사귀면서 자연스럽게 이들의 리더가 되었다. 이런 그의 재능은 어느덧 장안의 화제가 되었고, 그에 대한 입소문은 박규수와 그의 사랑방 손님들(오경석·유대치 등)의 관심을 끌기에 충분했다.

젊은 그들, '불온서적'을 탐독하고 '불온서클'을 조직하다

이처럼 인접 국가인 청국은 '양무운동'을 펴고, 일본은 메이지 유신을 선포하여 문명개화에 박차를 가하기 시작한 그 무렵, 조선의 기대주 김옥균은 그의 나이 20세 전후인 1869년 후반에서 1870년 초 무렵부터 마침내 박규수 집을 드나들면서 개화사상을 접하기 시작하였다. 그 뒤 1870년대 중·후반까지 홍영식·박영효·박영교·서광범 등 양반집 젊은 엘리트들, 그리고 이들보다 나이가 조금 많은 김윤식·김홍집 등도 김옥균과 자리를 함께 하였다. 그리고 훗날 그가 정적이 된 민비 조카 민영익과 교류를 하게 된 것도 이 무렵이었으며, 그 뒤에 유길준과 어린 서재필도 김옥균을 형처럼 따르며 개화사상에 관심을 갖게 되었다. 유길준의 회고에 의하면 그가 16세 때쯤 박규수 문하에 들어가 18세 때 김옥균과 가까워졌다고 하는데, 이는 김옥균의 처 유씨俞氏가 유길준의 고모뻘이 되어 김옥균 집을 자주 왕래함으로써 두 사람의 관계가 더 돈독해진 계기가 되었다 하니 김옥균은 20세를 전후하여 유씨와 가정을 꾸민 것으로 보인다.

1872년(고종 9년) 2월 4일(음), 그날은 계절적으로 긴 겨울잠을 떨치고 봄으로 접어드는 다소 쌀쌀한 날씨였지만, 그래도 하늘은 맑고 청명했다. 그날 경복궁 북문인 신무문神武門 밖 경무대에서 성균관 유생들을 주 대상으로 과거시험 알성시謁聖試가 열렸다. 알성시란 왕이 전날 문묘에서 석전제釋奠祭(공자에게 지내는 제사)를 지내고 다음날 시행하는 특별 과거시험이었다. 이날 시험장에는 고종이 친히 참석하였고, 영의정 김병학金炳學과 예문관제학藝文館 提學 박규수 등 관계요로가 시험관으로 참석했다.

당일 과거시험에서 김옥균은 갑과甲科에 장원급제壯元及第하였다. 그때 그의 나이 22세, 남자로서 자신의 미래를 책임지고 행동할 나이였다. 김옥균의 이름이 호명되면서 김옥균은 긴장된 미음으로 고종과 첫 대면하였고, 두 사람간의 운명적인 만남은 이렇게 시작되었다. 합격자가 발표된 그날, 김옥균은 장원으로 합격한 자에게 내리는 정 6품에 해당하는 성균관 전적典籍에 임명되어 관직생활을 시작하게 되었다. 그러나 그는 정확한 이유는 알 수 없으나 일신상의 사유로 잠시 공무에서 물러났다가 그해 7월 사헌부 감찰직으로 복귀하였으며, 8월에 종 5품에 해당하는 사헌부 지평, 그리고 2년 뒤 1874년 2월 홍문관 교리가 되어 그 후 근 10년간 시독관試讀官으로 있으면서 경연經筵(왕에게 경서를 강론함)을 담당하게 되었다. 그런 점에서 이 자리는 왕을 직접 대면하는 직책으로 업무상으로 별 실권이 없는 직책이지만 앞으로 요직으로 승진하는 엘리트들이 거치는 필수 코스라 할 수도 있다.

홍문관의 별칭은 옥당玉堂이라고도 하는데 이름 그대로 왕을 옥체처럼 모시는 부서라는 뜻이다. 이와 관련하여 명종 때 이조참판·한성부윤 등 벼슬을 한 송순宋純(1493~1583. 호는 면앙정俛仰亭)의 시 한 편을 소개한다. 명종이 궁정 어원황국御苑黃菊을 옥당관(홍문관 교리·부교리 등)에 보내고 답시答詩를 지으라 하자, 옥당관이 당시 시문에 뛰어난 송순에게 부탁하여 그가 지어 올린 아래 시를 왕이 읽은 후 매우 기뻐하며 상을 내렸다고 하며 이 시문은 무서리가 내리는 가을 날 피는 노란 국화처럼 어려움에 처하더라도 변절하지 않고 왕에게 충절을 지키겠다는 뜻을 함축하고 있다.

자상특사황국옥당가自上特賜黃菊玉堂歌

풍상風霜 섯거친 날에 갓 피온 황국화黃菊花를
금분金盆에 가득 담아 옥당玉堂에 보내오니
도리桃李야 꽃인 체 마라, 님의 뜻을 알리라

― 한춘섭 편저, 『고시조 해설』, 홍신문화사, 2005, 102쪽.

김옥균의 알성시 장원급제는 개인적으로 영광일 뿐만 아니라 박규수 집 사랑방 모임의 일대 경사였다. 또한 이를 계기로 그는 신진 엘리트 파워의 리더로서 그의 입지가 더욱 확고해졌고 고종의 개혁정치에 영향력을 행사할 수 있는 기회를 잡게 되었다. 어떻든 이들 엘리트들은 그 동안 서로 지근거리에 거주하며 자연스럽게 자주 만났는데 김옥균이 정치 무대에 진출하면서 이들 모임은 더욱 활발해졌다. 그러나 이들이 만남이 빈번해지면서 개화의 방법을 놓고 의견을 달리하며 모임은 두 파로 갈라지게 되었다. 이들 중 한 파는 김윤식과 김홍집 등 온건 개화파(박규수 문하생은 아니지만 후에 어윤중도 온건 개화파 활동에 참여)로서 이들은 한국 사회가 점진적으로 개화되어야 한다고 생각하였으며, 다른 한 파는 김옥균과 젊은 엘리트들을 중심으로 한 급진 개화파로서, 이들은 갈 길이 바쁜 조선을 하루 빨리 개화시켜야 한다고 생각하였다.

급진 개화파 '젊은 그들'의 생각은 마치 1911년 10월 중국 신해혁명辛亥革命의 주역 쑨원孫文이 "황하가 맑아질 때까지 기다릴 수 없다"고 말한 것과 같은 이치였다. "이들 급진 개화파는 자기들을 '개화당' 또는 '독립당'이라 자칭하였으며, 온건 개화파를 '수구당' 또는 '사대당'이라고 부르고 자신들과의 색깔을 달리하였지만, 통칭하여 이 두 파를 '개화파'라 부를 수 있을 것이다."(이광린, 『개화당 연구』, 일조각, 1997, 1쪽) 그런 점에서 급진 개화파가 온건 개화파를 사대당 또는 수구당으로 지칭한 것은 지나친 표현이라고 보아야 할 것이다. 따라서 1880년대 초부터 분화된 조선의 정치세력 판도는 김옥균·박영효·홍영식·서광범 등 신진 엘리트 파워를 중심으로 한 급진 개화파, 김홍집·김윤식·어윤중·신기선 등을 중심으로 한 온건 개화파, 민비·민태호·민영익과 그 척족 및 한규직·이조연 등의 민비 수구파, 흥선대원군·이재원·이재면 등의 대원군 수구파, 그리고 재야 유림 수구파로 최익현·김평묵·이만손을 비롯한 위정척사파 등으로 분류할 수 있다.(신용하, 『초기 개화사상과 갑신정변 연구』, 지식산업사, 2000, 76~77쪽 참고)

이처럼 조선 후기 사회에 들어와 서울은 청과 일본을 통해 선진문물을 직접, 그리고 가장 빠르게 받아들였으나 이와 반대로 당시 통신 및 지정학적 제반 여건상 지방은 그렇지 못하는 소위 경향분기京鄕分岐 현상이 두드러지게 나타나기 시작하였다. 좀 더 구체적으로 말하면 경향분기란 서울을 중심으로 대대로 거주하는 경화사족京華士族이 정치권력을 독점하고, 지방에 거주하는 재지사족在地士族은 정치에 소외된 현상을 말한다. 이러한 현상은 후기 조선사회에 들어와 더욱 두드러지게 나타났는데, 특히 서울 북촌을 중심으로 한 경화사족은 점차 실용적인 학문을 수용하게 되었으며, 영남을 중심으로 한 재지사족은 성리학적 명분론에 집착하는 경향을 보이기 시작하였다. 그러다 보니 여기에서 문제가 생기게 된 것이다. 즉 서울 북촌의 개화파들은 상호간 결속을 강화하며 개화운동을 전개하였으나, 유감스럽게도 이 과정에서 그들은 향촌 사회나 농민, 민중의 동향을 소홀히 하였으며 반면 지방 유생들은 위정척사운동을 펴면서 서울 중심의 개화운동에 냉소적이고 한걸음 더 나아가 노골적으로 반발하는 경향을 보였다. 이 점이 개화파, 특히 급진 개화파로서는 동조세력을 규합·광역화하는 데 걸림돌로 작용하여 훗날 조선 사회 전체를 변화로 이끄는 데 큰 어려움을 겪게 된다.(정승교, 『미래를 여는 한국의 역사』, 웅진지식하우스, 2011 참고)

이런 상황에서 서울 북촌 양반집 젊은 엘리트들은 박규수 집 사랑채에 자주 모여 오경석이 들여온 각종 선진 문물서적을 탐독하며, 선배인 3인과 진지한 토론을 벌였으며, 때로는 자기들끼리도 별도 모임을 갖고 시국의 현안도 토의하였다. 이런 정황으로 볼 때 그 모임은 순수한 학술서적뿐만 아니라 인간 평등사상이 담긴 계몽 서적도 탐독하고 있었기 때문에, 당시 유교의 위계질서를 통치수단으로 삼고 있는 조선의 왕실 당국과 민비 측근 수구파에서 볼 때 이들을 '불온서적'을 탐독하는 '불온서클' 내지는 '반체제집단'으로 보기에 충분하였다. 그들은 박규수를 통해서는 실학사상을, 오경석을 통해서는 서양의 실용과학과 문화를, 그리고 유대치를 통해서는 불교사상에 기반을 둔 인간 평등사상을 배웠다. 그런 면에서 특히 유대치는 이들에 대한 진보적인 세계관을 일깨워주고 의식화 교육을 시킨 장본이었다고 볼 수 있다. 특히 유대치의 불교에 대한 깊은 지식, 그 속에서 녹아나온 인간 평등사상, 고결한 인품은 이들 젊은이들을 매료시켰기 때문에 그를 따르는 문하생들은 양반과 중인 신분을 막론하고 부지기수였다. 이에 대한 기록은 최남선(1890~1957)이 『고시통古事通』, 이능화(1868~1945)의 『조선불교통사』에서도 자세히 나타나 있다.

이 무렵 오경석이 가져온 책들 중 '젊은 그들'이 접한 책들로서는 앞에서 말한 『해국도지海國圖志』(1844. 영국을 비롯한 세계 각국의 지리와 역사 국방 병기기술 외에 민주적 선거제도 등 해설서)·『영환지략瀛環志略』(1850. 세계 5대양 6대주별 지리해설서)·『박물신편博物新編』(1855. 서양의 과학기술 해설서)·『월비기략粵匪紀略』(1855. 홍슈취안의 태평천국의 난 전말 기록서)·『지리문답地理問答』(1865. 세계 지리에 관한 문답식 개설서)·『해국승유초海國勝遊草』(1868. 서유럽 및 북유럽 견문서) 등 많은 서적들이었다. 이러한 서적들은 지금까지 사서삼경 등의 유교 서적이나 읽었던 '젊은 그들'에게는 참으로 충격적이고도 경이로운 책들이었다. 감수성이 예민하고 인식욕이 왕성한 젊은 그들은 새로운 지식을 여과 없이 빨아들이면서 조선이 그 동안 닫힌 세상에서 '우물 안 개구리'로 살아온 것에 대해서 일종의 자괴감을 느꼈다. 그러면 여기에서 잠시 박규수 문하에서 개화사상을 공부하게 된 시점을 전후하여 갑신정변까지 김옥균 외 급진 개화파 주요 인물들의 면모를 간략히 살펴보자.(그 뒤 행적은 정변 후 망명 시부터 재언급)

박영효朴泳孝(1861~1939)·박영교朴泳敎(1849~1884) 형제: 본관이 반남潘南인 박영효의 호는 여러 가지 있으나 춘고春皐로 가장 많이 알려졌으며 1861년(철종 12년) 음 6월 12일 경기도 수원에서 진사 박원양의 3남 2녀 중 막내아들로 태어났다. 그가 열한 살 때인 1872년 4월 당시 철종의 장녀 영혜옹주永惠翁主(박영효보다 두 살 위로 결혼 3개월 후 사망)와 결혼하여 철종의 사위, 즉 그의 부마駙馬가 되고 금릉위錦陵尉로 호칭을 받게 됨으로써 일약 왕족의 대열에 서게 되었다. 그의 나이 14세 때인 1875년경 형 박영교와 함께 친척뻘인 박규수 집에 출입하며 개화사상을 접하기 시작하였다. 박영효가 김옥균을 처음 만난 것은 그의 나이 17세 때인 1878년쯤으로 형 박영교의 소개로 그와 불교에 관한 이야기를 나눈 것이 계기가 되어 그 후 운명적인 동지가 되었다. 박영효는 박규수 집에서 『연암집燕巖集』을 통해 "인간 평등사상을 배웠지요"라고 회상했다 당시 한성 근교 봉원사의 개화승 이동인李東仁과 그의 동지 탁정식卓挺埴을 만난 것도 얼마 후였다.

서재필의 회고에 의하면 이동인이 건네 준 일본 서적을 통해 박영효는 국제 정세를 파악하게 되었고 인권사상도 알게 되었다고 한다. 박영효는 김옥균과 함께 자금을 마련, 이동인과 탁정식의 일본 입국을 적극 돕기도 하였다. 부마라는 위치를 배경으로 그는 약관 20세의 나이인 1881년 음 8월 의금부 판사에 올랐으며, 1882년 9월에는 임오군란 때 일본인 피해에 따른 사죄의 뜻으로 4개월간 수신사 대표로 일본에 파견되었는데 동행자로는 부사 김만식, 종사관 서광범, 수행원 김옥균, 민영익 등이었다. 한편 박영교는 동생 박영효보다 먼저 박규수 집에 출입하면서 개화사상에 눈을 뜨게 되었고, 후에 동생 박영효를 데리고 박규수의 집에 출입하면서 김옥균의 급진 개화파에 참여하게 되었다. 박영교는 비교적 늦은 나이인 1881년 문과에 급제하고 홍문관 수찬修撰(사서史書를 편찬하는 정 6품)과 교리校理(앞의 정 5품), 그리고 후에 암행어사와 좌승지에 오른다. 그는 김옥균보다 두 살 위로 급진 개화파 중 제일 나이가 많았으나 이들 세력의 결집에 누구보다 적극적이었다.

홍영식洪英植(1855~84): 본관이 남양南陽이며, 호는 금석琴石으로 1855년(철종 6년) 12월 29일(음) 부친 홍순목洪淳穆(고종 때 영의정, 후에 영중추부사領中樞府事가 됨)의 둘째아들로 태어났다. 형 만식이 백부伯父의 양자로 갔기 때문에 사실상 장남이 된 셈이다. 그는 1873년(고종 10년) 4월 26일 실시된 문과文科의 병과丙科에 합격하여 다음해인 1874년 2월 규장각 대교待敎(정 7품), 1879년 6월 규장각 직각直閣(종 5품), 다음해 초에는 사간원 헌납獻納(정 5품), 그리고 1881년 7월 이조참판(종 2품)에 올랐고, 이에 앞서 5월 3일(음 4월 6일) 일본의 선진문물·제도를 조사하기 위한 임무를 띤 '신사유람단'의 일원으로 일본에 파견되었다.

신사유람단에 대한 당시 수구파의 강한 반대 분위기 때문에 홍영식은 동래 암행어사로 나아가 그 곳에서 편법으로 일본에 입국, 육군성의 군사제도 조사임무를 수행하였으며 그때 일본의 우정업무에도 관심을 갖게 되었다. 귀국 후 홍영식은 통리기무아문統理機務衙門(1880년 고종 17년 청국의 직제를 답습, 창설한 군사업무 총괄 관아)의 부경리副經理, 1882년 6월 8일(음 4월 23일) 홍문관 부제학副提學으로 임명되었으며, 그 후 1883년 7월 한국 최초의 미국 사절단(보빙사報聘使) 부대표(당시 대표는 민영익)로 도미하여 미국 시찰을 마치고 12월 20일 귀국하였다가 외아문협판外衙門協辦, 1884년 4월 우정총판郵政總辦에 임명된 후 그 해 12월 4일(음 10월 17일) 저녁 7시 우정총국 낙성식을 주관하는 연회 자리에서 김옥균과 함께 갑신정변을 일으키게 된다.

홍영식

서광범徐光範(1859~97): 본관은 대구大丘, 호는 위산緯山으로 서거정徐居正의 후손, 순조 때 영의정을 지낸 서용보徐龍輔의 증손이며 평양감사를 지낸 조부 대순戴淳, 1856년(철종 7년) 때 급제하여 이조참판을 지낸 서상익徐相翊의 아들이다. 1870년대 초를 전후하여 박영효 다음으로 어린 나이에 박규수 집에 드나들며, 개화사상을 접하기 시작하였고 21세 때인 1879년경 급진 개화파에 참여하였다. 그는 22세 때인 1880년 6월 증광별시增廣別試 문과에 병과로 급제하여 주로 규장각과 홍문관에서 근무하였으며, 후에 승정원 동부승지 등을 거쳤으나 당시에는 김옥균·홍영식에 비해 정치적으로 두각을 나타내지 못했다. 임오군란 후 수신사 박영효의 종사관으로 일본을 다녀온 뒤부터 정치권에서 부각되기 시작하였다. 그 후 김옥균과 함께 일본에 머물면서 차관조달에 동분서주하였으나 뜻대로 되지 않아 귀국하여 외아문참의라는 한직에 있다가 그 후 1883년 7월 수구파의 실세인 대미전권대사 민영익을 보좌하여 미국을 방문하였다. 이렇게 선진문물을 익힌 서광범은 개화의 필요성을 더욱 피부로 느끼고 후에 김옥균과 함께 '거사'에 적극 참여하였다.

서재필徐載弼(1864~1961): 본관은 달성 호는 송재松齋로 친가는 충청도 은진군 구자곡면 화석마을이있으니 당시 출산 습속에 따라 외가인 전라도 동복군(현 보성군) 문덕면 가천 마을에서 태어났다. 일곱 살 때 상경하여 외삼촌 김성근 집에서 한학을 공부하여 19세 때인 1882년 문과에 급제한 후, 김옥균을 만나 개화당에 청년당원으로 가입하였다. 1883년 근대적 군사·국방체제의 준비의 필요성을 절감한 김옥균의 주선으로 장래가 촉망되는 동료 열네 명과 함께 일본 도쿄 호산 육군사관학교에 입교하여 1년 2개월(1883년 5월~84년 7월)간 신식 군사 교육을 받게 되었는데, 후에 김옥균은 이들 사관생들을 불러들여 서재필을 사관장으로 하는 신식 육군사관학교를 설립하여 '큰일'을 도모하려 했으나 수구파의 반대로 실현되지 못하였다. 갑신정변 핵심 세력 중 가장 어린 나이에 '거사'에 참여하여 정령관 직위를 맡게 되나 정변 실패 후 김옥균과 함께 일본으로 망명하였다.

유길준兪吉濬(1856~1914): 본관은 기계杞溪, 호는 구당矩堂으로 서울 출신이며 유진수兪鎭壽(정랑正郎 · 참의參議 · 동부승지同副承旨 등 벼슬을 함)의 3남 2녀의 둘째 아들로 태어나 16세 때 박규수를 처음 만나 18세 때쯤 김옥균과 가까워졌다. 원래 유길준 집안과 박규수 집안은 선대 때부터 서먹한 사이였으나 박규수는 지난날을 잊고 포용력을 발휘하여 재주가 뛰어난 유길준을 자신의 문하생으로 기꺼이 맞았다. 그 후부터 유길준은 박규수 집에서 김옥균 등 젊은 엘리트들과 자주 만나 개화사상을 공부하게 되었으며, 그가 18세 때 박규수로부터 받은 『해국도지』는 큰 충격이었다. 유길준은 박규수를 통해 실학사상과 서양 선진문물을 접하고 과거시험을 포기하였다. 후에 유길준은 일본과 미국 유학으로 갑신정변에 참여하지 못했지만, 김옥균의 부인 유씨가 고모뻘이었기 때문에 김옥균 집에 자주 드나들며 누구보다 그와 더 가깝게 지냈다. 그는 1881년 박규수의 권유로 어윤중을 수행하여 신사유람단에 참가, 조선 최초의 일본 유학생이 되었다. 이때 그는 일본 게이오의숙(慶應義塾)에서 문명개화론자인 후쿠자와 유키치를 만나 많은 영향을 받았다. 1882년 임오군란이 일어나자 1883년 1월 학업을 중단하고 귀국하여 통리교섭통상사무아문統理交涉通商事務衙門 주사가 되고 박영효가 주관하는 『한성순보』 발간사업 실무책임도 맡았으나 극보수 민씨 척족들의 반대로 사업이 중단되자 주사직도 사임했다. 그해 7월 대미사절단 보빙사 민영익 단장을 수행하여 미국을 시찰하게 되었다. 유길준은 그때 민영익의 권유로 귀국하지 않고 그 곳에 잔류, 1884년 정변 발발 직전까지 미국 대학 예비고등학교인 덤머 아카데미Dummer Academy에서 수학, 우리나라 최초의 미국 유학생이 되었다.(유길준은 박규수 문하생으로 김옥균과 돈독한 관계를 유지하면서도 당시 수구파 민영익의 도움을 받고 그와 학문적 교류도 함께 하며 급진 개화파나 온건 개화파 대열에 적극 참여하지 않고 후에 나름대로의 독자적인 문명 개화사상을 정립하였음. 따라서 굳이 그의 개화 노선을 따진다면 중도 개혁·개화성향이었다고 말할 수 있을 것임)

개화승開化僧 이동인李東仁·탁정식卓挺埴: 이동인의 출생과 성장과정은 물론 죽음도 베일에 가려 있다. 급진 개화파가 동지를 규합해 나갈 무렵, 이동인은 유대치를 통해서 김옥균을 알게 되었고, 그의 자금지원을 받아 1879년 6월 일본에 밀항하게 되는데, 그때 그의 나이 30세 전후였다. 그는 동래 범어사 승려로 그가 일본에 간 것은 일본의 정세를 파악하여 선배 유내지와 급진 개화파 리더 김옥균에게 알려주고 선진문물 자료를 수집하기 위해서였다. 이동인은 도쿄에 있을 당시 수신사로 온 김홍집을 만났으며, 그는 귀국시 일본 사정에 밝은 이동인을 대리고 와 당시 실력자인 민비의 조카 민영익에게 소개하여 후에 국왕까지 알현, 대일 외교에 상당한 역할을 하게 되었다. 이를 계기로 이동인은 통리기무아문이 설치되면서 후세에 사상의학자로 널리 알려진 이제마와 함께 참모관에 임명(1881년 고종 18년 음 2월 5일 「승정원일기」)되었다. 그런데 어찌된 일인지 이동인은 약 한 달 뒤 행방불명이 되어 역사의 무대에서 사라지게 되었다. 일설에 의하면 김홍집과 가까웠던 이동인이 김옥균과 내통하는 것이 알려져 수구파측에서 그를 암살, 처치했다고 하나 진위 여부는 알 길이 없다.

또한 김옥균은 백담사 승려 출신으로 후에 도쿄외국어학교 교사가 된 탁정식과도 교분을 가졌다. 탁정식 역시 개화승으로서 그는 1880년 초부터 김옥균의 주선으로 일본에 자주 드나들며 일본통이 되었으며, 김홍집이 수신사로 일본에 파견시 이동인과 함께 만나 김홍집의 자문에도 응하였다. 1882년 4월 김옥균이 첫 번째 일본 방문 때 두 사람은 자주 만나 김옥균은 그로부터 일본 사정을 청취하며 인간적으로 더욱 가까워졌다. 이런 그가 1884년 2월 9일 34세를 일기로 갑자기 병사하였다. 그를 통해서 일본의 정세를 자주 파악했던 김옥균으로서는 그의 죽음을 매우 애석하게 여겼다. 그 밖에 화계사 승려 차홍식車弘植과도 가까이 지냈는데, 후에 김옥균은 일본을 방문할 때 차홍식을 종자로 데려가기도 하였으며 정변 때 그를 동지로 참여시켰다.

이처럼 김옥균은 스승 유대치의 지도 아래 불교사상의 영향을 받아 개화파 승려들과 가까이 하며 '큰일'을 도모해 나갔다. 물론 그 자신이 유교 경전을 통해서 출세의 길에 들어섰기 때문에 그 가치를 소홀이 하는 것은 아니었지만 시대가 바뀌어 가는 상황에서 위계질서와 신분을 강조하는 지배 이데올로기와 인습의 틀에 얽매인 유교사상에 안주할 수 없었다. 그런 점에서 만민 평등을 근간으로 하는 불교가 김옥균과 '젊은 그들'이 추구하는 가치와 이상에 부합하였다. 따라서 김옥균은 위의 개화승들과 자주 어울렸고 그러다 보니 그가 동지들과 자주 만나는 장소도 한적하고 거사를 모의하기 좋은 사찰이었으며 그 대표적인 곳이 봉원사(현 서대문구 봉원동), 화계사, 그리고 비구니들이 불도를 닦았던 탑골 승방이 주요 아지트였다.

그 밖에 급진 개화 세력에 참여한 인물로는 유상오柳相五가 있었는데 그는 후에 일선에서 물러나고, 그의 아들 유혁로(당시 오위장五衛將)가 참여하여 훗날 김옥균 박영효 등과 긴밀한 동지 관계를 유지하였다. 그리고 그 무렵부터 김옥균은 궁궐을 출입하면서 환관 유재현柳載賢(후에 변절하여 갑신정변 때 살해됨), 궁녀 고대수顧大嫂(당시 42세 여인으로 본명은 이우석李禹石?) 등을 포섭하여 궁궐 내의 주요 정보를 수집하였다. 그녀는 후일 갑신정변 때 큰 역할을 하였다. 고대수라는 말은 '되돌아보게 되는 통 큰 여자'라는 뜻으로 신체 건강하고 담력이 있는 여장부였다. 그런 점에서 고대수는 우리나라 '최초의 여성 혁명가'라 할 수 있다.

지금까지의 인물들이 주로 정변에 참여한 급진 개화파라 한다면, 김홍집·어윤중·김윤식 등 세 사람은 개화사상의 본질, 즉 그 총론에 대해서는 급진 개화파와 입장이 거반 다를 바 없었으나, 그 각론과 실천 방법을 놓고 이들과 시국관을 달리하며 점진적인 개혁을 견지하였다. 온건 개화파가 급진 개화파와 갈라서게 된 것은 1877년 2월 9일(음 1876년 12월 27일) 이들의 정신적 지주인 박규수가 70세의 나이로 사망하면서 두드러지게 나타났다. 즉 젊은 급진 개화파가 일본의 발전상에 비중을 두고 개화를 서두른 반면, 온건 개화파는 청에 의존할 수밖에 없는 현실을 받아들이고 동도서기론東道西器論(동양의 전통적 가치와 제도를 지키면서 서구의 발전된 문명을 선별적으로 받아들이려는 이론)을 견지하였다. 이들 개화파들은 특히 임오군란 이후 청군의 온갖 횡포가 노골화하면서 서로가 다른 길을 걷게 되었다.

대원군의 집권과
이에 맞서 이긴 민비의 세 불리기

그 무렵 국내 정세는 어떠했는가? 조선 왕조 말 민비의 등장은 '태풍의 핵'으로 작용하였다. 아무리 국모의 자리라 하지만 그녀처럼 오랜 기간 막강한 영향력을 행사하며 정국을 좌지우지한 여인이 그녀 말고 또 누가 있었는가? 1873년 11월, 두뇌 회전이 빠른 민비는 초산 실패(첫 출산 아기는 항문 폐쇄 희귀병으로 3일 만에 죽음) 후 두 번째 아이 출산을 앞두고, 여론이 악화된 시아버지 대원군을 하야시키고 남편인 고종의 친정체제를 확립하였다. 그녀는 다음해인 1874년(고종 11년) 2월 왕자(후에 순종)를 순산하여, 1827년 헌종이 태어난 이래 실로 50년 만에 왕실에서 후사를 탄생시키는 주인공이 되었다.

세자의 탄생으로 발언권이 높아진 민비는 마침내 호적상 친정 피붙이들, 즉 민씨와 그의 척족들을 요직에 앉히며 권력기반을 구축해 나갔다. 그녀가 왕비가 된 경위와 그 척족들의 세 불리기 과정은 이렇다. 대원군이 야인으로 있을 때 그는 당시 실세인 김병학과 가까이 지내며 자기 아들을 왕으로 밀어주면 그의 딸을 며느리로 삼겠다고 약속한 바 있다. 그런데 철종이 재위 13년 만에 후사 없이 급서하자

대원군의 둘째아들 명복命福(아명이며 후에 재황載晃, 호는 주연珠淵, 왕위에 오르기 전 익성군翼成君으로 책봉됨)이 1863년 12월 13일(음) 12세의 나이로 왕위(고종)에 올랐다.

대왕대비 신정왕후 조씨(1808~90: 풍양 조씨 즉 헌종의 외조부 조만영의 딸. 후에 익종으로 추존된 효명세자의 비로 아들 헌종의 친모)는 안동 김씨의 세도를 막기 위하여 대원군의 부인인 여흥민부대부인驪興閔府大夫人과 짜고 1866년 3월 21일 고종보다 한 살 위인 민치록의 딸을 왕비로 삼았다. 민비는 고려 말 충렬·충선왕 때 찬성사贊成事를 지낸 민종유(1245~1324)의 후예이다. 조선조에 들어와서 여흥 민씨 가문은 세종 때 개성유수를 지낸 민심언, 명종 때 좌찬성을 지낸 민제인, 숙종의 장인(인현왕후 아버지)으로 노론 척신이던 민유중, 숙종 때 좌찬성을 지낸 민진후 등을 배출하였다. 특히 민유중은 여흥 민씨 가문을 가장 빛낸 중시조 격이었다. 그러나 18세기 영·정조 이후 민비의 집안은 옛 명성을 이어가지 못하였다. 민비 조부 민기현이 순조 때 개성유수를, 부친 민치록이 장악원掌樂院(궁중 음악을 관장하던 부서) 첨정僉正(종 4품)에 오른 정도였다. 그래도 이 정도 집안이면 나름대로 모양새를 갖춘 가계로 보아야 할 것이다.

이런 집안 출신의 민비는 1851년(철종 2년) 9월 25일(음) 민치록과 그의 재취 부인 한산 이씨를 어머니로 하여 경기도 여주군 근동면 섬락리에서 태어났다. 민치록은 슬하에 1남 3녀를 두었으나 그중 셋은 일찍 죽고 딸 하나인 민비만 남게 되었다. 민치록 역시 민비가 9세 때 부인과 어린 딸을 두고 일찍 죽게 되어 민비는 친지의 주선으로 서울 안국동 감고당感古堂(경복궁과 창덕궁 사이에 있던 저택으로 현 덕성여고 자리)에 맡겨져 외롭게 자랐다. 이 집은 본래 인현왕후 친정집으로 인현왕후가 장희빈의 간계로 폐출된 후 쫓겨나 살던 집으로 민씨 가문의 집이며, 대원군 부인은 이때 자기와 12촌간인 총명한 그녀(당시 이름은 자영으로 기록됨)를 눈여겨 봐둔 것이다. 그리고 이들이 그녀를 왕비로 삼은 것은 아들인 고종이 선대의 다른 왕들처럼 왕비의 척신들에 휘둘리지 않기 위함이었다. 사실 익성군이 왕위에 오른 것도 대왕대비 신정왕후의 지략인데, 그녀는 의도적으로 고종을 아들로 삼아 철종이 아니라 익종의 뒤를 이어 왕이 되게 하여 안동 김씨가 더 이상 들어설 여지를 사전에 차단해버렸다.

이렇게 해서 대왕대비 신정왕후 조씨는 막후에서 수렴청정垂簾聽政하며 고종의 후견인 역할을 하고, 고종의 아버지 대원군으로 하여금 실권을 장악케 하였다. 이로써 10년간 대원군의 쇄국정치시대가 시작되었다. 흥선대원군興宣大院君 이하응李昰應(1820~98)은 인조仁祖(1595~1649)의 3남인 인평대군麟坪大君의 6대손인 남연군南延君의 넷째 아들로 태어났다. 그의 호는 석파石坡로 12세 때 어머니, 17세 때 아버지를 여의고 사고무친四顧無親 상태에서 청소년기를 불우하게 보냈다. 1843년 23세 때 흥선군에 봉해졌으며, 1846년 수릉천장도감의 대존관이 된 후 종친부의 유사당상, 오위도총부의 도총관 등의 한직을 지내면서 소위 안동 김씨의 세도정치 체제에서 허송세월을 보내야 했다. 그는 안동 김씨 세도정치에 비켜서서 위장전술로 장안의 시정잡배들과 어울리며 지냈기 때문에 '궁도령'이라는 비웃음을 사기도 했다. 그런 그가 1862년 12월 자신의 둘째아들 명복이 왕위에 오르고 자신 또한 흥선대원군으로 봉해진 후 신정왕후 조대비로부터 섭정의 대권을 위임받으면서 안동 김씨의 세도정치를 철저히 봉쇄하고 무소불위의 권력을 장악하였다.

대원군이 조대비와 짜고 장자 재면載冕이 아닌 둘째아들(아명 명복命福), 즉 재황載晃을 익성군翼成君(1852~1919)으로 책봉하여 왕으로 삼은 것은 당시 이왕가 관례상 장자를 양자로 보내기 어려운 점도 있었으나 익성군이 성품이 더 유순하여 대원군으로서는 오랜 기간 친정체제를 유지하며 실권을 행사하기가 용이했기 때문이 아니었겠나 생각된다. 어떻든 대원군은 집권 후 서원의 통폐합 정리와 잡세의 폐지, 탐관오리의 철저한 단속, 의정부 부활, 비변사(국방을 관할하는 관청) 폐지 등을 단행하여 민심 수습책을 강구하는 한편 왕권을 강화하기 위하여 경복궁 중건을 추진하고, 천주교를 박해하는 등 무리수를 두며 사실상 철권 정치를 펴나간다. 그러나 예부터 잔소리 많은 시아버지 좋아하는 며느리가 어디 있겠는가? 하물며 일국의 왕비 입장에서 남편인 왕이 시아버지 그늘에서 자기 역할을 제대로 못하고 휘둘릴 때 그 심정은 오죽하겠는가? 대원군의 월권이 지나치게 되고 고종이 성년이 되면서 며느리 민비와 그고 작은 일로 갈등을 빚게 되자 두 번째 출산을 앞두고 자신감이 생긴 민비는 마침내 최익현의 대원군 탄핵 상소를 이끌어낸 다음 창덕궁과 운현궁 사이의 대원군 전용 출입문을 사전 양해도 없이 폐쇄토록 하고 그를 하야시켜 경기도 양주골로 내몰았다. 대원군으로서는 호랑이 새끼 키워 그 호랑이에게 잡아 먹힌 꼴이 되었다.

간섭이 많고 성가신 시아버지를 하야시킨 민비는 마침내 민태호閔台鎬(1834~84)의 아들인 민영익閔泳翊(1860~1914)을 양오빠인 민승호閔升

鎬(1830~74)의 양자로 삼게 하고 조카가 된 민영익을 애지중지하며 뒤를 돌보아주는 등 척족들을 정계의 전면에 내세우며 세 불리기에 나섰다. 민영익의 생부 민태호는 당대의 거유 유신환 밑에서 김윤식 등과 함께 수학하였고, 임오군란 후 청국이 주도한 정계 개편 때 군무·감공監工 등을 총괄하는 독판督辦 직을 맡아 실권을 장악하게 되었다.(갑신정변 때 민태호는 한규직·민영목 등과 함께 살해됨) 이처럼 민영익이 민비의 사랑을 독차지하게 된 것은 민승호의 폭사가 이면에 크게 작용하였다.

민비의 호적상 오빠인 병조판서 민승호는 1874년 11월 28일 생일 선물로 받은 뇌물상자를 풀다가 그 상자가 폭발하면서 그는 물론 그의 곁에 있던 노모와 부인, 그리고 아들이 모두 사망하는 참변이 일어났다. 포도청의 수사 결과 범인은 진주병사 신철균의 하인으로 밝혀졌다. 신철균은 대원군의 심복 장순규의 추천으로 출세의 길에 들어섰는데 대원군의 실각이 실세 민승호의 입김이 크게 작용했다는 설이 파다했다. 이로 인해 신철균 역시 관직에서 물러나 울분을 삭이지 못하던 중 하인을 시켜 범행을 저지르게 한 것으로 드러났다.

이 사건은 결과적으로 대원군을 난처하게 만들었고 그로 인해 민비의 대원군에 대한 나쁜 감정은 극에 달하였으며, 반면 조카 민영익에 대한 사랑은 맹목적으로 더욱 견고해졌다. 그 후 민영익은 1877년 18세 때 과거시험에 합격하여 출세의 길에 들어선다. 사실 그 과거시험은 민영익을 합격시키기 위한 형식적인 시험이었으며, 나머지 수험생들은 들러리였거나 몇몇은 덕을 보기도 했다. 아니나 다를까 그는 과거에 합격한 그날로 정 8품인 규장각 대교 등 네 개의 벼슬을 겸하고, 이듬해 불과 19세의 나이에 대궐 인사를 총괄하는 이조 참의와 지금의 대통령 비서실장격인 승정원承政院의 도승지都丞旨라는 막강한 벼슬에 오르며 벼락출세의 길로 진입하였다.

당시 승정원에는 여섯 명의 승지가 있었는데 실장격인 도승지와 나머지 승지·부승지 모두 정 3품의 벼슬이었다. 이들에게는 담당 분야가 구분되어 있었으며, 도승지는 이조吏曹, 좌승지는 호조戶曹, 우승지는 예조禮曹, 좌부승지는 병조兵曹, 우부승지는 형조刑曹, 동부승지는 공조工曹를 각각 담당하였다. 형식적으로 이들의 품계品階는 서로 같았지만, 어느 누구도 도승지에게는 감히 희언戱言(농담)을 못할 정도로 그 자리는 막강한 자리여서 오죽하면 후설지직喉舌之職(왕의 혀와 목구멍을 맡은 직책)이라는 말까지 나왔겠는가?

이런 민영익에 비하면 당시 김옥균은 그보다 6년 먼저 장원급제까지 하고도 사실상 실권이 없는 홍문관 부교리 직에 머물러 있었다. 이쯤 되고 보면 민비를 둘러싼 척족들의 세도정치의 횡포가 얼마나 극에 달했는지, 그리고 김옥균과 젊은 엘리트들의 불만이 어느 정도였는지 짐작하고도 남음이 있다. 어쩌면 이때부터 권력 내부의 파워 게임은 시작되었고, 능력 있는 비주류 엘리트들의 불만이 고조되기 시작되었다고 볼 수도 있다.

일본의 조선 침탈 신호탄
운요호 사건

　일본은 조선의 이러한 어수선한 사정을 놓치지 않고 1875년 9월 20일(음 8월 21일) 의도적으로 운요호雲揚號 사건을 일으켰다. 병인양요 (1866)와 신미양요(1871) 등 조선의 두 번에 걸친 양요洋擾를 지켜본 일본은 이번에는 자기들 차례가 되었다고 판단하고 메이지 유신의 상징물 운요호를 강화도 근처 동남방 난지도蘭芝島 부근에 접근시킨 다음 식수가 떨어졌다는 핑계를 대고 선원 수십 명을 함선에서 하선시켜 보트로 강화부江華府 초지진草芝鎭 포대砲臺로 거침없이 접근하였다. 이는 명백한 영토 침범이었다. 이를 본 조선의 수비대가 그냥 수수방관할 수는 없는 노릇이었다. 사실 일본은 그걸 노린 것이었으며, 조선은 그들의 각본대로 덫에 걸린 셈이었다. 이렇게 해서 먼저 조선 수비대가 자위권 차원에서 볼품이 없는 무기로 먼저 사격을 개시하였고, 일본 운요호 측에서도 기다렸다는 듯 만반의 준비를 갖춘 최신식 포로 응사하며 정식 교전을 벌였다. 교전의 결과는 뻔했다. 이 전투에서 조선측 병사는 무려 36명이 전사하였으나 일본측은 경상자 두 명뿐이었다. 이 사건 후 후 일본 당국은 적반하장 격으로 조선 정부에 생트집을 잡아 피해 보상을 요구하였고, 힘이 없는 조선은 우여곡절 끝에 울며 겨자 먹기 식으로 협상에 응해야 했다. 이때 수구파는 협상에 불응할 것과 강경대응을 주장했고 박규수와 오경석 등 개화파는 협상은 물론 차제에 개항까지 해야 한다고 주장하였다. 그때 상황은 대원군과 최익현 등 위정척사파들이 힘을 쓰지 못한 때였기 때문에 개화파의 의견이 더 먹혀들어갔다.

　결국 일본의 각본대로 조선과 일본은 1876년 2월 강화도조약(정식 명칭은 '조일수호조규朝日修好條規'이며 '병자수호조약'이라고도 함)을 체결한다. 형식상으로 이 조약은 조선의 자주권을 인정함으로써 불평등 조약이 아니지만 속내는 청나라의 간섭을 배제해서 후에 정한론征韓論을 정당화한 교묘한 불평등 조약(조약 전문 12관款은 이광린,『한국사 강좌』, 근대편, 일조각, 2002, 81~82쪽 참조)이었다. 이 조약을 보면 제1관款 "조선국은 자주지방自主之邦이며 일본과는 평등지권平等之權을 보유한다"고 규정하였는데 이는 청국을 견제하고 일본의 위치를 격상시키기 위함이었으며, 제4관과 5관에서는 부산항과 아울러 서해와 동해를 개방하여 일본의 무상출입을 허용하였으며, 제10관은 일본 거류민의 조선 내에서의 치외법권治外法權을 인정하는 것이었다. 결국 일본은 이 조약을 계기로 훨씬 용이하게 조선에 진출할 수 있게 되었다. 어떻든 이 사건을 계기로 김옥균과 급진 개화파의 개혁의지는 더욱 탄력이 붙게 되었다. 그러나 그해 4월 조약 체결 문정관이었던 오경석이 뜻하지 않게 중풍으로 쓰러져 사실상 재기불능 폐인이 되었고, 8월 이들의 정신적 지주인 박규수마저 70세를 일기로 병사하고 만다. 이제 남은 원로로는 유대치 한 사람뿐이며, 그의 역할은 더욱 커졌다.

　강화도조약 이후 일본에 대한 관심도가 높아진 왕실에서는 1876년 4월 예조참의 김기수金綺秀를 수신사로 하여 일본에 시찰단을 파견, 일본의 눈부신 근대화 모습을 견문·견학케 하고, 1880년 5월에는 김홍집(당시 예조 참의)을 수신사로 하여 제2차 시찰단을 보냈다. 이때 김홍집은 주일 청국 공사관의 참찬관 황준셴黃遵憲(1848~1905)이 쓴

『사의조선책략私擬朝鮮策略』(이하 『조선책략』)이라는 책자를 가지고 와 왕에게 바쳤다. 이 책은 작은 책자이긴 하지만 소홀히 할 수 없는 충격적인 내용이 담겨 있었다. 황준센은 이 책에서 조선의 주적主敵은 남진정책을 추진하고 있는 러시아이며, 이에 대처하기 위해서 조선은 같은 동양권 국가인 중국, 일본과 우의를 돈독히 하면서 미국과 우호관계를 맺는 '친중국親中國, 결일본結日本, 연미국連美國' 정책을 추진해야 한다고 권고하였다.(『조선책략』, 건국대학교 출판부, 2001, 일문 역주, 12~13쪽 참고) 이 책자는 제목 그대로 황준센 개인 의견으로 되어 있으나 사실은 리훙장의 견해를 반영한 것이며 청국의 기본 외교노선이라고 보아야 할 것이다. 김홍집은 『조선책략』으로 왕에게 자신의 뜻을 전한 셈이었다. 이 사실이 조야에 알려지자 왕실 내뿐만 아니라 조야의 반발이 들끓기도 했다. 당시 퇴계의 후손인 영남 유생 이만손李晩孫은 유생들의 연대서명을 받아 「영남만인소嶺南萬人疏」라는 제목으로 상소를 올려『조선책략』을 바친 김홍집 일파를 탄핵할 것을 강력히 촉구하였다.

한편 김옥균은 그의 나이 서른 살 때인 1880년 뜻하지 않은 일을 당하게 되었다. 그해 3월 그는 과거시험 감독관 격인 문공사관文公事官으로 증광시(천연두에 걸린 왕세자의 회복을 경축하기 위해 실시한 특별 과거시험)를 관장하게 되었는데, 시험 후 불미스러운 일이 발생하였다. 공교롭게도 그 시험에서 서울 '북촌'과 '남촌'의 양반 자제들만 합격됨으로써 시험이 공정치 못했다는 여론이 빗발치자 결국 모두 합격이 취소되는 사태가 벌어진 것이다. 결국 감독관인 김옥균에게 책임을 물어 당국은 그를 평안도 창성昌城으로 유배조치 하였다. 그로서는 관직을 맡은 이후 첫 번째 시련이었다. 그러나 왕의 특별 배려로 100일 만인 그해 6월 그는 유배에서 풀려나 홍문관 부교리에 복귀하였다. 김옥균은 왕의 선처에 감읍하였다. 그 후 1882년 김옥균은 『기화근사箕和近事』라는 책을 써 격변하는 국제 정세에서 국가와 그 지도자가 나아가야 할 방향을 제시하였다. 이 책은 김옥균이 1881년 12월 자신이 일본에 건너가 6개월간 시찰하면서 일본의 근대화를 보고 느낀 점, 그리고 당시 문명 계몽사상가인 후쿠자와 유키치福澤諭吉(1835~1901)와의 대담을 토대로 쓴 것이다. 안타깝게도 김옥균의 이 책은 지금 전해지지 않고 있지만, 개화사상가요 국어학자인 지석영(1855~1935)은 이 책을 보고 이 시대가 가야 할 바를 분명히 밝힌 책이라고 극찬한 바 있다.

갑신정변의 전주곡
임오군란

김옥균이 일본에 머무르고 있을 때 조선에서는 구식 군인들이 자신들에 대한 차별대우에 분노하여 1882년 7월 23일(음 6월 9일) 난동을 일으켰다. 역사에서 이 난동이 임오년에 일어났기 때문에 임오군란이라 칭한다. 이 사건은 훗날 갑신정변의 전주곡으로 정변과 인과관계가 깊기 때문에 군란의 전말을 잠시 짚고 넘어가자. 1881년 조선 정부에서는 소위 별기군別技軍(당상 민영익, 영관 윤웅렬)이라는 신식 군대를 창설하고 일본인 교관에게 훈련을 맡기는 한편, 구식 군대는 기구를 5군영에서 2군영으로 축소 개편하였다. 요즈음 말로 군부를 구조 조정한 셈이었다. 그것도 부족하여 정부는 별기군에게는 좋은 대우를 해주면서 구식 군대에게는 급료를 계속 체불하다가 선혜청(곡식 담당 부서)에서 13개월 만에야 지급한 쌀에는 모래와 겨가 많이 섞여 있을 뿐 아니라 그나마 정량에도 미달하였다. 이에 격분한 구식 군대는 1882년 7월 19일(음 6월 5일) 관계 요로에 몰려가 불만을 터트리며, 시정을 호소하였다. 그러나 당국에서는 이들에게 강압적으로 대처하자 궁지에 몰리게 된 구식 군대는 7월 23일 오후 5시 30분을 기해 폭동을 일으켜 선혜청 당상 민겸호 집을 습격하고 다시 일본 공사관에 난입하여 불을 질렀다. 반군은 그 사이 공사관으로 피신하는 일본인 교관 호리모토와 세 명의 일본인을 살해하였다. 그러나 하나부사 공사와 직원들은 미리 알고 도망쳤다. 반군은 내친김에 부패의 온상인 민씨 일파와 친일파로 규정한 개화파 인물들까지 없앨 작정을 하고 입궐 중이던 민겸호와 경기도 관찰사 김보현까지 살해하였다.

기세가 오른 반군은 대원군의 복귀를 주장하는 한편, 창덕궁을 공격하였으며, 7월 24일(음 6월 10일) 고종은 사태를 수습하기 위하여 대원군을 다시 불러들였다. 이를 계기로 10년 만에 권토중래捲土重來(한 번 실패한 후 힘을 가다듬고 다시 시작함. 중국 당나라 시인 두목杜牧의 시 「제오강정題烏江亭」 마지막 구절에서 나오는 말로 항우가 유방과의 결전에서 패한 후 오강烏江 근처에서 31세의 젊은 나이로 자결한 것을 탄식한 시구에서 유래) 재기한 대원군은 통리기무아문을 폐지하고 맏아들 이재면(고종의 형. 1845~1912)에게 병권과 재정권을 맡기고 실권을 장악하였다. 한편 이에 앞서 눈치 빠른 민비는 황급히 궁을 빠져나와 장호원의 친척 충주목사 민응식(1844~?) 집에 피신하였다. 그러면서 자신이 공격 대상인 것을 알고 있는 민비는 남편 고종에게 왕후가 죽었다고 백성들에게 알리도록 하여 더 이상의 추격을 피하였다. 이러한 처신은 일국의 국모로서 있을 수 없는 한 토막의 촌극이었으며, 이 꼼수에 대원군도 속아 며느리 장례식까지 준비하는 해프닝을 벌였다. 그 일로 민비를 숨겨준 민응식은 민비 복귀 후 출세가도를 달린 것은 물론이었다.

그러나 문제는 그것으로 끝난 것이 아니고 상황은 더 꼬여만 갔다. 사건이 확대되자 당시 미국과 수호조약을 체결하기 위해 청국에서 북양대신 리훙장李鴻章과 교섭 중이던 김윤식과 어윤중이 본국의 긴급 훈령을 받고 리훙장에게 파병 요청을 하였다. 리훙장으로서는 미묘한 사안이기는 하지만 큰 틀에서는 내심 바라던 일이었다. 결국 8월 10일(음 6월 27일) 청의 지휘관 마젠종馬建忠과 북양함대 제독 딩루창丁汝昌이 이끄는 세 척의 군함이 조선측 어윤중과 함께 제물포 항에 들어오고, 8월 20일(음 7월 7일) 광동수사제독廣東水師提督 우장칭吳長慶(1829~1884)이 거느린 3,000명의 칭군이 인천항에 정박 중인 일본 군함을 피하여 마산포에 도착하였다.

이때 조선 정부에서는 부랴부랴 병조판서 조영하, 공조판서 김홍집을 접견관으로 보내고 김윤식으로 하여금 우장칭을 맞이하도록 하였다. 당시 24세의 청년사관 위안스카이袁世凱(1859~1919)도 우장칭과 동행하였다. 청군의 개입으로 군란이 8월 26일(음 7월 13일) 진압되면서 청군의 대표 마젠종은 대원군이 이 사건을 원격 조정한 것으로 보고 껄끄러웠던 대원군을 체포해 본국 톈진天津으로 압송하였다. 정계에 복귀한 지 한 달 만에 청국으로 납치된 대원군은 그로부터 3년(1885년 8월 27일 환국) 동안 텐진에서 연금당하는 수모를 겪어야 했다. 이렇게 해서 운현궁의 봄·여름·가을은 막을 내리고 쓸쓸한 겨울을 맞이하게 된다.

한편 대원군이 납치되어 간 지 10여 일 후 영의정 홍순목(홍영식 부) 이하 고위층들이 민비를 환궁시키고자 장호원으로 내려가고, 우장칭의 지시로

위안스카이

청군 100여 명이 청주로 출동, 민비를 호위하여 9월 12일(음 8월 1일) 환궁 조치하였다. 사후 처리로 군란의 주모자 김장손·유춘만 등 8명과 가담자 11명 등 총 19명이 10월 5일(음 8월 24일)까지 모두 참수되고 군란은 종결되었지만, 앞으로 조선은 청국과 일본의 틈바구니에서, 향후 고래싸움에 새우등 터지는 꼴이 되고 상황은 더욱 심각한 국면으로 전개되어갔다. 특히 이로 인해 조선에서 청국의 발언권이 더욱 강화된 것은 당연지사였다. 당장 중국총판조선상무中國總辦朝鮮常務라는 직함을 가진 천수어탕陳樹棠이 재정고문으로, 그리고 친청파인 독일인 묄렌도르프Paul Georg von Moellendorf(한국명 목인덕穆麟德, 1847~1901)가 외교고문으로 임명되어 청국은 조선의 경제·외교를 좌지우지 하다시피 하였다. 군란 뒤 청국 상인의 상점 수가 부쩍 늘었고 고종 21년(1884년)에는 상인 수효가 350여 명에 달하였다.

일본은 일본대로 큰 실속을 챙겼다. 일본은 군란 때 살해당한 자

묄렌도르프

국민 피해와 공사관 안전과 자위권 강화를 명분으로 시비를 걸어와 결국 8월 30일(7월 17일) 조선과 제물포조약을 맺었다. 주 내용으로는 "조선은 5만 원을 일본국 관리 피해자의 유족들에게 지불한다. 일본이 받은 손해 및 공사관 안전을 위한 비용 50만 원을 5년에 걸쳐 분할 납입하고 사절단을 일본에 파견하여 공식 사죄할 것" 등 6개 항 외에 "일본 외교관의 국내 각지 통행의 안전 보장과 부산·인천·원산항을 확장하여 선박 왕래에 편의 제공을 약속할 것" 등이었다. 그 밖에 조항도 모두 굴욕적인 불평등 조약 내용들이었다. 어떻든 군란의 결과 조선에는 청군과 일본군이 주둔하게 되어, 명색이 국왕인 고종은 마치 한집에서 두 시어머니를 모시고 시집살이 톡톡히 하는 며느리 신세가 되고 말았다.

이 사건을 계기로 국내에서는 급진 개화파와 온건 개화간의 현실 인식과 대처 방법을 놓고 갈등이 심화되어 갔다. 김옥균 등 급진 개화파는 김윤식이 리홍장과의 조약 협상에서 조선은 청의 '속방屬邦'이라는 시대착오적인 문구를 넣은 데 분개하였으며, 대원군이 납치되는 것은 국가적 수치요 모욕이라고 생각했다. 반면 김윤식과 어윤중 등 온건 개화파는 조선의 현 상황이 청국의 그늘에서 벗어날 수 없다는 현실을 받아들이고 점진적 개화로 실리를 챙기자는 논리였다. 즉 이 논리는 중체서용中體西用 또는 동도서기론적東道西器論的 견해로서 중국을 중심으로 형성된 동양의 전통적, 도덕적 질서와 서양의 선진문명을 효율적으로 접목, 융합시켜 나라를 점진적으로 개화시켜야 한다는 것이었다. 이처럼 국내에서 급진·온건 개화 양파간의 대립각이 첨예화하고 있는 때 일부 청나라 주둔병이 서울 광교 조선인 약국에서 약을 무상으로 가져가려고 생떼를 부리다가 주인과 말다툼 끝에 폭행을 가하고 이를 보도한 『한성순보』 발행처인 박문국博文局에 떼지어 몰려가 난동과 횡포를 부렸지만 당국에서는 속수무책이었다.

고종과 개화파,
일본·미국을 벤치마킹하다

임오군란 후 청국의 태도가 더욱 노골적으로 조선을 얕잡아보며 사사건건 영향력을 행사하게 되자 급진 개화파는 이에 반발, 일본에 더 적극적으로 접근하기 시작하였다. 조선 정부에서는 1882년 8월 사태를 수습하기 위한 일환으로 박영효를 특명전권대사로 하여 일본에 사절단을 파견하는데, 종사관 서광범과 김옥균이 고문 자격으로 동행하였다. 여기에는 실세인 민영익도 끼여 있었는데 그는 사실상 사절단 감시자 역할이었다. 사절단이 일본을 방문한 이때 처음으로 국기인 태극기를 만들어 게양함으로써 우리나라 국기의 효시를 이루었다고 하는데 여기에는 이견이 있기도 하다. 그런데 당시 조선의 사절단은 말이 사절단이지 너무도 초라한 모습이었다. 출장비도 부족한데다가 당초 목적인 배상금 탕감을 놓고 비굴한 협상을 진행해야 하는 입장이었다. 그럼에도 불구하고 이들 사절단은 외무성 이노우에와 협상하여 앞서 언급한 배상금 50만 원에 대한 상환 기한을 당초 5년에서 5년 더 연장하여 10년으로 하고 매년 5만 원씩 분할 납입키로 합의하였다. 그리고 차관 교섭을 벌인 끝에 17만 원을 받았지만, 그 가운데 5만 원은 앞서 약속한 일본인 관리 유족 피해 보상금조로 공제하고 나머지 12만 원을 받았으나, 이 역시 사절단 경비와 유학생 학비 지원 등에 충당해버렸다. 이렇게 볼 때 말이 차관 도입이지 실속이 없는 빈손 차관 도입이었다.

박영효 일행은 1883년 1월 5일(음력 1882년 11월 27일) 일본에서 귀국하여 다음날 고종에 귀국 보고하였다. 귀국 후 박영효는 민비 측근들의 견제로 그 당시로서는 별 실권이 없는 한성판윤에 임명되었지만, 이에 개의치 않고 신문 창간을 준비하였다. 그리고 한성판윤이 되자 곧바로 도로 정비에 착수하였다. 이 일은 일본 도쿄와 여타 도시의 정비된 도로망을 보고 자극을 받아 김옥균과 상의하여 실행에 옮긴 것이다. 김옥균은 박영효 등이 먼저 귀국하기 전인 11월 중순에 이러한 도로 정비를 골자로 하는 『치도약론治道略論』이라는 논문을 집필하여 후에 『한성순보』(제25호)에 게재하였다. 박영효는 한성판윤에 취임한 지 3개월 만에 광주유수廣州留守로 좌천되었다. 이러한 일련의 인사 조치는 민씨 세력들의 견제가 작용했음은 물론이었다. 한편 그가 추진했던 『한성순보』 발행은 우여곡절 끝에 1883년 10월 1일

첫판이 나왔다. 이것은 김옥균과 개화파들이 오래 전부터 추진해온 계몽사업의 일환으로 추진된 것으로서 그 계획의 하나가 이루어진 셈이었다.

1883년 3월 김옥균은 동남제도개척사東南諸島開拓使와 포경사捕鯨使라는 직책에 임명되었다. 동남개척사는 문자 그대로 울릉도를 비롯한 우리나라 동남쪽 여러 섬의 개척을 전담하는 부서의 직책으로 1880년 원산 개항 이후 본격화한 일본의 울릉도 침탈을 막기 위하여 설치된 것이었다. 그리고 포경사는 동해의 고래잡이를 관장하는 직책인데, 무에서 시작하는 특수 임무였다. 김옥균은 곧 실무진을 구성, 종사관에는 백춘배白春培, 수행원에 탁정식卓挺埴, 이의(윤)고李誼(允)杲를 임명하고, 그를 존경하며 따르던 일본인 가이군지甲斐軍治(조선에서 최초로 사진관 개업)도 합류시켰다. 이들 모두는 후에도 김옥균에 대한 의리를 끝까지 지킨 사람들이었다. 이러한 일련의 계획은 당시로서는 생소하고 수구세력들의 조롱거리였지만, 그의 구상은 미래를 내다보는 혜안으로 평가할 만한 일이었다. 또한 김옥균은 동남 개척업무와 열강의 침략에 대비한 조선의 영토권을 확실히 하기 위하여 관계자와 『조선여지도朝鮮輿地圖』를 만들었는데 이 지도는 매우 정교하게 만들어져 오늘날 지도와 비교해도 별 손색이 없었다. 특히 그 지도에도 울릉도는 물론 독도가 우리 영토임을 분명히 했다. 김옥균은 어디를 가든, 그리고 훗날 망명지 일본에서도 이 지도를 가슴에 품고 다니다가 상하이로 떠날 때 주변 정리를 하면서 일본 지인에게 넘겨주었다.

1883년 6월 김옥균은 차관 교섭과 개척사 업무협의차 세 번째로 일본에 가서 동분서주하였다. 그때까지만 해도 고종은 실세인 민비 측근들의 견제에도 불구하고 김옥균의 능력이 워낙 뛰어났기 때문에 전해 9월 우부승지로 임명한 후 그 다음해 4월에 이조참의, 10월 호조참판(종2품)에 임명하는 동시에 차관 교섭과 동남 개척업무를 적극 추진하도록 외아문 협판으로 승진, 발령했다. 한편 김옥균은 박영효가 광주유수로 좌천된 것을 오히려 기회로 활용코자 했다. 그도 그럴 것이 광주는 남한산성을 끼고 있어 천혜의 요새로 유사시에 병력을 훈련시키기에 안성맞춤이었다. 실제로 박영효는 광주유수로 부임하여 신식 군대 500명을 양성하는 데 착수하였으나 민씨 일파의 방해 공작에 부닥쳐 결국 이들 병력은 민씨측의 친군영에 편입되고 말았다.

김옥균이 일본에서 돌아와 보니 외교고문(1882년 12월 위촉) 묄렌도르프가 청국의 힘을 믿고 통리기무아문(개항에 대비한 정부 특별 행정기구)의 민영익(기구 협판)·민영목(총리교섭통상교섭사무아문 독판統理交涉通商事務衙門督辦) 등 실세들과 어울리며 막강한 영향력을 행사하고 있었다. 그때 김옥균도 민영익과 같은 부서에 일하면서 묄렌도르프와 자주 만나게 되었는데, 그는 왕실 실세측에서 추진하는 당오전當五錢 화폐(주화) 발행 계획을 지지하고 있어 이를 반대하는 김옥균과 의견 충돌이 잦아졌다. 묄렌도르프를 비롯한 왕실측에서는 재정조달을 위해서 당오전 발행을 주장한 반면, 김옥균 등 개화파에서는 유통질서의 혼란과 인플레 유발 등 위험 요소가 많다는 이유로 이의 주조 발행을 반대하고 대신에 차관도입의 필요성을 주장하였다.

결국 고종은 어정쩡하게 둘 다 채택하여 당오전을 유통(1883년 음 2월 민태호의 주도로 금위영 만리창 등 3개소에서 주조, 유통시킴)시키는 한편, 김옥균은 다시 고종의 위임장을 들고 차관도입을 위해 일본으로 갔다. 그러나 결국 이 두 가지 모두 실패로 돌아갔다. 즉 김옥균의 예상대로 당오전은 상평통보의 다섯 배에 해당하는 돈이었지만 실제로는 두 배에 불과하여 고율의 인플레 유발과 위조 주화까지 성행하여 1894년 폐지될 때까지 유통질서의 혼란만 초래하였고, 차관도입도 일본측의 난색으로 실패로 돌아갔다. 어떻든 김옥균과 개화파들의 개화의지는 수구파인 민씨 척족들에 의해 번번이 모두 제동이 걸리게 되었다.

그런데 당시 상황을 볼 때 국왕인 고종의 내심은 개화파에 접근해 있었던 것으로 나타나 있다. 그도 그럴 것이 왕의 입장에서는 민비를 둘러싼 척족들의 독선적인 정치행태와 청국의 지나친 국정간섭에 심기가 불편해 있는데다가 김옥균의 설득력 있는 대외 정보 제공과 열정적인 업무 추진력을 믿고 있는 왕으로서는 개화파의 개혁 방향에 더 후한 점수를 주고 있었던 것으로 보인다. 이러한 분위기는 『묄렌도르프의 자전』(신복룡·김운경 역주, 도서출판 집문당, 1999. 이 책은 그가 직접 쓴 것은 아니며 그의 부인이 회상 형식으로 정리한 것임) 속에서도 충분히 감지할 수 있다. "…… 남편(묄렌도르프)과 민씨 일파의 명성은 가라앉아 있었다. 김옥균을 필두로 친일파는 왕에 대한 영향력을 확보했다. 일본의 영향은 조선 군대에도 미쳤다. 왕은 심지어 일본식 군사훈련까지 시키도록 명령했다."

한편 묄렌도르프는 당시의 '조선 정국'에 대해서 다음과 같이 진단하고 조언했다. 그는 고종에게 "조선을 위협하고 있는 화(禍)에 대한 예방책으로써 조선 군대가 러시아 장교들을 통해서 조직되어야 한다고 제안하고, 그 방법만이 조선이 청국과 일본 사이에서 싸움의 원인이 되는 위협으로부터 보호될 수 있을 것"이라고 제안하였다. 그는 또한 김옥균·박영효·서광범 등에 대해서는 "극악한 적들"이라고 원색적으로 비난한 반면, 민영익에 대해서 매우 호의적이었으며 "존경할 만큼 성실한 사람"이라고 치켜세웠다. 그리고 고종에 대해서는 "심성은 매우 훌륭하고 머리도 나쁘지 않은 편이지만 필요한 열정을 지니지 못했다"고 평하였다. 그리고 당시의 정국이 노론老論계인 민씨측과 남인南人계인 대원군을 중심으로 한 왕족간의 갈등을 지적하고 현 상황에서는 "노론측이 재력이 크고 강력하기 때문에 다른 당은 어떤 실질적인 영향력을 행사할 수 없다"고 밝혔다.(위의 책, 125쪽~129쪽에서 발췌 재정리) 이상의 내용들에서도 알 수 있는 바와 같이 당시의 민비 측근과 고종 측근 간, 특히 김옥균과 민영익의 힘을 업고 있는 묄렌도르프와의 노골적인 갈등과 힘겨루기는 매우 심각한 국면에 이르렀다.

　이 무렵, 그러니까 1882년 11월(음 10월) 박영효가 일본에서 귀국할 때 같은 배편으로 일본 공사 다케조에 신이치로竹添進一郞(1842~1917)가 하나부사 후임으로 부임했다. 그는 부임 후 그가 톈진 영사 시절 알았던 묄렌도르프를 다시 만나게 되었다. 다케조에는 묄렌도르프가 구면이고 아직 조선의 국내 사정을 모르고 있는데다가 청국과 조선의 관계를 파악할 필요가 있었기 때문에 그와 가까이 지내면서 김옥균 등 개화파와는 거리감을 두었다. 더구나 당시 일본은 아직 조선에서 청국보다 그 입지가 약했기 때문에 양국 간의 마찰을 일으킬 필요가 없었다. 이러한 분위기는 일본 당국의 훈령, 그리고 묄렌도르프의 입김이 크게 작용한 것이었다. 그런 상황에서 김옥균이 차관도입 교섭차 일본을 방문할 때에도 이노우에 일본 외무상의 반응은 냉담할 수밖에 없었다. 그도 그럴 것이 다케조에가 묄렌도르프와 짜고 김옥균의 국왕 위임장은 가짜라고 터무니없는 보고를 했기 때문이었다. 이렇게 해서 개화당과 사대당의 관계는 점차 돌이킬 수 없는 적대관계로 치달았다.

1883년(고종 20년) 7월 8일(음 6월 5일) 고종은 민영익을 특명전권대사로 하는 보빙사報聘使로 개화의 본거지인 미국에 파견하였다. 수행원으로는 부대사 홍영식·종사관 서광범·수행원 변수邊樹·유길준 등이었다. 변수는 갑신정변 때 '거사'에 적극 가담했다가 거사 실패 후 일본을 거쳐 미국으로 망명하게 된다. 그는 1887년 그 곳 메릴랜드 주립 농과대학에 정식 입학해서 4년 뒤인 1891년 6월 이학사理學士 자격을 취득하였다. 한국인으로서는 미국 정규 대학 최초 졸업생이 되며, 컬럼비아 의과대학을 졸업한 서재필보다 2년 앞섰다. 그러나 안타깝게도 그는 대학을 졸업한 지 4개월 후 모교 앞 건널목에서 열차에 치여 사망하는 비운을 맞는다.

특명전권대사 자격으로 미국에 파견된 민영익의 당시 나이가 불과 24세인 점을 볼 때 이 역시 파격적인 직무였다. 민영익 일행은 일본을 거쳐 미국에 도착, 임무를 마친 후 홍영식 일행은 민영익과의 의견충돌로 먼저 귀국길에 오르고, 민영익 일행은 유럽을 시찰하고 근 1년 만인 1884년 6월(음 5월) 귀국하였다. 김옥균은 미국 공사관의 통역으로 있는 윤치호를 데리고 인천으로 가서 민영익을 영접, 1년 만에 만나 많은 기대를 걸고 대화를 나누어보았으나 예나 지금이나 달라진 것은 없었다. 수행원들이 전하는 바에 의하면 그는 여행 중에도 『논어』 등 유교 서적만을 읽으며 지냈다고 하니 한심한 전권대사였다. 오히려 그는 귀국 후 민비측 수구파의 결속과 개화파에 대한 경계심을 더욱 강화해나갔다.

한편 조선 주재 공사로 부임 이후 개화파와 소원한 관계에 있던 다케조에가 신병 치료와 조선과 청국 간의 현안 보고차 귀국한 후 김옥균은 대리공사 시마무라 참사관과 접촉하여 관계개선을 도모하였다. 시마무라는 김옥균을 만나 저간의 사정을 듣고서 그간 오해가 많았던 점을 사과하고 개화파와 관계개선에 적극적이었다. 그해 10월 30일(음 9월 12일) 다케조에가 조선에 귀임한 후 그의 태도가 갑자기 개화파에 호의적으로 변했다. 다케조에의 태도가 달라진 것은 일본의 조선과 청나라에 대한 정책 변화를 의미했다. 그도 그럴 것이 1884년에 들어와 청나라는 프랑스와 베트남 영유권을 둘러싸고 분쟁을 벌이면서 조선에 주둔하고 있는 3,000명 중 병력 재배치를 위하여 1,500명을 우장칭의 인솔하에 본국으로 철수시켰다. 일본은 이때가 적기라 판단하고 김옥균과 개화파를 부추겨 '일'을 도모하고자 한 것이다. 이런 상황에서 일본 당국과 개화파는 물밑 접촉을 하면서 서서히 거사 준비를 해나갔다.

제3장

'3일 천하'로 끝난 허무한 꿈

> 김옥균과 급진 개화파는 초조해졌다. 고종은 개화의 본질에서는 이들 급진 개화파의 입장에 공감(?)하면서도 이를 추진하는 방법과 시기를 놓고 매번 실기하는 우유부단함을 되풀이하였다. 그야말로 광해군光海君식 서당발락徐當發落을 고종 역시 남발하였다. 그래도 광해군은 비록 동생 영창대군을 죽이고 모후 인목대비를 쫓아낸 '패륜아'로 지목되었지만, 명과 청의 대결 사이에서 슬기롭게 헤쳐나가는 외교 수완을 보인 점은 인정받을 만했다.
>
> 고종은 김옥균의 차관도입 건의와 수구파의 당오전當五錢 발행 주장 의견을 비롯한 제반 경제·재정 정책을 놓고도 수구파의 눈치를 보며 어정쩡한 판단을 내리는 것은 말할 것도 없고, 대외정책 면에서도 위기에 처할 때마다 외세를 끌어들여 자주권을 상실하는 중대한 우愚를 범하였다. 특히 그는 통치의 핵심인 인사정책에 있어서도 민비의 치마폭에 휘둘려 척신들에게 파격적인 우대조치를 취함으로써 능력 있는 개혁 성향의 비수류와 개화파의 불만을 가중시켰다. 고종의 이런 통치 방법에 오랫동안 식상해 온 '젊은 그들'은 더 이상 기대할 것이 없었고, 기다리기에는 그들의 피는 너무 뜨거웠다. 결국 이들 급진 개화파는 1884년 12월 4일 우정총국 낙성식 축하연장에서 쿠데타적인 방법으로 정변을 일으켰다. 이 정변은 갑신년甲申年에 일어났기 때문에 역사에서는 이를 갑신정변이라 칭한다. 그렇다면 거사는 어떻게 진행되고 이들의 운명은 어찌될 것인가?

제 3 장 '3일 천하'로 끝난 허무한 꿈

난관에 부닥친 1단계 '거사' 계획

급진 개화파의 개혁과 변혁을 향한 노력은 기득권 민비 수구세력들의 견제로 사사건건 난관에 부닥쳤다. 이제 방법은 무력으로 정변을 결행하는 길뿐이었다. 그러면 이들은 언제부터 거사의 필요성을 생각하고 준비하게 되었는가? 지금까지 많은 연구 자료를 종합해볼 때, 그 시기는 일차적으로 1883년 봄부터 시작된 것으로 보인다. 김옥균은 임오군란 후 청국 주둔군의 횡포와 간섭이 극에 달하고 수구세력들의 청국에 대한 의존도가 심화되자 그의 「조선개혁의견서朝鮮改革意見書」에서도 밝힌 바와 같이 더 이상의 평화적인, 그리고 점진적인 개혁은 맞지 않다고 판단하여 '무력행사'로 '대경장개혁大更張改革'을 결심하게 되었고, 이는 다음과 같은 일련의 준비과정에 잘 반영되어 있다.

당시(1883년) 개화당 요인 한성판윤 박영효는 그해 3월(양력 4월 23일) 갑자기 경기도 광주유수廣州留守로 발령을 받았다. 광주는 지정학적으로 볼 때 군사적 요충 지대이다. 일부 학설은 이와 같은 인사 조치를 좌천으로 보고 있으나 이에 대해서는 단순한 좌천으로 볼 수 없는 점도 있다. 즉 그는 부임 직후 곧바로 개화파의 무관 출신 신복모申福模를 훈련대장으로 임명하고 500여 명의 신식 군대를 양성하기 시작하였다. 이렇게 볼 때 이러한 조치는 왕의 묵인 또는 그들과 왕 사이에 모종의 의견 교환이 있을 수도 있었던 것으로 보인다. 다만 고종과 개화파 간의 속내는 다를 수는 있었다. 고종의 뜻은 외세 개입 대비, 유사시 활용하기 위하여 군대 양성을 허락하였다고 볼 수 있으며, 개화파는 적절한 시기에 청군에 대한 대비는 물론 더 나아가 '거사'에 투입할 목적이었다고 볼 수 있다. 그러나 이러한 계획도 수구파에서 의심을 품고 왕에 간언하여 훈련을 중단시키고 이들 군대를 어영청(총괄책임 수구파 한규직韓圭稷)으로 배속시키고, 그해 11월 6일(음) 수구파의 책동으로 왕은 박영효를 광주유수에서 해임해버렸다.

그런 가운데서도 박영효와 김옥균은 이들 군대 중 일부 충성파를 개화파의 비밀결사인 충의계忠義契(43명)에 가입시켰다. 그 기간 김옥균은 동남제도개척사 겸 관포경사東南諸島開拓使兼管捕鯨事에 임명되어 세 번째로 일본에 건너가면서 차관교섭과 함께 서재필 등 14명을 일본육군호산학교 사관생도로 입교시켰다. 그의 이러한 계획은 거사에 대비하기 위한 사전 포석이었으며, 그는 차관교섭에는 실패했지만 귀국하면서 다량의 폭약을 가지고 왔다.

한편 김옥균의 주선으로 개화파 무관 출신인 윤웅렬尹雄烈(윤치호의 부친)은 1883년 3월 17일(양력 4월 23일) 함경남도 병마절도사로 임명되자 북청 소재 남병영南兵營에서 약 500여 명의 장정을 뽑아 신식 군대양성에 들어갔다. 윤웅렬은 '남병영에서의 양병은 김옥균이 나라를 위해 크게 걱정하여 추진하는 사업'(송병기 옮김, 『윤치호일기』, 연세대학교 출판부, 1883년 10월 5일자)이라고 하였다. 그러나 이것마저도 수구파 영수 민태호의 방해공작으로 난관에 봉착하였다.

당시 함경관찰사 임한수가 수구파의 교사를 받아 왕에게 장계狀啓를 올려 윤웅렬의 군사훈련 중단과 파면을 건의하였다. 그러나 당시 궁정 통역관으로 활약하면서 고종의 신임이 두터운 윤치호가 그의 부친인 윤웅렬을 옹호하고 군사훈련의 필요성을 왕에게 호소하여 윤웅렬의 북청 군대 양성을 그대로 존속시켰다. 그리고 이어서 윤치호는 정예병 100명을 뽑아 상경시키고 사관학교 설립도 건의하였다. 이 모든 계획은 윤치호가 김옥균 집을 방문, 투숙(위의 『일기』 1884년 7월 23일자 및 7월 27일자)하면서 면밀히 짠 계획이었다. 왕은 윤웅렬을 친군영전영 정령관親軍營前營 正領官으로 임명하고 북청 군대의 상경을 허락하였다. 이에 따라 윤웅렬은 470명의 북청 병력을 인솔하고 상경하여 9월 10일(양력 10월 28일) 왕에게 시범 훈련도 보였으며, 왕도 이에 대만족하고 70명의 정예병을 무과로 봉함과 동시에 포상까지 했다. 이에 앞서 김옥균은 거사 진행 과정에서 윤치호에게 너무 경솔하게 나서지 말도록 주의를 주기도 했다.(앞의 『일기』 9월 10일자)

그러나 개화파의 '거사' 계획이 성공하는 듯하자 위기감을 느낀 수구파에서는 당초에는 개화파로서 국왕의 신임이 두터운 환관 유재현柳載賢을 매수, 포섭하여 국왕에게 북청 군대의 위험성을 참소하게 하였다. 마침내 9월 15일(양력 11월 2일) 국왕은 470명 병력 중 일부만 남게 하고 나머지 병력은 귀가, 해산시키도록 했다. 일이 이쯤 되자 위기감을 느낀 윤웅렬은 아들 윤치호와 상의하여 고종의 생각보다 훨씬 많은 400명을 되돌려 보내고 70명만 잔류시켰다. 이러한 조치는 현재 상황으로는 급진적인 개혁방법이 시기상조라는 판단(위의 『일기』, 10월 10일자)하에 거사 계획에서 발을 빼려는 의도였다. 실제로 윤치호는 그의 『일기』 1884년 9월 16일, 20일자에서도 '개화당의 급진이 불가한 일'이며, 김옥균에게 "가친家親이 기회를 보고, 변화를 엿보아 움직이는 것이 좋겠다"고 말한 사실을 적고 있으며, 정변 이튿날인 10월 18일자에서는 두 부자가 정변을 "무식하여 이치를 모르고, 무지하여 시세에 어두운 것"이라고 정변 주모자들을 비난했다.

거사 실패 후 고종은 윤치호에게 "김·박(김옥균과 박영효) 등이 너의 아비를 해치려 했으나 그리하지 못한 것은 네가 미국 공사관에 있기 때문이다."(앞의 『일기』, 10월 21일자)라고 말한 점에서도 이들 부자의 변심을 인지할 수 있다. 다만 윤치호 부자는 개화파의 '거사'를 밀고密告까지는 하지 않았다. 이처럼 윤치호 부자는 매사에 신중하다 못해 결정적인 때에 비겁한 행동을 보였으며, 이러한 그들의 현실 순응적 나약한 행동은 죽는 날까지 계속되었다. 이러한 윤치호 부자의 성품과 행실을 일찍부터 간파한 김옥균은 이들에 대해 '불가근불가원不可近不可遠' 입장을 취하며 거사 세부계획은 물론 중대한 사안에 대해 속내를 보이지 않았다. 그런 윤치호도 훗날 한일합방 직후 일제가 식민통치의 장애물로 여긴 기독교 세력과 민족운동 세력을 제거하기 위해 날조한 소위 '105인 사건'에 연루되어 한때 시련(6년형을 선고받고 3년 복역 후 특사로 풀려남)을 겪기도 했으나 출감 후 '일선동화日鮮同化'를 주창하며 친일로 급선회하였다. 그런가 하면 그의 부친 윤웅렬도 시류에 편승하여 항시 권력의 중심축에 서 있었으며, 한일합방 후에는 일제로부터 남작 칭호를 받는 등 이들 부자는 권력의 실세에 붙어 죽는 날까지 부귀영화를 누렸다.

심기일전
'거사' 세부 계획을 재수립하다

거사 준비에는 매번 어려움이 뒤따랐지만, 그럴수록 '루비콘 Rubicon 강을 건너는 카이사르'처럼 김옥균의 결심은 더욱 확고해졌다. 그의 심정으로서는 어차피 칼을 빼기로 마음을 먹었고, 이 상태에서 중도 포기한다거나 한 발 물러서봐야 퇴로가 없다고 판단, 담금질을 계속해 나갔다. 그러면 이들 개화파들은 언제부터 본격적으로 '거사' 준비를 하게 되었는가? 지금까지의 여러 사료를 종합해보면 그 시기는 1884년 6월경(양력 7월)부터 구체화한 것으로 보인다. 왜냐하면 이들 정변 주도세력들은 1883년 6월부터 약 1년여 동안 일본과 구미 제국을 시찰 중에 있었으므로 함께 머리를 맞대고 거사 준비와 일정을 구체적으로 논의할 시간적 공간적 여유가 없었다. 그러나 1884년 4월(음) 김옥균이 일본에서 귀국하고, 민영익과 함께 보빙사로 미국에 갔던 서광범 등이 그해 5월, 서재필 등 사관학생들이 6월에 돌아오게 되자 김옥균과 이들 정변 주도세력들은 오랜만에 자리를 같이하고 밀회를 거듭하며 거사 의지를 다져 나갔다.

그 무렵(음 1884년 6월) 김옥균은 수구파 실세인 민영익·묄렌도르프와 갈등을 빚으면서 정치 일선에서 물러나 별장(현 마포대교 북단 한강변)에 칩거하며 거사를 도모해 나갔다. 사실 김옥균은 민영익이 실세라는 배경치고는 개화파에 비교적 우호적 성향을 보여 왔고 구미 제국 순방 후 많은 자극을 받아 개혁 의지가 현실화되어 개화파와 수구파의 가교 역할을 해줄 것으로 기대하였으나 결과는 딴판이었다. 민영익은 오히려 구미 제국 순방 후 수구세력 쪽으로 완전히 기울었다. 민영익의 이러한 태도는 김옥균과 그의 동지들을 너무 실망시켰고, 민영익의 이러한 태도 변화로 그는 후에 개화파로부터 첫 번째 척결 대상으로 지목되었다.

앞서 잠시 언급한 바 있지만 그 무렵 청국과 프랑스가 베트남 영유권을 놓고 신경전을 벌이며 사태가 악화되자 청국은 조선에 주둔해 있는 3,000명의 병력 중 1,500명을 베트남 국경으로 이동시켰다. 그리고 얼마 후 두 나라 간에는 전쟁이 벌어졌다. 이러한 사태는 정변 주도세력 판단으로는 호기였으며, 이때 김옥균은 미국 공사 푸트 Lucius H. Foote(1826~?)를 방문하여 정변 의사를 은연중에 밝히고 그의 반응을 떠보았다. 당시 푸트의 반응은 긍정도 부정도 아닌 듯했으나 암묵적으로 시인하는 눈치인 것 같았다. "저녁 때 고우古愚(김옥균의 호)는 미국 공사를 방문하여 청불전쟁에 대해 이야기했는데 '우리나라 독립할 기회가 어찌 이때에 있다 하지 않겠는가'라는 등의 말을 하고 갔다."(『윤치호 일기』 1884년 8월 2일자) 그리고 신병 치료차 일본에 가 있던 다케조에 공사가 9월 12일(양력 10월 30일) 귀경하여 다시 업무에 복귀하였다.

과거 묄렌도르프의 이간질로 김옥균에 냉담했던 다케조에는 이노우에 외무대신으로부터 본국의 조선에 대한 정책 변화와 조속한 귀임을 지시받고 김옥균에게 힘을 실어주는 태도를 보였다. 또한 다케조에는 박영효를 만나 "청국은 장차 망할 것이니 귀국의 개혁 지사들은 이 기회를 놓쳐서는 안 된다"고 거사를 부추겼다. 개화파는 9월 17일(양력 11월 4일) 밤 박영효 집에서 일본의 대조선 정책 변화를 검토하고, 다음날 시마무라 참사관을 박영효 집에 불러 일본의 입장을 재확인했다. 그리고 이어서 9월 20일에는 친선 바둑대회를 구실로 김옥균과 다케조에 두 사람은 직접 만나 일본의 자금(수십만 원) 및 병력(주둔군 150명) 지원을 약속받았다.

김옥균 등 주동세력의 생각은 일군 150명을 국왕 호위에 맡기고, 자신들이 계산한 자체 병력 1,050명은 청군에 대비하면 현재 베트남 국경사태로 어려운 국면에 처한 청국이 일본까지 자극하여 사면초가四面楚歌를 자초하지는 않을 것이라고 판단했다. 그러나 이들 개화파는 여기에서 중대한 실수를 범했으며, 아전인수적인 오판을 한 것이다. 겨우 150명의 일본군 지원이 거사에 별 도움이 되지도 않으면서 민중들의 반일감정만 자극할 뿐 아니라, 성공한다 하더라도 추후 일본의 생색내기와 내정 간섭이라는 후폭풍을 예견치 못했다. 그럼에도 김옥균은 다케조에와의 밀담에서 끌려가는 입장으로 애매한 답변만 들었으며, 병력이 수적으로 열세인 상황에서 여차하면 발을 뺄 것이라는 일본인 특유의 간사한 기질을 간과한 것이다.

9월 29일(양력 11월 7일) 김옥균과 그 주동세력들은 행동대원 대표들과 회합을 갖고 정변의 구체적인 스케줄을 논의했으며, 10월 7일에는 영국 공사 윌리엄 애스턴William G. Aston(1841~1911)을 방문하여 정변계획에 관한 의견을 나누었다. 이때 애스턴은 때를 좀 더 기다리는 것이 좋겠다는 의견이었지만 거사 자체를 부정하는 눈치는 아닌 것 같았다. 이어서 10월 8일 김옥균은 일본 공사 다케조에를 찾아가 그동안 준비해온 거사 세부계획을 논의, 확정하였다. 이때 두 사람 간에는 '거사'시 고종을 어디로 이어移御시킬 것인가를 놓고 논의하였는데 김옥균은 강화도를 주장한 반면 다케조에는 이에 난색을 표하여 결국 가까운 장소로 합의하였다. 그리고 거사 후 필요한 자금조달 문제도 최대한 협조하겠다는 원칙론만 합의하고 내정개혁 및 반대파 제거 문제는 개화파의 자율적인 판단에 일임하기로 했다.

이어서 10월 12일(양력 11월 29일) 김옥균은 고종과 독대할 기회를 마련하여 현재의 국제 정세 특히 청불전쟁의 발발과 러시아의 동진·남하정책, 조선의 급박한 상황을 아뢰고 국왕으로부터 거사에 대한 '밀칙'(김옥균 지음, 조일문·신복룡 편역, 『갑신일록』, 건국대학교 출판부, 1999, 1884년 11월 29일자 기록)을 받아냈다. 그런데 이 '밀칙'이 그대로라면 왕과 김옥균의 생각에는 차이가 있는 것 같다. 즉 이 '밀칙'은 당시 옥새玉璽(임금의 인장)를 찍은 원본이 왕실에 보관되어 있는 것도 아니고, 김옥균이 추후 기록 작성한 것으로 그 내용의 기본 취지는 이해할 수 있으나 장황하고 추상적이어서 김옥균이 주장한 것처럼 왕으로부터 '거사'에 대한 확실한 '밀칙'을 받았다고 보기에는 무리가 있다. 다만 왕은 현 정세의 심각성에 원칙적인 인식을 같이한 정도이거나 아니면 왕으로서는 무책임한 처신이지만 사태가 크게 확대, 악화되지 않는 범위에서 알아서 슬기롭게 행하도록 암묵적으로 시인하는 정도가 아니었나 생각된다. 그러나 내용을 엄밀히 파악해보면 이 '밀칙'은 청국과 일본의 대립과 그 전망, 그리고 그 속에서의 수구세력의 청국 의존도 심화로 인한 조선의 안위安危 문제 등 현안 정세분석 등으로 보는 것이 옳다고 본다. 어떻든 김옥균은 왕이 '거사'를 승인한 것으로 판단하고 행동계획을 수립하였는데, 『갑신일록』에 기록된 세부 프로그램의 주요 내용을 살펴보면 다음과 같다.(『갑신일록』, 103~107쪽; 신용하, 『초기 개화사상과 갑신정변 연구』, 지식산업사, 2000, 225~227쪽 참고)

- 우정국(총판 홍영식) 낙성식 날(음 10월 17일, 양 12월 4일)을 '거사일'로 확정하고 홍영식은 수구파 4영사營使(한규직·윤태준·이조연·민영익)의 유고 유무와 소재 파악을 하여 우정국 낙성식 축하연 날짜를 정하되 3일 이내로 한다.
- 우정국 낙성식 축하연 도중 별궁에 불을 질러 '거사'의 신호로 알린다. 별궁에 불이 나면 4영사는 직책상 화재 현장으로 가지 않을 수 없으므로, 이때 4영사 등 수구파 요인들을 처단한다. 수구파 1인당 하수인 2명씩 배정하되 이들은 각 단검 한 자루와 단총 한 자루씩을 휴대케 한다.
- 별궁 방화는 이인종이 총책임을 맡고 이규완과 윤경순 등이 함께 석유를 뿌려 임무를 수행한다.
- 수구파 4영사의 처단에 대해서는 민영익은 윤경순·이인종이, 윤태준은 박삼용·황용택이, 이조연은 최은동·신중모가, 한규직은 이규완·임은중이 각각 담당한다. 만일 이들이 실수하는 경우를 대비하여 별도로 일본인 3명에게 조선옷을 입혀 예비로서

수구파 1명에게 1명씩 배정한다.

─별궁 방화 후 수구파가 들이닥치는 것을 기다려 개화파 장사들을 지휘 통솔하는 책임자로 연장자인 이인종과 이희정이 맡고 통신 연락과 왕래 정찰은 유혁로와 고영석이 맡는다.

─대신들과 측근들이 출입하는 금호문金虎門 밖에는 신복모가 지휘하는 개화당 행동대원 장사 43명을 매복시켰다가 민태호·민영목·조영하 등이 화재경위 파악을 위해 입궐시 즉시 처치한다.

─궁녀 모씨(전술한 개화파 궁녀 고대수를 말함)로 하여금 대궐 밖 화광火光을 신호로 통명전通明殿에서 폭발시켜 폭음과 섬광을 내게 한다.

─김봉균과 이석이도 또한 화약을 미리 궁내 인정전 행랑 몇 곳에 숨겨 두었다가 개화파가 변란을 틈타서 입궐시, 따라 들어가 화약을 폭발시켜 폭음으로 성세聲勢를 돕게 한다.

─별궁에 불이 난 뒤 일본 공사관으로부터 일본군 30명을 빌려 경우궁景祐宮과 금호문 사이를 왕래하며 의외의 사고를 방지케 한다.

─일이 발생하여 혼잡하게 되면 자기 편끼리 또는 일본인과 서로 충돌할 수 있으므로 암호로 '天'자와 일본어 '요로시'(ヨロシ: '됐다' 또는 '알았다'는 뜻)를 모든 장사들에게 알린다.

─'거사' 성공 즉시 국왕을 경우궁으로 옮겨 모시고 3중으로 호위하되, 내위內衛는 개화파 장사(충의계忠義契 요원)와 사관생도가 중위中衛는 일본군이, 외위外衛는 조선군측(친군영 전영과 후영 군인)이 담당한다.

그런데 김옥균은 그때까지도 우유부단한 일본 다케조에 공사를 믿혀 포섭하지 못했다. 후에 알게 되지만, 이 점이 큰 실수였다. 아울러 주동세력들은 친인척도 포섭했는데 신복모의 형제 신중모와 신흥모, 서재필의 형제 서재창, 그리고 김옥균의 하인 이점돌, 이인종의 이웃 윤경순 등이 대표적인 포섭 인물들이었다. 또한 포섭 대상자들 중에 충의계 소속 무관 중 이인종(종 5품인 훈련원 판관) · 이희정(종 3품 무관직 첨사) · 오창모(종 9품 어영청 초관) · 이창규(수문장 임시직) 등 네 명도 포섭되어 정변에 가담하였다.

 정변 주동세력은 이와 같은 핵심 가담자들을 중심으로 일선 행동 병력을 준비한 것으로 보인다. 즉 이들은 정변 때 국왕에 대한 호위와 청국군에 대항할 3중 호위를 하되, 제1저지선, 즉 외곽은 1,000명의 친군영 전영 및 후영의 조선군이 담당하고 제2선은 일본 공사관 측에서 자청한 150명의 일본군이, 제3선 왕실은 사관생도 14명과 충의계 소속 43명 등 1,200명을 동원하여 청국군 1,500명과 거의 맞먹는 병력이었다고 한다. 그러나 이 숫자는 아전인수 격인 병력 규모로서 실제 동원 병력은 이에 훨씬 못 미친 것으로 보아야 할 것이다. 그리고 민영익 측이 관장하는 좌 · 우영 군을 제대로 포섭하지 못한 것은 큰 실책이었으며, 특히 1,500명의 청국 정예병에 대한 방비책을 제대로 수립하지 못한 점, 병력 활용에 별 도움도 되지 않고 민심에 악영향만 초래할 뿐 아니라 상황이 불리할 경우 발을 뺄 가능성이 많은 일본군 150명 지원은 돌이킬 수 없는 오판이었다. 결국 앞서의 군란 때의 청군 병력 지원과 이번 '거사' 때의 일본 병력 지원, 이후 갑오동학농민전쟁 당시의 청일 양국 병력 개입 등 이 모든 외세 의존은 훗날 조선이 자주권을 빼앗기는 결정적인 원인이 되고 만 것이다.

운명의 날 1884년 12월 4일
― '정변'을 결행하다

1884년 12월 4일(음 10월 17일) 운명의 날이 밝아왔다. 이날은 우리 나라에서 우정 업무를 취급하는 우정총국이 최초로 설립(음 4월 27일)된 후 본격적인 우편 업무를 취급하는 우정총국 건물 낙성식과 함께 개국 축하연이 열리는 날이었다. 김옥균과 젊은 그들은 그 동안 동분서주, 때로는 밤잠을 설치고 이날을 기다려 왔다. 그들은 '누란의 위기'에 처한 조국을 구해야 한다는 사명감을 갖고 정변을 결행하여 역사를 자신들의 품으로 끌어안고자 했다. 초겨울 날씨는 빨리도 저물고 제법 쌀쌀한 냉기가 새 건물 주변에 감돌았지만, 축하연장 내부는 초저녁부터 온기와 밝은 불빛으로 가득했다.

축하연이 시작되는 저녁 7시가 가까워 오자 초청 인사들이 속속 늘어오기 시작했다. 외국인 초청 인사로는 미국 공사 푸트와 서기관 스커더Charls L. Scudder · 영국 총영사 애스턴 · 청국총판 조선상무(총영사) 천수어탕陳樹棠과 서기관 담갱요譚賡堯 · 일본 공사관측에서는 와병 핑계로 불참 통보한 다케조에 신이치로 공사를 대리한 참사관 시마무라島村久 · 통역관 가와카미川上立一郎 · 외무협판 겸 해관총판 독일인 묄렌도르프 등이었고(초청 인사 중 독일 총영사 잼부시Zembsch는 와병 이유로 불참), 조선측에서는 외무독판 김홍집 · 전영사 한규직 · 우영사 민영익 · 좌영사 이조연 · (후영사 윤태준은 당직으로 불참) · 승지 민병석 · 미국 공사 통역 윤치호 · 금릉위 박영효 · 승지 서광범 · 김옥균 · 초청자 우정국 총판 홍영식 및 우정국 사서 신낙균 등 총 19명이었다. 이처럼 당일 연회는 조선 정계와 외교계의 핵심 인물들이 대거 참석한 것이다.

연회는 예정대로 저녁 7시부터 시작되었다. 계획한 대로 음식과 술이 천천히 나오고, 김옥균은 옆에 앉아 있는 시마무라와 일본어로 조용히 이야기를 나누며 거사가 임박했음을 알리는 뜻으로 "군君은 '천天'을 아는가?"라고 물으니 시마무라는 '요로시(ヨロシ)'라고 대답했다. 평소 담대한 김옥균도 이 순간은 긴장된 표정이었으며 낙천적인 시마무라도 조금은 불안스러워 보였다. 그리고 김옥균은 별궁에서 불이 나기만을 기다리고 있었다. 별궁이란 안동 별궁(현 풍문여고 자리)을 말하는데, 1882년 왕세자 이척李坧(후에 순종)과 세자빈 민씨(후에 순명효 황후)의 혼례를 위해 지어진 궁이다.

축하연이 무르익어가는 순간이었다. 그때 밖으로부터 홍현紅峴(김옥균의 집이 있는 곳으로 현 정독도서관 소재)에서 누가 왔다고 김옥균에게 알려왔다. 김옥균이 이상한 예감으로 밖에 나가보니 행동요원 박제경이 헐레벌떡 달려와 아무리 애를 써도 별궁 방화에 실패했다고 보고하였다. 간신히 불을 질렀으나 순찰병들이 곧바로 끄고 경계를 삼엄하게 하는 바람에 더 이상은 어렵다는 전갈이었다. 김옥균은 내심 당혹스러웠지만, 침착성을 잃지 않고 주변 손쉬운 곳에라도 불을 지르라고 지시했다. 그런 뒤 기다려도 화재 낌새가 보이지 않았는데 이번에는 대원 유혁로가 달려와서 별궁 방화 실패 후 순찰병들이 사방에 퍼져 있으니 연회장을 습격하여 민영익 등 수구파들을 처치하는 것이 어떻겠느냐고 물었다. 그러나 이 경우 자칫하면 외국 인사들까지 다칠 우려가 있기 때문에 순찰병들이 없는 인근 적당한 곳에 불을 내라고 지시했다.

　김옥균이 굳은 표정으로 두 번이나 들락거리자 민영익은 자못 의심스러운 표정이었고, 누구보다도 시마무라는 더 불안스러워 보였다. 그 순간 우정국 북쪽 창문 너머에서 "불이야! 불이야!" 하는 소리와 함께 떠들썩하는 소리가 들려오자 김옥균이 창문을 열어젖히고 밖을 내다보니 불은 우정국 인근 민가에서 나 활활 타오르고 있었다. 상황이 이쯤 되자 연회장은 일순간 웅성거림으로 가득했고, 그런 가운데서도 미국 공사 푸트가 분위기를 진정시키려 해보았으나 소용없는 일이었다. 그런 와중에 묄렌도르프는 자기 집 근처에 불이 나 걱정된다면서, 그리고 한규직과 이조연은 화재 진화 임무로 가봐야 되겠다는 것이었다. 그런데 그때였다. 언제 연회장 밖으로 나갔는지 아무도 몰랐던 민영익이 갑자기 피투성이가 되어 연회장 내로 기어들어왔다. 그는 귀에서 뺨까지 날카로운 칼에 찢긴 채로 사색이 되어 있었다. 민영익은 '불이야' 소리를 듣고 혼자 빠져나갔다가 행동대원들의 칼에 찔린 것이었다. 그러나 행동대원들 중 일본인 자객이 서툴게도 민영익에게 중상을 입히는 데 그쳤다. 더구나 처치 1호로 지목한 민영익은 물론 전영사 한규직과 좌영사 이조연 두 핵심 군 지휘자를 놓쳤으니 거사측으로서는 일단 큰 실책이었다.

　축하연장은 아수라장이 되었다. 이렇게 해서 참석자들은 제각기 흩어졌고, 김옥균·박영효·서광범 등은 담벼락을 뛰어 넘어 암호 '天'을 외치며 달리는 도중 서재필과 이인종을 만나자 행동대원들을 이끌고 경우궁 문밖에서 기다리도록 지시한 다음 일본 공사관으로 향했다. 김옥균은 별궁 방화가 실패하여 일본 공사관측 반응이 우려

갑신정변 현장 우정총국(종로구 견지동 소재, 현 체신기념관)

스러웠기 때문이었다. 일본 공사관에 별 이상이 없음을 확인한 김옥균 일행은 궁궐 쪽으로 가는 도중 운니동 어귀에서 김봉균·이석이 그리고 신복모가 행동대원 40여 명을 여러 곳에 매복시켜 놓고 있음을 확인했다.

김옥균은 박영효 등과 함께 창덕궁 서쪽 문 금호문金虎門(창덕궁 4문으로 대신들은 별입시別入侍 때 이 문을 통함)에 도착, 문을 열도록 하고 숙장문肅章門 안에서 김봉균과 이석이를 불러 화약 매설지인 인정전仁政殿 아래로 가서 30분 후에 이를 터뜨리도록 지시했다. 김옥균 일행이 합문 밖으로 나가니 그 곳에는 전영 소대장 윤계완이 예정대로 병정 50명을 배치해 놓고 있었다. 그리고 나서 김옥균 일행은 편전便殿(왕이 평소 거처하는 곳)으로 진입하는데, 때마침 변수와 그 행동대원이 일행을 맞으며 "궁내는 아무도 무슨 일이 난지 모르고 있다"고 말하였다.

김옥균 일행은 침전 쪽으로 가서 불안한 듯 서성거리고 있는 환관 유재현에게 왕을 깨우도록 지시했다. 왕의 절대 신임을 받고 있고, 최근 개화파에서 수구파로 변심한 그로서는 당연히 경계심을 늦출 수 없는 입장이기 때문에 머뭇거리며 그 이유를 묻자, 김옥균은 "나라가 위급한 이때 네 따위 환관이 무슨 말이 많으냐!"고 호통을 치며 윽박지르자 유재현이 어정쩡 침전으로 들어가는 순간, 밖에서의 소란스러운 소리를 듣고 잠이 깬 왕은 "밖에 무슨 일이 있느냐?"고 물었다. 유재현의 안내를 받아 김옥균 일행은 왕의 침전으로 들어가서 우정국 변란 소식을 간단히 아뢰고, 잠시 거처를 다른 곳으로 옮기도록 청했다.

이때까지만 해도 왕은 별 이의 없이 김옥균 일행을 따라 창덕궁 서쪽 경우궁으로 옮기려고 하는데, 그 순간 예리한 민비가 "이 난이 청국측 소행인가? 아니면 일본측 소행인가?" 하고 따져 물었다. 김옥균이 대답하기가 난처한 듯 잠시 멈칫하는 순간, 천지를 진동하는 폭음이 울렸다. 김옥균의 답변 위기를 모면해준 장본인은 다름 아닌 궁녀 고대수였다. 때맞추어 그녀는 미리 장치해둔 폭약을 터뜨린 것이다. 답변을 들을 겨를도 없이 왕과 왕비는 김옥균의 안내를 받으며 황급히 경우궁景祐宮(현 계동 현대 사옥 자리) 쪽으로 걸음을 재촉했다. 김옥균은 도중에 "지금 이때야말로 일본의 군사를 요청해서 폐하를 호위토록 하면 만전을 기할 수 있겠습니다"라고 진언했다. 그러자 왕도 별 이의 없이 "그렇게 하라"고 지시하는 순간, 민비가 또 불쑥 "만일 일군이 와서 호위토록 한다면 청군은 장차 어찌 되는가?"라고 날카롭게 질문했다.

참으로 상황 인식과 두뇌 회전이 빠른 민비였다. 그러자 당황한 김옥균은 "알겠습니다. 청군도 불러서 호위케 하겠습니다"라고 일단 둘러댔다. 김옥균은 유재현을 시켜 일본군을 데려오도록 하는 한편 눈치 빠른 부하를 시켜 청군도 불러 오도록 했다. 그러나 후자의 경우는 민비를 속이기 위한 임기응변 전략이었다. 아울러 그는 "다케조에 공사를 불렀습니다만, 혹시 전하의 친필 칙서가 없으면 오지 않을 수도 있을 듯합니다"라고 진언하였다. 이렇게 해서 왕은 요금문曜金門(원서노인정 쪽 작은 문) 노상에서 "일본 공사는 와서 짐을 호위하라(日本公使來護朕)"고 칙서를 써주었다. 평시에는 있을 수 없는 외교 절차이지만 상황이 급박한 이때 어쩔 수 없었다. 박영효는 그 칙서를 받아들고 일본 공사관으로 달려갔다.

김옥균 일행이 왕과 왕비를 모시고 경우궁 정전 뜰에 이르렀을 때 박영효와 다케조에가 일본 병력을 이끌고 왔다. 김옥균 일행은 왕과 왕비가 정전에 좌정케 한 후 좌우에 호위하고 계획대로 서재필의 지휘로 사관생도 13명과 행동대원들로 하여금 내위內衛를 전담케 하였다. 그리고 친군영 전영 소대장 윤경완에게 50명의 병력을 거느리고 정전 뜰을 지키게 한 후 일본군 병사들은 경우궁 내외 문들을, 외곽은 친군영 전영 후영 병사들을 불러 지키도록 했다. 그야말로 얼핏 보기에 철통같은 호위 체제였다. 그리고 김옥균은 개화파 행동대원 10여 명을 불러서, 변고 소식을 듣고 입궐하는 사람들의 이름을 확인, 허가를 받은 다음 홍영식에게 보내도록 했다.

자정 무렵 홍영식과 거의 같은 시간에 입궐했던 이조연이 먼저 와 있는 한규직·윤태준과 무언가 귓속말을 주고받으며 그들 나름대로 계책을 꾸미고 있는 것 같았다. 이를 눈치 챈 박영효가 큰소리로 "나라가 위급 상황인데 빨리 병력을 소집해서 국왕을 호위할 생각은 않고 무슨 수작들이냐!"고 호통을 쳤다. 이 말을 듣고 단순한 윤태준이 소중문小中門 밖으로 나갔다. 자신이 병졸들을 직접 불러 올 생각이었겠지만, 그 길이 그로서는 저승으로 가는 길이었다. 밀명을 받고 대기하고 있던 이규완과 윤경순 등에 의해서 그는 단칼에 처단되었다. 이어서 이조연과 한규직은 경우궁 후문으로 나섰다가 두 사람 역시 황용택·고영석 등 행동대원들에 의해 그 자리에서 처단되었다.

이로써 친군영의 전·후·좌 3영사가 모두 죽임을 당하고 우영사인 민영익만은 중상을 당한 채 묄렌도르프와 미국 공사 푸트의 도움으로 공사 주치의 알렌의 치료를 받고 생명에는 지장이 없게 되었다. 해방총관海防總管 민영목·지중추부사知中樞府事 조영하·좌찬성左贊成 민태호도 입궐하다가 차례로 처단되었다. 민태호로 말하자면 김옥균이 동남제도개척사 임무를 맡고 있을 때 김옥균이 울릉도를 일본에 팔아넘기려 한다고 모함한 장본이었다. 이런 와중에 민비의 심복인 경기감사 심상훈(1854~?)은 정변 때 민비와 청군을 오고가며 정변 주체세력을 와해시키는 데 큰 역할을 하게 되었다. 훗날 행동대원 이규완은 심상훈을 살려준 것이 돌이킬 수 없는 실책이었다고 후회했다. 심상훈의 출세 경위는 이러했다. 그의 어머니는 대원군의 부인 민씨의 여동생이었다. 그러한 인연으로 심상훈은 계유년(1873년) 문과에 급제했고, 그의 어머니가 민비의 출산 때 산모를 도와준 공로가 인정되어 규장각 직각直閣(품계로는 정 3~6품) 자리에 오른 후 승승장구 경기감사까지 오르게 된 것이다. 당시 항간에는 그의 '직각' 벼슬을 분에 넘치는 자리라 해서 '산각産閣'이라고 조롱하였는데, 산모에게는 해산解産 미역 산곽産藿이 가장 좋은 공물貢物이어서 이런 말이 나온 것이었다.

신정부 조각과
정강 공포

김옥균과 정변 주동세력들은 곧바로 고종의 종형 이재원李載元을 불러들여 '거사' 취지를 설명하고 협조를 요청하자 이재원은 기꺼이 동조하겠다고 했다. 정변 결행 후 이들은 10월 18일(음) 이른 아침에 왕의 재가 절차를 밟아 신정부 조각 내용을 발표하였는데, 『갑신일록』(양력 12월 4일자. 일본에서 기록한 것이므로 『일록』의 날짜는 양력임)에 기록된 조각 내용은 다음과 같다.

영의정領議政: 이재원李載元(고종의 종형, 즉 대원군 둘째형 흥완군의 장남)

좌의정左議政: 홍영식洪英植

전후영사 겸 좌포장前後營使兼左捕將: 박영효朴泳孝

좌우영사겸대리외무독판, 우포장左右營使兼代理外務督瓣, 右捕將: 서광범徐光範

우찬성 겸 우참찬右贊成 兼 右參贊: 이재면李載冕(대원군의 장남)

이조판서 겸 홍문관제학吏曹判書兼 弘文館提學: 신기선申箕善

예조판서禮曹判書: 김윤식金允植

병조판서兵曹判書: 이재완李載完(이재원의 동생)

형조판서刑曹判書: 윤웅렬尹雄烈

공조판서工曹判書: 홍순형洪淳馨(헌종의 계비 효정왕후 홍씨의 조카)

한성판윤漢城判尹: 김홍집金弘集

판의금判義禁: 조경하趙敬夏(대왕대비, 즉 신정왕후 조씨의 조카)

예문관제학藝文館提學: 이건창李建昌

호조참판戶曹參判: 김옥균金玉均•

병조참판••겸정령관兵曹參判 兼 正領官: 서재필徐載弼

• 위 인사 내용은 『갑신일록』에 따른 것이며, 『고종실록』의 그것과 불일치한 인사 내용이 몇 명 있어 혼선이 야기되고 있다. 조선 개화사 연구가인 이광린은 좌의정에 이재원, 우의정에 홍영식으로 기록하고 있고 영의정에 대한 언급이 없는 점이 『갑신일록』과 가장 맞지 않는 부분이다.(이광린, 『한국사 강좌』 [V] 근대편, 일조각, 2002년 수정증보판, 181쪽 참고) 이광린은 이 인사 기록만큼은 정변 훗날 김옥균이 기억을 되살려 정리한 『갑신일록』보다 『고종실록』에 무게를 두고 있는 것으로 보인다. 예컨대 김옥균의 기록은 정변 후 기억을 토대로 한 것으로 날자나 본인의 직급 등 몇 가지 오류(원문은 병조참의로 되어 있으나 실제는 병조참판의 오기임)가 있는 것도 사실이다. 그러나 현재의 갑신정변 전문연구가들(신용하·박은숙 등)은 『갑신일록』을 따르고 있다. 기타 많은 사료에서도 상호 맞지 않는 인사 내용이 허다하여 이 점에 더 깊은 연구와 정리가 필요할 것으로 보인다.

•• 또한 서재필의 경우 병조참판 직위도 납득이 가지 않는다. 병조참판은 종 2품 당상관堂上官이며, 정령은 훈련원의 종 2품 당하관堂下官인데 이러한 격차의 품직이 현실적으로 어려우며, 아무리 혁명의 와중이라도 당시 21세의 나이로 왕의 친족도 아닌 그에게 12살이나 연상이며 거사의 리더인 김옥균과 같은 품계(호조참판)의 직위를 주었다는 것은 상식적으로 이해하기 어렵다. 이런 점에서 볼 때 이런 직함은 김옥균의 의중에

도승지都承旨: 박영교朴泳教

동부승지同副承旨: 조동면趙同冕(대왕대비의 조카)

동의금同義禁: 민긍식閔肯植

병조참의兵曹參議: 김문현金文鉉

평안감사平安監司: 이재순李載純(대원군의 조카)

수원유수水原留守: 이희선李熙善 등

이상 신정부 조각 및 인사의 특징을 보면 대원군과 갈등을 빚으며 청국에 의존해온 민비 척족들을 배제하고 그 동안 홀대 받아온 대원군 가족과 그 측근들을 중용, 상위 서열에 배치하여 정변이 정착될 때까지 정국을 안정화하려는 노력이 엿보였다. 역사적으로 볼 때 어느 혁명정부나 혁명 초기의 조각에는 여론을 무마하고 기득권의 반작용을 희석시키기 위하여 실권을 배제한 상위 서열에는 일단 상징적인 인물을 추대하게 마련이다. 여기에서 영의정에 이재원을 앉힌 것은 신정부의 안정화를 도모하기 위한 포석이라 할 수 있겠다. 그리고 정변 주동세력 인사에서 가장 눈에 띄는 대목으로 거사 주역인 김옥균은 재정을 장악하기 위하여 호조戶曹 쪽을 선택하되 판서判書가 아닌 차하 직급 참판參判직을 맡게 되었는데, 이는 다분히 전략적인 직급 선택이라 할 수 있다. 그리고 박영효는 군사 및 경찰권을, 서광범은 외교를 담당하면서 군사 및 경찰권 책임을 맡고, 김옥균이 총

서 비롯된 오류로 보아야 할 것이다.(서재필 관련 부분 신복룡, 『한국의 정치 사상가』, 집문당, 1999, 144쪽 참고)

애하는 젊은 서재필에게는 병권 일선 책임을 맡겨 박영효를 보좌케 함으로써 재정 및 병권은 정변 주도세력이 모두 장악하였다. 다만 문관의 선임 및 관직 훈봉 업무를 총괄하는 이조판서에 개화파와 관련이 없는 신기선을 기용한 것은 다소 의외일 수 있으나 이러한 인사는 그가 대가 약하고 성격이 무난하여 주동세력이 다루기가 용이하기 때문이었을 것이다. 그리고 실권은 없으나 정변 주체가 아닌 온건 개화파 김홍집·김윤식·신기선 등을 기용한 것은 당분간 이들의 이용 가치(청국과의 관계 조정 등)와 정변의 이미지 관리 차원이라고 볼 수 있다.

그리고 정변에서 한 발 물러서 애매한 태도를 보이다가 후에 정변을 비난까지 했던 윤웅렬을 중직(형조판서)에 기용한 것은 그의 아들이며 미국 공사관 통역관인 윤치호가 미 공사관과 긴밀한 관계를 맺고 있음을 고려, 전략적으로 이용하기 위한 것이 아닌가 생각된다. 그 밖에 정변 후 인사에서 민씨 척족들이 배제된 것은 당연하지만 동의금으로 임명된 민긍식의 경우는 정변 때까지 전라우도 수군절도사로 민씨들 중 소외된 인물이었던 것으로 보이며, 실권이 없는 직책으로 최소한의 배려가 아닌가 생각된다. 그리고 윤치호와 변수邊樹를 외교통상 업무 실무 책임자로 기용하였는데, 거사에 가담하지 않은 윤치호를 기용한 것은 미국과의 관계 강화를 고려한 것이었으며, 사관생도들을 모두 별군직으로 하고 행동대원 이인종·이희정·신복모·이창규 등을 전영前營과 후영後營의 부영관으로 임명, 이들 모두를 신정부 친위대로 임명하였다. 이처럼 정변 주동세력은 거사 행동대원들에게까지 나름대로 논공행상을 한 셈이었다.

정변 주동세력은 이제부터 외국 공사관 및 주재관에 상황을 알려야 할 때가 되었다. 김옥균은 변수를 시켜 이들에게 경위를 알리도록 하고, 축하연에 참석했던 이들에게 심심한 사과와 위로의 메시지도 전했다. 미국 공사 푸트는 "사태가 이리 되었으니 조속히 안정시키고 내정을 잘 개혁하라"는 격려의 답신도 보내왔다. 다음날 아침 8시경 미국 공사 푸트와 영국 영사 애스턴이 국왕을 알현하고 "세계 모든 나라는 사소한 변동이 있게 마련이며, 그것을 통해서 완전한 판국이 이루어진다"(『윤치호 일기』, 1884년 음 10월 18일자)고 위로 겸 정변 수용의 뜻을 비쳤다. 이어서 독일 총영사가 잼부시가 들어와 왕을 알현하고, 미·영·독은 이번 사태에 중립을 지키겠다고 말하며 아울러 외국인 신변 보호도 요청하였다. 귀로에 미국 공사와 영국 영사는 묄렌도르프 집에서 치료를 받고 있는 민영익을 문병했다. 이때 민영익은 일본 공사관측 처사에 강한 불만을 토로했다.

이런 상황에서 함께 궁녀들과 환관들이 비좁은 방에 뒤 섞여 소란을 떨었다. 민비의 계략이었지만 왕은 영문도 모르고 사사건건 민비에 휘둘리기만 했다. 이래서는 안 되겠다고 판단한 김옥균은 환관 유재현을 본보기로 삼기로 했다. 그렇지 않아도 개화파는 유재현을 배신자로 지목하여 적당한 시기에 처치할 계획이었다. 김옥균은 서재필을 시켜 유재현을 결박해오도록 지시하고 그의 죄상(북청군대 철수 모사 등)을 낱낱이 드러낸 다음 '고종의 간곡한 만류'(『고종실록』, 고종 21년 음 10월 18일자)에도 불구하고 즉결 처단해버렸다. 조금 전까지도 웅성거렸던 환관과 궁녀들은 이 광경을 보고 끓는 물에 찬물을 끼얹듯 조용해졌다. 고종은 믿어온 부하들과 수족 같은 유재현까지 자신의 코앞에서 순식간에 잃게 되자 왕으로서의 자존심은 말할 것도 없고 극도로 마음이 상했다. 어쩌면 이때부터 고종은 김옥균과 개화파로부터 등을 돌리지 않았나 생각된다.

　일이 이렇게 되자 더욱 불안해진 왕과 왕비는 더 적극적으로 창덕궁 환궁을 고집했다. 그러나 '거사' 주도세력은 경우궁에서의 불미스러운 일도 불식하고 경우궁보다 넓으며 지대가 높아 소수 병력으로 적을 방어하기 편리하다고 판단하였기 때문에 오전 10시경 고종을 계동 이재원 집 계동궁桂洞宮으로 이어移御시켰다. 그러나 그 곳에서도 민비는 좁다고 투정을 하며 창덕궁으로의 환궁을 더 드세게 주장하였다. 김옥균이 다른 계책을 꾸미고 점검하기 위하여 홍영식 · 이재원 등과 함께 잠시 외청外廳으로 나간 틈을 타 민비의 부추김을 받은 고종은 일본 공사에게 환궁을 강력히 요구하였다. 일본 공사는 처음에는 난색을 표했으나 왕의 뜻이 워낙 완강한지라 김옥균과 사전 상의도 없이 왕을 창덕궁 내 관물헌觀物軒으로 옮기기로 하고 박영효로 하여금 창덕궁 궁내 동정을 살피도록 요청했다. 말이 요청이지 사실상 지시였다. 이쯤 되면 정변의 주도권은 일본 쪽으로 넘어간 셈이었다. 오후 5시경 마침내 왕은 관물헌으로 옮겼다. 그런 뒤 밤이 늦어 창덕궁 문을 닫으려 하자 때마침 청국 진영으로부터 문을 잠그지 말라는 통보가 왔다. 드디어 올 것이 오고 터질 것이 터지게 된 것이다. 일이 이렇게 되기까지는 개화당원으로 가장한 경기감사 심상훈의 역할이 지대했다.

　개화파의 정변에 당황한 위안스카이 휘하의 청군측은 10월 18일(음) 아침 심상훈을 친 개화파인 것처럼 위장, 경우궁으로 잠입시키는

데 성공하였으며, 이때 그는 민비의 밥사발 밑에 서찰書札, 즉 비밀 편지를 감추어 넣어 청군과 민비 사이를 내통하며 청군의 지원을 받는 데 성공하였다. 민비는 이제 개화파 신정부가 자신과 측근들을 적으로 대하고 있음을 확실히 알고 청국군이 수적으로 열세인 개화파 병력을 공격하기에 용이한 창덕궁으로의 환궁을 강력히 고집한 것이다. 이렇게 해서 상황은 민비와 청군이 바라는 대로 유리하게 흘러가고 있었고 정변 주동측으로서는 심상훈을 소홀히 다룬 것이 돌이킬 수 없는 큰 실수로 남게 된 것이다. 김옥균은 『갑신일록』에서 왕이 창덕궁으로 환궁한 후 궁내 내선 수비는 개화당의 행동대원들이, 중간은 일본군이, 그리고 외곽은 4영(친군영親軍營 전전영前前營 좌우左右營 및 후영後營)의 조선 병력이 맡도록 했다(『갑신일록』, 12월 5일 자)고 기록하고 있으나, 실상 외곽 수비는 김옥균의 말대로 친군영 4영군이 제대로 동원 수비를 맡았다고 보기는 어렵다고 보아야 할 것이다.

10월 19일(음) 오전 10시경 김옥균과 박영효 등 정변 주동세력은 신정부 정강을 공포하였다.(『갑신일록』에는 18일로 되어 있으나 관련자 진술과 정황으로 보아 19일이 맞는 것으로 보임) 정강은 원래 80여 개 조항이었으나 현재 14개 조항만 『갑신일록』을 통해 전해지고 있다. 정강은 10월 18일(음) 저녁 승정원을 진선문進善門 안방에 설치하고 새 각료들이 지켜보는 가운데 박영효가 기초하고 이조판서 신기선이 청서한 후 홍영식이 왕께 제가를 올렸는데, 그 내용은 아래와 같다.

1. 대원군을 조속히 귀국케 하고 청국에 대한 조공허례租貢虛禮를 폐지할 것

2. 문벌을 폐지하여 만민 평등의 권리를 제정하고 사람의 능력으로써 관직을 택하게 하지 관직으로서 사람을 택하지 않을 것
3. 전국의 지조법地租法을 개혁하여 사악한 관리들을 근절하고 가난한 백성을 구제하며 국가재정을 충실히 할 것
4. 내시부內侍府를 폐지하고 그 가운데 재능이 있는 자를 등용할 것
5. 그간 국가에 해독을 끼친 탐관오리 가운데 죄질이 심한 자를 엄중히 처벌할 것
6. 전국의 환상還上 제도를 영구 폐지할 것
7. 규장각奎章閣(역대 임금의 서화·시문·고명顧命·유교遺敎 등을 보관하는 관청. 정조 원년에 설치)을 폐지할 것
8. 순사제도를 시급히 도입하여 도적을 방지할 것
9. 혜상공국惠商公局을 혁파할 것
10. 그 동안 유배·금고를 받은 자들을 재심사하여 무고한 자를 석방할 것
11. 4영營을 1영營으로 통합하여 그 가운데 장정을 뽑아 근위대를 시급히 설치할 것(육군대장을 왕세자로 정할 것)
12. 모든 국가 재정을 호조戶曹로 하여금 관할케 하며, 그 밖의 모든 재무관청은 폐지할 것
13. 대신과 참찬은 매일 합문閤門(편전便殿의 출입문) 안 의정부에서 회의하고 정령을 반포, 시행할 것
14. 정부는 6조曹 외에 불필요한 관청을 모두 폐지하고 대신과 참찬들이 심의하여 처리토록 할 것

이상에서 볼 때 첫째로 신정부의 정강은 다분히 반외세적(특히 청에 대한 조공철폐 등)임을 분명히 하였다. 김옥균은 일찍이 그의 「조선개혁의견서」에서도 "조선이 스스로 청국의 속국이라고 생각해온 것은 참으로 부끄러운 일이며, 나라가 진작振作의 희망이 없는 것은 역시 여기에 원인이 없지 않다. 여기서 첫째로 해야 할 일은 기반羈絆(굴레)을 철퇴시키고 특히 독전자주지국獨全自主之國을 수립하는 일이다. 독립을 바라면 정치와 외교를 자수자강自修自强해야 한다"(신용하, 『초기개화사상과 갑신정변연구』, 지식산업사, 2000, 241쪽 인용문 재인용)고 하였다.

김옥균의 반외세 신념, 특히 청국의 간섭이 얼마나 뼈에 사무치는지 짐작할 수 있는 대목이다. 그리고 정변 주동세력은 양반 신분제도와 문벌 중심제도의 폐단을 없애고 인재를 고루 등용해야 한다는 점을 강조하고 있다. 신정부 강령 중 두 번째 눈에 띄는 대목은 전제 군주에 제한을 두고 각료들의 전체 회의에서 국사國事를 논하고 의결하여 왕의 재가를 받도록 하였는데 이는 입헌군주제 내지는 내각책임제를 표방한 것이다. 또한 재정의 통일과 일원화로 재정정책의 효율성을 도모하였으며, 그 가운데 조세제도 중 가장 악법인 환상還上을 즉각 폐지토록 하여 민생을 우선적으로 챙긴 것은 당시 조세제도의 핵심인 전정·군정·환정, 즉 3정이 얼마나 문란하고 적폐가 심하여 민생이 도탄에 빠져 있었는지 알 수 있다. 이러한 환상의 적폐는 정약용의 『목민심서』 호전戶典 6조 곡부穀簿편과 그의 글 환상론還上論에 상세하게 기록되어 있다.(정약용 지음, 노태준 역해, 『목민심서』, 홍신문화사, 2004, 208~215쪽)

그리고 당시 군사 조직은 4영營 체제였으며, 이들은 국방이 아닌 왕실 경호에 중점을 두고 그것도 거의 민비 척족들이 이 체제의 우두머리가 되어 병권을 장악하고 전횡을 휘둘렀다. 특히 이 가운데 친군영 전영과 후영은 서양식 훈련을 시키고 있었고, 좌영과 우영은 청국 훈련 방식을 시키고 있었다. 이 때문에 한 나라의 군대가 부대에 따라 훈련방식이 전혀 다르고, 이로 인하여 그들 간에 사사건건 갈등과 알력이 심하여 병력 체제의 운영 면에서 혼선이 야기되었다. 이에 신정부는 이러한 문제점을 해소하기 위하여 4영을 1영으로 통합하여 군 지휘 통솔의 일원화를 도모코자 했다. 그 밖에 또 한 가지 눈에 띄는 대목은 규장각 폐지이다. 얼핏 보기에 의문이 갈 수 있으나 이는 전근대적인 황실·양반 귀족 문화를 지양하고 신교육 대중문화의 창달을 지향하기 위함이었다.

신정부, 청국군 개입으로
3일 만에 무너지다

그러나 정변 주동세력들의 이와 같은 의욕적인 꿈과 야망은 청국군의 개입으로 3일 만에 물거품이 되고 말았다. 우정총국 개국 낙성 축하 연회장이 정변으로 아수라장이 되자 연회에 참석한 청국총판조선상무淸國總辦 朝鮮商務 천수어탕陳樹棠은 공관으로 돌아가 위안스카이에게 사태의 심각성을 알리고 병력 출동을 요청하였다. 위안스카이는 각영기명제독各營記名提督 오자오유吳兆有에게 보고하였다. 이에 따라 오자오유는 우선 총병總兵 대장에게 창덕궁 일대를 순찰, 상황을 파악토록 하였다. 그런 뒤 위안스카이는 민비의 지시를 받은 경기 관찰사 심상훈과 내통하여 우의정 심순택에게 청군을 지원 요청하라고 조언하였다. 이때 판서 김윤식과 참판 남정철도 청군을 직접 방문하여 지원을 요청하였다.

10월 19일(양력 12월 6일) 오후 3시경 오자오유는 창덕궁으로 휘하 책임자를 보내 고종 알현을 요청하였으나 정변측의 반대로 뜻을 이루지 못했다. 이에 청국군은 일본 공사에게 조선 국왕을 보호하고 일본 공사를 원호할 뜻과 일본에 적대적 행동을 원치 않는다는 친서를 보냈다. 이는 다분히 외교적인 완곡한 표현이었지만, 속뜻은 알아서 처신하라는 압력이며 선전포고나 다름이 없었다.

그러나 일본측으로부터 아무런 반응이 없자(실제로 그러기를 바랐겠지만) 정상적인 절차로는 청군의 개입이 어렵다고 판단한 위안스카이가 지휘하는 청군은 출동을 개시하여 외각을 수비하고 있는 친군영 병력으로부터 아무런 저항도 받지 않고 순조롭게 창덕궁에 진입, 궁내를 수비하고 있던 일본군에 공격을 개시하였다. 이때 친군영 좌·우영 병력은 김옥균의 생각과 달리 오히려 청군에 합세했다. 마침내 포성을 울리며 동·남문을 통해 진입해온 청국군은 일군과 격렬한 전투를 벌였다. 그때 낡고 녹슨 총을 소지하고 있던 전·후영 조선군은 겁에 질려 줄행랑을 쳤다. 그야말로 정변 세력의 군대치고는 오합지졸이었다.

이 틈을 타 민비는 고종을 제쳐둔 채로 왕세자와 세자빈을 데리고 궁궐을 빠져나와 북묘北廟(중국 삼국시대 명장 관우를 모시던 사당, 명륜동에 소재

하였음)로 잠시 몸을 피했다가 혜화문惠化門을 거쳐 각심사(노원구 월계동 각심마을)로 도망쳐 사태를 관망하고 있었다. 물론 대왕대비와 대비도 각기 도망쳤다. 민비의 이러한 행동은 임오군란 때와 흡사했다. 한편 고종은 신하 몇 명만 거느리고 창덕궁 뒷산으로 도망치다가 뒤쫓아온 김옥균과 서광범에 붙잡히다시피 이끌려 창덕궁 후원 연경당演慶堂으로 안내되었다. 연경당은 순조 때 효명세자(후에 익종으로 추존)가 사대부 생활을 하기 위해서 지은 단청이 없는 99간 민가 형식의 집이다. 사태가 이렇게 되자 김옥균과 정변 주동세력은 잠시 숙의 끝에 다케조에 일본 공사에게 "대군주를 모시고 인천으로 속히 피신해 후일을 도모하는 것이 좋겠다"는 의견을 개진하였다. 그러나 왕은 "그리는 못하겠다"고 한사코 거부하며 죽어도 대왕대비와 함께 있겠다는 것이었다. 왕으로서는 오랜만에 자신의 목소리를 낸 샘이었다.

총격전은 산발적으로 이어졌고 시간이 흐를수록 사태는 정변 세력 측에 불리해저만 갔다. 이때 우유부단한 다케조에는 본색을 드러내고 일본군을 철수시키는 쪽으로 가닥을 잡아갔다. 곁에 있던 무라카미 중대장이 일본군은 정예병이므로 충분히 맞설 수 있다고 개진하였으나 다케조에는 일본인 특유의 약아 빠진 기질을 드러냈다. 결국 정변 주동세력과 다케조에 공사는 퇴각하기로 결심하였다. 이때가 10월 19일(양력 12월 6일) 저녁 7시 30분경이었다. 마침내 김옥균·박영효·서광범·서재필·변수·유혁로·이규완·정난교·신응희 등 9명은 다케조에 뒤를 따랐고, 홍영식·박영교와 사관생도 박응학 등 7명은 왕을 호위하는 쪽으로 가닥을 잡았다.

이후 고종은 북묘로 가서 하도감下都監(현 동대문 역사문화공원 자리)에 있는 위안스카이 군영에 머물다가 10월 23일 창덕궁으로 환궁하였다. 홍영식은 "성격이 원만하고 민영익·위안스카이와의 교분도 좋은 편"(「갑신일록」에서의 김옥균 회고담)이어서 김옥균도 홍의 판단에 맡기고 후일을 부탁하였지만 그것이 홍영식으로서는 치명적인 판단착오였다. 국왕이 청군 진영에 옮기려고 하는 순간, 홍영식은 어의御衣를 부여잡고 왕이 청군 진영으로 가는 길을 막아섰으나 소용없는 일이었다. 그때 성난 군졸들에 의해 홍영식·박영교 등 7명은 그 자리에서 곧바로 처참하게 살해되었다.

한편 김옥균 일행은 어찌 되었을까? 초겨울이었지만 그날따라 유난히 밝은 달빛은 도망치는 김옥균 일행을 싸늘하게 비춰주고 있었다. 어릴 때 그가 "달은 비록 작지만 천하를 비춘다"고 읊었던 그의 원대한 꿈은 산산조각이 나고 말았다. 일본 공사관까지 가는 길은 그날따라 멀고도 먼 길이었다. 창덕궁 담을 끼고 골목길로 접어들자 줄지어 늘어선 행인들이 "왜놈을 죽여라! 역적놈들을 잡아라!" 아우성치고, 성난 일부 군중들은 '붉은 재', 즉 홍현紅峴의 김옥균 집에 몰려가 불을 질렀다. 거리의 함성은 분노로 변해 황급히 달아나는 김옥균 일행을 뒤쫓아 오면서 돌을 던지고, 어디선지 총알까지 날아왔다. 창덕궁에서 일본 공사관까지는 평소에 그리 멀지 않는 길이었지만, 도망치는 그들에게는 너무나 멀게만 느껴졌다. 김옥균 일행은 간신히 일본 공사관에 도착했다.

10월 20일(양력 12월 7일) 아침부터 일본 공사관 주변에 성난 군중들이 몰려들었다. 그리고 낮 12시경부터 조선 군인과 일반 백성들이 합세하여 돌을 던지고 불을 지르며 공격해왔다. 다케조에와 공사관

직원들, 공사관으로 피신한 일본인들과 김옥균 일행은 오후 2시 30분 경 자국 군인들의 호위를 받으며 공사관을 출발, 인천으로 향했다. 평상시도 그런데 인천까지는 너무도 먼 길이었다. 그 곳에는 법적으로 안전한 일본 조계租界와 영사관도 있고 해서 일단 안전하다고 판단했기 때문이었다. 더구나 전날에 도착한 우편선 치도세마루가 정박해 있고, 군함 니즈호日進號도 전부터 정박해 있었다. '도망자' 일행이 서대문을 지나 한강에 이르는 동안 군중들의 공격은 계속 되었으며, 그 과정에서 김옥균은 어깨에, 박영효는 다리에 가벼운 총상을 입었다. 그들이 한강을 완전히 건넌 시각은 오후 5시 30분경 짧은 겨울 해가 이미 서산마루를 넘어간 후였다. 이들은 이튿날 오전 7시경에야 제물포의 일본 영사관에 도착할 수 있었다.

그런데 우편선 치도세마루 편으로 일본 외무성에서 공사관에 보낸 훈령에 의하면 가급적 청군과 충돌을 피하라는 내용이었다. 더구나 조선 정부에서는 외무독판 조병호와 해무독판 묄렌도르프를 인천 현지에 급파하여 '역적' 김옥균 일행을 인도하라고 요구하였다. 비정하고 약아빠진 다케조에는 김옥균 일행을 조선측에 인도할 태세였다. 그러나 일본 영사 고바야시가 동정심을 발휘하여 이들을 안전지대인 조계 지역에 머물도록 배려하였다. 이제 김옥균 일행은 일본측에게 거추장스러운 불청객 신세요, 목숨은 풍전등화風前燈火 격이었다.

10월 23일(양력 12월 10일) 다행히도 김옥균 일행은 우편선 치도세마루에 승선, 최소한의 안전을 보장받을 수 있게 되었다. 그러나 조선 정부측은 끈질기게 김옥균 일행을 인도해줄 것을 요구하자 다케조에는 매정하게도 김옥균 일행에게 배에서 내리라고 명령하였다. 그러나 그 배의 선장 쓰지카쿠 사부로는 이들이 배에서 내리면 곧바로 살해될 것이라고 말하며 공사의 명령을 거부하였다. 선장으로서 할 수 있는 권한이지만, 참으로 어려운 결정이었다. 10월 24일(양력 12월 11일) 새벽, 망명객 신세로 전락한 김옥균 일행을 태운 우편선 치도세마루는 새벽의 정적을 깨뜨리는 고동소리와 함께 검푸른 황해의 물결을 가르며 일본으로 향하였다. 배안의 망명객들은 서로가 참담한 모습으로 물끄러미 쳐다만 보며, 운명의 신에 지친 몸을 맡겼다. 그 뒤 쓰지카쿠 선장은 김옥균이 홋카이도에서 추방생활을 할 때에도 그를 찾아와 외로운 망명객을 위로해주는 인간애를 보여주었다.

수구파의 반격과 잔혹한 보복

무릇 혁명이나 모반은 성공하면 역사의 주인이 되지만, 실패하면 반역이라는 족쇄가 채워져 가혹한 징벌이 뒤따르게 마련이다. 고종이 위안스카이의 병영으로 옮긴 10월 20일(양력 12월 7일) 아침, 수구파 대신들은 사태가 이 지경에 이른 것은 신하들의 불찰이라며 머리를 조아리고 사후 대책을 강구하기 시작했다. 그 첫 번째 조치로 이들은 지난 3일간의 사태에서 일본군이 보인 무례한 행동에 대해서 항의하는 서한을 작성, 공식 사과할 것을 일본 정부에 요청하기로 하였다. 이어서 다음날에는 김옥균·박영효·서광범·홍영식·서재필을 '5

대 역적'으로 규정하고 이들에 대한 체포령을 내림과 동시에 지난 3일간 정변 주동세력이 왕의 재가를 받아 내린 일체의 정강과 제반 조치도 모두 무효임을 선포하고, 정변 세력에 의해 관직이 박탈되었거나 강등된 대신들의 직책을 원상복구하거나 새로 임명하는 인사 조치를 단행하였다.

이들 각료의 면모는 다음과 같다. 좌의정 심순택 · 우의정 김홍집 · 친군영 전영사 이교헌 · 후영사 이봉구 · 좌영사 이규석 · 독판교섭 통상사무 조병호 · 참의교섭 통상사무 서상우 · 한성판윤 민종묵 · 예조판서 이재완 · 병조판서 겸 강화유수 김윤식 · 전영사 민영익(원직 복귀) 등이다. 이어서 다음날에는 다시 심순택을 영의정에, 김홍집을 좌의정에, 그리고 김병시를 우의정에 각각 변경 인사 조치하였다. 그리고 외무독판 조병호를 대관大官에, 인천감리 홍순학을 부관으로 임명하고 외무협판 묄렌도르프와 함께 김옥균 등 '5적'의 인도를 요청토록 했다. 김옥균과 묄렌도르프의 악연은 끈질기게 지속되었다.

이어서 정부는 10월 22일(양력 12월 9일)부터 정변 관련자 색출과 체포 명령을 하달하였다. 1884년에서 1886년까지 3년에 걸쳐 정변 관련자들에 대한 집요한 추적 끝에 관련자들이 거의 모두 체포되고 이들에 대한 가혹한 국문鞠問 및 처벌이 시작되었다.(정변 관련자 심문 및 처벌 내용은, 박은숙, 『갑신정변 연구』, 역사비평사, 2005; 박은숙 옮김, 『갑신정변 관련자 심문 · 진술 기록(추안급국안推案及鞫案)』, 아세아문화사, 2009 및 신용하, 『초기 개화사상과 갑신정변 연구』, 지식산업사, 2000 등을 참고) 『추안급국안追案及鞫案』에 기록된 정변 관련자 처리 내용은 대략 다음과 같다.

『추안급국안』은 왕명에 의해 의금부義禁府가 주관하여 역모·변란·사학邪學 등 국가적 중대 사안에 관련된 중죄인을 심문, 답변을 받고 이를 근거로 판결, 처벌하는 내용을 담고 있는 기록이다. 이 기록은 1601년(선조 34년)부터 1892년(고종 29년)까지 300년에 걸친 중죄인들의 심문기록이며, 중죄인들에 대한 심문은 사건의 경중과 심문장소에 따라 친국親鞫·정국庭鞫·추국推鞫·삼성추국三省推鞫 등으로 구분되어 있다. 친국은 왕이 직접 심문하는 것이고, 정국(총괄 지휘자는 의정대신 가운데 선정되었는데 정변 관련자들의 경우 우의정 김병시·판부사 김홍집 등이 총괄 책임)은 왕의 명령에 따라 대궐 안에 추국청推鞫廳을 설치하고 죄인을 심문(원칙적으로 궁내에서 심문하나 궁궐 인근 특별 장소도 가능)하는 것이며, 추국은 의금부에서 총괄하였다. 그 밖에 삼성추국은 강상綱常(사람이 지켜야 할 근본 도리) 관련 위반 죄인을 의정부·사헌부·의금부 관계 관원이 합석하여 심문하는 것이었다.

이에 따라 정변 관련자들 중 친국을 받은 자는 신기선 한 사람뿐이었고 나머지 관련자들은 혐의 죄질과 신분에 따라 정국·추국 등으로 진행되었다. 신기선은 정변 직전까지 개화 정책을 추진하는 통리군국사무아문 참의로 전선사典選司·농상사農商司 업무를 맡고 있었고, 명문 집안으로 정변시에는 승지에 임명되어 정강 작성에 관여하였다. 이로 인해 그는 전라도 흥양현 여도呂島로 유배조치 되었다. 그러나 정변 후 다른 관련자에 비해서 큰 처벌을 받지 않고 유배에 그치자 상소가 빗발쳐 1887년 4월 29일(음) 유배중인 신기선을 다시 잡아들여 지루한 친국과 장황한 답변이 반복되다가 결국 원래 유배지인 여도로 환배還配 조치하였다.

한편 윤치호의 부친 윤웅렬은 처세의 달인이었지만 지금까지의 행적으로 보아 이번만큼은 자유롭지 못했다. 그 역시 신기선·신석유·박호양(정변 때 승지로 입각) 등과 내통하였다는 여론이 빗발쳐, 일본에 있는 김옥균에 수시로 정보를 제공한 혐의를 받아 온 안영수와 함께 유배형을 받았으나 신·박 두 사람은 유배지에서 죽고 윤웅렬과 안영수는 1894년 풀려났다. 특히 윤웅렬에 대한 유배는 말이 유배지, '큰 바람'이 잠잠해질 때까지 은인자중하도록 하는 당국의 전략적인 배려조치였다.

정변 관련자들에 대한 처벌 수위는 세 가지로 분류되었는데, 직접 관련자는 모반대역부도죄謀反大逆不道罪·모반부도죄謀反不道罪·지정불고죄知情不告罪가 적용되었다. 이 가운데 모반대역부도죄인들에게는 능지처사陵遲處死에, 모반부도죄인과 지정불고죄인들에게는 참형斬刑에 처해졌고, 정변 관련자들 모두에게는 적몰가산籍沒家産(중죄인 소유재산을 국가에서 몰수 관의 장부에 등재)과 파가저택破家瀦宅(대역부도죄인의 집을 헐고, 그 터에 연못을 만듦)이 집행되었으며, 관련자 부모와 형제들에게는 연좌법이 적용되었다.

이들 처벌자들에 대한 죄목과 형벌을 보면 모반대역부도로 능지처사를 당한 관련자는 이희정·김봉균·신중모·이창규·윤경순 등 5명, 모반부도죄로 참형을 당한 자는 이윤상·오창모·이점돌·이응호·전흥룡·윤계완·신흥모·낭창관 등 8명, 지정불고죄로 참형을 당한 자는 서재창·차홍식 등 8명, 기타 원악도遠惡島 유배 1명(이상록), 원래 유배지로의 환배 1명(신기선) 등 총 23명이었다. 이들 관련자들 중 정변 주동자들 하인은 김봉균·이윤상·고흥종·이점돌·최영식 등 5명이었는데 이들은 대부분 주인에게 끝까지 충성심을 보여주었다.

이 가운데 김옥균의 하인이었던 이점돌李點乭에 대한 내용을 살펴보자. 이점돌은 당시 27세로 강원도 철원에서 출생, 운명이라 할까 김옥균의 하인으로 있으면서 누구보다도 개화파 정변 주동자들을 지근거리에서 접하고 정변관련 내용을 어깨너머 귀동냥·눈동냥 등으로 잘 알고 있었다. 그에 대한 혐의 내용을 보면 이점돌은 이희정·신중모 등과 함께 별궁 방화에 직접 참여하였으며, 김옥균의 지시로 종로 금은방에서 800냥의 자금을 찾아와 500냥을 기무처에 전달하고 300냥은 관련자들 식사 및 기타 경비로 충당하는 임무를 수행한 것이었다. 이러한 사실 때문에 그에 대한 심문은 3차(1884년 음 12월 9일, 10일, 11일)에 걸쳐 신장訊杖(심문하며 매질함) 등 가혹한 방법으로 진행되었다. 모진 고문에도 불구하고 이점돌은 자신의 명확한 혐의 사실은 대부분 인정했으나 김옥균에 불리한 심문이 나오면 시종일관 '모르쇠'나 또는 강력한 부인, 당당한 답변 등으로 죽는 날까지 주인에 대한 충성심을 버리지 않고 사나이의 의리를 지켰다. 그 주인에 그 하인이었다. 여기서 잠시 그에 대한 심문기록 일부를 보자.

김옥균 하인 이점돌李點乭(당시 27세)에 대한 세 차례 심문
-1차 심문(1884년 음 12월 9일)*
심문: 우정국 연회에서 너에게 이탈하지 말라고 명령한 것은 무

* 앞의 책, 「갑신정변 관련자 진술 기록」, 102쪽.

슨 까닭이냐? 이미 이탈하지 말라고 말하였는데 또 어찌 '이탈하여' 불을 질렀느냐?

답변: 나는 단지 김옥균의 분부를 따랐을 뿐, 실제로 아는 바가 없습니다. 비록 죽음에 이른다 해도 진술할 말이 없습니다. 상고하여 처리하실 일입니다

−2차 심문(동년 음 12월 10일)•

심문: 김옥균이 있는 곳을 너는 마땅히 상세히 알 것이다.

답변: 모릅니다. 이외에 달리 진술할 말이 없습니다. 상고하여 처리하실 일입니다.

−3차 심문(동년 12월 11일)••

심문: 예사로운 일이라면 혹 그럴 수도 있으므로 괴이할 것이 없으나, 방화의 일은 어찌 다른 사람의 지휘를 듣고 할 수 있겠느냐?

답변: 내가 비록 죽는다 할지라도 정말 속내의 일은 알지 못합니다.

운명이라 할까, 이점돌은 '상놈'이란 신분으로 어쩌다가 '주인을 잘못 만나' 젊은 나이에 결국 모반부도죄로 참형에 처해졌다. 이런 점으로 볼 때 김옥균은 정변에는 실패했지만, 하인은 물론 그와 인간

• 이날 죄인 이점돌을 한 차례 매질하여 심문하였는데 신장訊杖 일곱 대 치고 심문을 멈추었다.(앞의 책, 130~131쪽)

•• 이날 죄인 이점돌을 한 차례 매질하여 심문하였는데 신장 네 대 치고 매질 심문을 멈추었다.(앞의 책, 153쪽)

관계를 맺어온 뭇사람들로부터 거의 배신당하지 않았다. 이러한 사실은 김옥균의 인간적인 면모를 간접적으로 읽을 수 있는 대목이기도 하다.

반역은 그만큼 리스크가 크고 형벌이 뒤따른다. 그나마 정변 주도자 상층부는 망명이라는 이름으로 목숨을 부지할 수 있었지만, 직간접 신분이 낮은 관련자들은 위의 처벌 내용에서 알 수 있는 바와 같이 가혹한 형벌이 뒤따랐다. 그리고 정변 주동자 및 관련자 직계 가족들, 특히 부친들은 형벌이 내려지기 전에 대부분 스스로 목숨을 끊었다. 이러한 자살 행동은 충효의 의리를 강조해온 성리학적 가치관과 자식의 반역으로 인한 죄책감을 씻기 위한 자기 파괴적 자살의 미학이 빚어낸 결과라고 보아야 할 것이다. 그러나 가장 억울한 것은 관련자 가족들과 식솔들이었다. 모반에 가담한 자들은 그렇다 손치더라도 영문도 모르는 가족들은 관련자와 같은 핏줄이라는 이유 하나만으로 잔혹한 형벌의 대상이 되고 말았다. 예로부터 모반에 가담하면 '3족을 멸한다'는 말은 빈말이 아니었다.

당시 정변 관련자 가족에 대해서 대명률大明律의 연좌법이 적용되었다. 즉 모반대역죄인 가족의 경우 아버지와 16세 이상의 아들에 대해서는 교형絞刑, 16세 이하의 아들과 모·첩·조손·형제·자매 및 아들의 처첩은 공신가功臣家의 종으로 삼고 모든 재산을 몰수하며, 백·숙부·조카는 동거 여부를 불문하고 유삼천리안치형流三千里安置刑에 처해졌다. 모반부도죄인 가족의 경우에는 그 처첩과 자녀는 공신가의 노비로 삼고 재산을 몰수하며, 부모·조손·형제는 동거 여부를 불문하고 유이천리안치형流二千里安置刑에 처해졌다. 다만 여든 살 이상의 남자와 예순 살 이상의 여자, 출가 여자, 양자로 출계한 자는 제외되었다.(이 부분 박은숙, 『갑신정변 연구』, 역사비평사, 2003, 518~519쪽 참고)

먼저 김옥균과 주동자 가족들의 운명은 어찌 되었을까? 김옥균 부인 유兪씨는 심복 하인 이점돌의 도움으로 재동에 있는 친척 유성옥 집으로 일단 피신했다가 딸을 데리고 충청도 옥천으로 도망가서 1894년 개화당의 새로운 세상이 열릴 때까지 숨어 지냈다. 그해 12월 부인 유씨는 상경하여 전동의 동생 유진근의 집에 얹혀서 살았으며, 1895년 일본의 개화 문명론자 후쿠자와 유키치가 보내준 김옥균 위패를 받고 죄인처럼 목숨을 부지하며 살았다. 갑오개혁 후 박영효와 충성스러운 동지 이의(尹)고의 도움과 주선으로 부인 유씨는 김영진을 양자로 맞아 생계를 꾸려갔다.

김옥균의 생부 김병태는 삭탈관직 당하고 대역죄로 천안 감옥에 투옥되었다가 김옥균이 상하이에서 홍종우에게 암살된 두 달 후인 1894년 4월(양력 5월) 교수형에 처해졌다. 다만 양부 김병기는 삭탈관직 당한 후 김옥균과 양자 관계를 끊고 살길을 찾았으나 나머지 삶은 순탄치 못했다. 김옥균 모친은 남편이 체포될 때 딸과 함께 극약을 먹고 자살했다. 김옥균의 동생 김각균은 경상도 칠곡으로 도망쳤다가 붙잡혀 대구 감옥에 갇힌 뒤 갑오동학농민전쟁 때 탈주, 동학당에 가입하여 활동하였다고 하나 그 뒤 행방은 알 길이 없다.

그 다음 홍영식 가족의 경우를 보자. 영의정을 지낸 홍영식의 아버지 홍순목은 손자·며느리와 함께 음독자살하였다. 이를 본 홍순목의 부인 한씨 또한 자살하였다. 홍영식의 부인은 자살을 강요하는 시아버지에게 아들을 데리고 도망가 살면 안 되겠느냐고 애원했지만 구차하게 살지 말라고 극약을 내렸다. 홍영식의 이복형인 홍만식은 백부 홍순경의 양자로 입적되어 과거(문과)에 급제 한 후 이조참판까지 지낸 인물이다. 그도 자살을 기도하다가 여의치 못하여 투옥된 후 갑오개혁 때 신원(伸寃)되어 관직의 부름을 받았으나 끝내 거절하고 1905년 을사조약 때 음독자살하였다.

철종의 부마였던 박영효의 집안 역시 풍비박산이 되고 말았다. 박영효·영교 형제가 역적이 된 이들 집안의 운명은 비참했다. 박영교는 앞서 언급한 바와 같이 홍영식과 함께 정변의 현장에서 살해되었고, 그들의 아버지 박원양(朴元陽)은 겨우 열 살 된 박영교의 아들, 즉 손자를 자신의 손으로 죽이고 부인과 함께 자살하였다. 박영효는 전술한 바와 같이 일찍 상처하여 자식이 없었다. 박원양의 시체는 어윤중과 김윤식이 거두어 묻어주었다. 이들 두 사람은 박원양과 각별한 사이었다. 박원양은 어윤중의 스승이었고 김윤식은 매부의 형인 박원양과 사돈지간이었다. 이 일로 "두 사람은 역적과 하나이며 둘이었고, 둘이면서 하나"라는 맹비난을 들어야 했다. 박영효(아들 셋 중 막내)의 또 하나의 형 박영호(박영효의 형제자매는 3남 2녀)는 이름을 바꾸어 산속에 숨어 살다가 1894년 갑오년에 세상에 나와 철종의 능을 관리했다. 그나마 그는 운이 좋은 사람이었다.

그리고 이조참판을 지낸 서광범의 아버지 서상익은 감옥에서 8년 가까이 수감되었다가 끝내 옥사했고, 그의 아내 박씨(전처 김씨는 일찍 사망)는 감옥에 갇혀 있다가 출옥 후 정절을 지키며 모진 목숨을 이어가다가 서광범이 갑오개혁 때 귀국하자 재회하였다. 서재필의 아버지 서광언도 아내와 함께 자살하였다. 그리고 서재필의 형 서재형은 은진감옥에서 옥사하였으며, 다만 막내 동생 서재우는 나이가 어려 죽음을 면하였다. 이렇게 정변 주동자 가족들은 시대의 아픔을 안고 생을 마감했거나 죄인으로 모진 삶을 이어가야 했다.

정변이 실패로 확인되자 관련자 집안에서는 이름의 항렬行列을 바꾸었다. 예컨대 달성 서씨 가문인 서재필의 친척으로 관직에 몸담았던 행부호군 서광두徐光斗는 서병두徐丙斗로, 병조정랑 서재후徐載厚는 서정후徐廷厚로, 그리고 김옥균·박영효·홍영식 가문도 똑같은 절차를 밟았는데 김옥균 가문에서는 균均을 규圭로, 박영효 가문은 영泳을 승勝으로, 홍영식 가문은 식植을 표杓로 각각 바꾸었다. 그만큼 당시 사회상황으로 보아 역적 가문이라는 굴레와 수치심이 얼마나 심각했는지 알 수 있다.

다음으로 정변 직·간접 관련으로 중형(능지처사 및 참형)을 받은 21명 중 양반 출신이며 서재필의 동생인 서재창과 종3품 첨사僉使였던 이희정, 그리고 중인 출신 병마절도사 서자 오창모를 제외하고, 나머지는 모두 상한常漢('상놈') 신분이었다. 이들은 신분상승에 대한 유혹과 주인과의 의리(김옥균의 하인 이점돌의 경우) 등이 크게 작용하였지만, 신분 철폐와 만민 평등의 개화사상에 매료되어 정변에 참여한 개인적인 신념도 무시할 수 없었다.

그 밖에 정변 때 전몰 병사는 38명이었고, 힘없는 일반 백성의 사망자도 무려 95명에 달했는데 이들 대분은 맨몸으로 일본 공사관 공격 때 희생당한 사람들이었다. 그리고 외국인으로는 청국 군인 사망자 11명, 부상자 30명이었고 일본인 민간인들은 일반 백성들의 일인에 대한 적개심이 크게 작용하여 38명이 사망했으나, 150명 작전 참가 군인들은 단 2명만 전사했을 뿐이었다. 이것으로 보아 치열했던 공방전에 일본 병사들의 전투 의지가 어느 정도였는지 가히 짐작이 간다. 이상에서 살펴본 희생자와 지금까지 드러난 자료를 종합해보면 당시 정변 때 희생 사망자는 총 250여 명으로 집계되고 있다.

예견된 실패
― 디테일이 부족한 스케일

　망명객 김옥균 일행을 태운 우편선 치도세마루가 포말을 일으키며 검푸른 현해탄을 건널 때, 몸과 마음이 지쳐버린 김옥균과 망명객 일행은 지난 일을 되돌아볼 생각도 없이 깊은 잠속에 빠져버렸다. 생각해보면 그들은 문사였지 무사가 아니었고 전략가는 더 더욱 아니었다. 삶의 나이테가 켜켜이 쌓인 경륜이나 경험도 없이 나름대로의 좋은 환경에서 사서삼경 등을 공부하여 과거에 급제한 후 그런대로 출세가도를 걸어온 것이 사실이었다. 그러나 이론과 현실은 너무 달랐다. 이론은 실제를 실현시키기 위한 필요조건이지 충분조건은 아니었다. 이런 그들이었기에 개혁도 아닌 혁명적 변혁을 성공시키기에는 경험이나 경륜이 너무도 부족했고, 의욕과 열정만 넘쳐흘렀다. 명분은 훌륭했고 발상도 좋았다. 하지만 모든 크고 작은 전략에서 가장 중요한 핵심인 세밀함 즉 디테일이 부족한 상태에서 변혁이라는 거창한 스케일만 가지고 중대한 대사를 감행했다. 기업 경영에서 '디테일detail이 없으면 스케일scale도 없다'는 말이 있다. 즉 아무리 사업 목표가 거창해도 사전에 세밀한 준비와 전략이 없으면, 그 사업은 필패하게 마련이다. 하물며 목숨을 건 '큰일'을 결행함에 있어서 사전에 치밀한 준비는 말할 나위도 없을 것이다. 다만 때를 놓칠 정도의 머뭇거림이 지나치게 지속된다면 문제가 있지만 말이다. 김옥균이 죽기 바로 전 상하이에서 읽고 있던 『자치통감』은 정변 실패에 대한 회한을 곱씹으며 읽은 책일 것이다. 정변의 실패 원인을 놓고 관련 학계와 전문가들은 다양한 분석을 하고 있다. 그러나 사건 당사자들에게 그 당시 시점에서 왜 그렇게 했느냐고 물어본다면 그들 나름대로의 이유와 답변이 있을 것이다. 그러나 사후 '약방문'격이라도 분석은 분석으로서 필요하다.

정변의 실패 원인을 한마디로 말하면 외적으로는 '주변 상황 인식의 부재'요, 내적으로는 '디테일이 부족한 스케일'이었다. 먼저 외적인 관점에서 볼 때 정변의 실패는 객관적인 상황인식, 즉 대내외 정세 분석의 부재를 들 수 있다. 무릇 어떠한 혁명이나 변혁, 그리고 개혁도 국민들의 이해나 동조가 없이는 불가능한 것이다. 역사적으로 우리는 일본에 대해 좋게 말해서 '가깝고도 먼 나라'로 보고 있지만, 이름만 들어도 극도의 알레르기 반응을 보여 왔다. 이런 반응은 당시 시점에서 더욱 심각했다.

임오군란을 전후하여 국민들의 배일 감정은 매우 악화되어 있었음에도, 김옥균과 정변 주동세력은 이러한 국민정서를 간과하였거나 소홀히 하였고, 규모면에서 별로 도움이 되지 못하는 일본 병력(150

명)을 끌어들여 국민감정을 자극하였다. 백성들의 눈으로는 개화파들을 '왜놈'들의 힘을 빌려 권력을 찬탈하려는 반역행위로 간주하는 분위기였다. 또한 위계질서를 중시해온 유교사상과 성리학적 가치기준으로 국왕에 대한 충성과 충절을 미덕으로 하는 사회 정서상 왕 앞에서 신하들이 총과 칼을 들고 혈투를 벌인다는 것은 불충이요 용납할 수 없는 무엄한 행동으로 비쳐졌다.

이러한 상황에서 민심의 소재를 제대로 파악하지 못하고 외세의존, 그것도 일본의 소극적이며 미미한 병력에 의존했다는 것은 돌이킬 수 없는 판단착오였다. 당시 다케조에 일본 공사의 미온적이고 우유부단한 성격과 일본인 특유의 약삭빠름, 즉 상항이 불리할 때 발을 뺄 수도 있다는 점을 간과하였고, 정변 주동세력들은 정변을 빨리 결행해야 한다는 조바심에 사로잡혀 있었다. 설사 일본의 힘을 빌려 정변이 성공했더라도 이로 인한 후폭풍을 어찌 감당할 수 있었겠는가? 민족사학자 백암白巖 박은식朴殷植(1859~1925)도 그의 대표적 저서 『한국통사韓國痛史』(1915)에서 갑신정변의 실패에 대한 소회를 다음과 같이 정리하면서 일본의 술수에 넘어간 김옥균의 오판을 애석하게 여기고, 외세의존에 의한 혁명은 성공한다 하더라도 그 후유증을 어찌 감당할 수 있었겠느냐며 다음과 같이 우려했다.

…… 무릇 혁명이라는 것은 정치가 극도로 부패한 시기를 맞이하여 애국지사가, 즉 대들보가 썩고 서까래가 낡아 부득이 집을 부수고 다시 집을 짓는 방법인데, 실행은 난폭할지라도 그 시기는 하늘의 뜻에 따르고 사람의 일에 맞추는 것이며, 절차와 단계가 있는

법이다. 즉 종교나 학설 또는 선전으로 일반의 지식과 사상을 고취하여 혁명의 기운을 싹트게 한 다음에 정치 방면으로 들어가 벽력 같은 수단을 사용하면 찬성자가 많고 반대자가 적어 그 혁신정책이 장애를 받지 않고 성공하는 것이다. 따라서 혁명의 성공은 하루에 달려 있지만, 그 준비에는 오랜 시간이 필요한데, 혁명파는 이러한 준비도 없이 성급하게 일을 추진했고 행동이 잔혹하여 위로는 임금의 신임을 받지 못하고 중간으로는 관료의 지지를 받지 못하고 아래로는 민심을 잃어 사방에서 적이 생기니 어찌 성공을 바라겠는가? 또한 혁명이라 함은 천하의 온갖 어려움을 각오해야 하는 것이므로, 오로지 자신의 힘으로 시작해야 하며 남의 도움과 간섭을 받아서는 안 된다. 만일 자력 없이 남의 힘을 빌린다면 비록 성공한다 할지라도 그들의 간섭과 요구를 감당할 수 없을 것이다.(박은식 지음, 김승일 옮김, 『한국통사』, 범우사, 2000, 123~125쪽에서 발췌 인용)

이러한 상황에서 정변 주동세력은 청국군 병력(1,500명)을 과소평가하는 결정적인, 아니 치명적인 실수를 범했다. 임오군란 때 조선 수구 세력의 요청으로 3,000여 명의 청국 군대가 급파되어 군란이 수습되었으나 그 후유증도 심각했다. 그러나 조선에서 그들의 발언권과 횡포가 극에 달하였지만, 그들에 대한 반감은 전통적인 중국 종속정서와 수구파의 청국 의존도를 뛰어넘지는 못했다.

임오군란 이후 수구파들은 이들의 힘을 업고 개화 세력을 견제하였으며, 그로 인해서 급진 개화파의 반작용이 가열되어 정변으로까지 이어졌지만, 이들 개화파는 청국군의 힘을 과소평가했다. 물론 그들의 파병 병력 중 1,500명이 베트남 국경 분쟁으로 철수하여 이들 주둔군은 규모면에서 반으로 줄어들었지만, 이들은 지휘체계가 일사불란하고 잘 훈련된 정예부대(?)로서 수적으로 150명에 불과하며 지휘부의 통솔력 내지 정신력이 결여된 일본 병력에 비해 규모와 기능 면에서 비교할 수 없을 정도로 막강했다. 특히 이들은 정변당시 외곽 수비를 맡고 있는 조선군 주 병력이 수구파의 지휘를 받고 있는 친군영 좌영과 우영 병력으로 이들이 친 수구 쪽이라는 점도 간과했다. 그럼에도 불구하고 김옥균과 정변 주동세력들은 이 병력이 자기들 편이 될 것으로 오판한 것이다.

  내적인 관점에서 볼 때, '거사'를 앞두고 다음과 같은 세밀한 작전계획 즉 디테일의 부족이 실패로 이어졌다. 당시 거사를 수행하는 데 있어서 가장 큰 걸림돌이었던 청국군이 절반이나 줄어들었고 청국 본국의 관심도 베트남 국경 쪽에 쏠려 있다고 생각한데다가 일본의 입장이 상황에 따라 부정적으로 바뀔 수도 있다는 판단에서 우편선 치도세마루가 본국의 훈령을 가지고 오기 전에 거사를 결행해야 한다는 초조감 때문에 '큰일'을 두고 사전 준비를 소홀히 한 것은 큰 실수였다. 이와 함께 핵심 군부세력을 제대로 포섭하지 못한 것도 큰 잘못이었으며, 핵심 세력의 신무기 부족과 훈련 미숙은 적극 가담 인원의 양적 열세를 극복하는 데 한계가 있었다. 그리고 민비와 청국군을 비밀리에 오가며 중요한 정보전달 역할을 한 경기감사 심상훈의 행적을 제대로 관리하지 못한 점도 큰 실책이었다. 급진 개화파는 순진하게도 심상훈의 위장 전술에 속아 궁궐 무상출입을 허용하였다. 이로 인해 심상훈은 청국군에 정변 주동세력의 동태를 상세히 보고

하고 민비에게도 청국군 지원의사와 이에 대한 대비책을 낱낱이 보고하였다. 즉 정변이 급박하게 돌아가는 상황에서 영리한 민비는 청국군과 내통하여 정변 주도 소수 병력이 방어하기 용이한, 작고 지형이 높은 경우궁을 하루 빨리 벗어나 방어가 어려운 넓은 창덕궁으로의 환궁을 관철시킴으로써, 정변 세력은 파죽지세로 밀어닥친 대규모 청국군을 효과적으로 방어할 수 없었다.

 그 다음으로 정변 주동자들은 왕의 간곡한 만류에도 불구하고 한규직·이조연·윤태준·민영목·민태호 등 친위 각료와 수족 같았던 환관 유재현을 보라는 듯이 단칼에 처치함으로써 왕의 노여움을 샀을 뿐만 아니라 경우에 따라서는 자신도 당할 수 있다는 위기감이 작용하여 그때부터 왕은 이들 급진 개화파에 등을 돌리는 요인이 되었다. 사실 왕은 이전까지만 해도 청국의 간섭을 벗어나고 싶어 반청 개화파에 심정적으로 동조하였으며 한때는 김옥균에 상당히 우호적이었다. 그러나 서재필의 회고에 의하면 김옥균이 너무 일본에 치우쳐 있었고, 왕이 소화하기 어려운 무리한 개혁 드라이브 정책을 주장하게 됨으로써 그는 결국 고종에게 점차 '기피인물(persona non grata)'이 되고 말았다. 사실 유재현은 수구파로 돌아서 왕과 김옥균 간의 관계를 이간질하고 민비를 부추겨 왕의 판단력을 흐리게 하는 데 큰 역할을 했는데 정변 주동세력들은 이런 유재현을 놓치고 판세가 기울어진 후에야 그의 변심을 알게 되었다.

 또한 무관 윤웅렬에 대한 느슨한 관리도 거사 실패의 큰 요인으로 지적할 수 있다. 윤웅렬은 무관 출신으로 그의 아들 윤치호와 함께 초기에는 개화파에 적극 가담하였으며, 1881년 4월(음) 개화파가 주도한 신식 육군 별기군(약 80명)을 창설하는 데 주역이 되었다. 당시 별기군 당상에는 민영익이었지만 실질적 일선 책임자는 윤웅렬이었으며, 훈련 교관은 일본 공사관에 근무하는 공병 소위 호리모토였다. 별기군 창설은 구식 군대의 불만을 야기하여 임오군란의 도화선이 되기도 하였지만, 이런 연고로 윤웅렬은 개화파가 주도하는 북청군부대 정령관으로 임명되어 왕의 신임을 받고 개화파 군대 양성에 적극 참여하는 듯했다. 그러나 수구파의 거센 견제로 신변의 위험을 느낀 윤웅렬은 아들 윤치호의 권유로 고민 끝에 개화파의 거사에서 손을 뗐다. 소심하고 현실 안주형 기회주의자인 윤치호의 고민을 들어보자.

"또 우리 부자를 끌어들여 같은 무리로 삼으려 하니 두렵다. 그러나 이에 따르면 역적이 되고 역적이 되면 망하게 되니 진퇴유곡이라 할 수 있다. 어떻게 해야 좋을 것인가. 주상과 왕비께서 우리의 청백한 마음을 알지 못하고 우리를 저들과 같은 무리로 생각할 것이니 어찌 원통하지 않겠는가? 부자가 서로 통탄하고 삼가고 경계함을 상책으로 삼자는 것을 서로 권하고 말을 달려 공사관으로 돌아왔다. 시간은 오후 4시경이었다."(송병기 옮김, 『윤치호일기』 1, 연세대학교 출판부, 2004, 1884년 12월 6일자, 207쪽)

다만 이들 부자는 급진 개화파의 거사 움직임에 대해 밀고까지는 하지 않았다. 윤웅렬의 이러한 태도 변화를 정변 주동세력도 어느 정도 감지했으나 윤치호가 미국 공사관에 근무하고 있으면서 이들과 든든한 친분을 쌓고 있기 때문에 함부로 다루지 못하고 느슨한 관리를 했다. 어떻든 친군영 내부에서 인맥을 다져온 윤웅렬의 태도 변화로 정변 주동세력은 확실한 병력 지원을 받지 못하는 큰 손실을 보게 되었다.

그리고 이러한 분석과 가능성은 매우 민감한 사항이다. 역사에서는 만일이라는 것이 별 의미는 없지만, 만일 그 당시 왕과 왕비를 강력히 연금하고, 왕 특히 민비의 활동 영역을 완전 통제 또는 폐출, 극단적으로는 고종까지 폐위하고, 대원군 직계의 이재면이나 아니면 덕망이 있는 제3 왕족 인물을 왕으로 옹립하는 극약처방을 했더라면 상황은 어찌 되었을까? 그러나 김옥균은 적어도 자신을 인정해주는 고종과의 끈끈한 군신 관계 때문에 극단적인 조치를 생각할 수 없었고, 종국적으로는 입헌군주제 정도를 목표로 하지 않았나 생각된다. 그 밖에 거사 전에 조각 내용이나 정강을 미리 세밀하게 검토 작성해서 일사 분란하게 신속 처리했어야 했다. 그러나 당시 상황을 보면 촌각을 다투는 긴박한 시간인 그때서야 각료와 주요인사 명단을 쓰고 있었다는 것은 도저히 납득이 가지 않는 소홀한 처사였다. 어떻든 이상을 종합해볼 때 그들 개인의 운명은 말할 것도 없고 국가의 명운이 달려 있는 역사적 대사를 결행하는 데 있어서 김옥균과 '젊은 그들'은 명분은 훌륭했고 스케일도 컸지만, 의욕과 열정이 지나친 나머지 상황 인식, 즉 대내외 정세분석과 디테일이 부족했다는 점을 부인할 수 없다.

한편으로 모든 군사 전략이 수적으로 많아야 되는 것만은 아니다. 카스트로와 체 게바라의 쿠바 혁명 성공이 그 실증적인 사례이다. 1956년 11월 25일 새벽, 두 사람이 이끄는 84명의 혁명군은 멕시코의 유카탄 반도에서 낡은 목선 그란마호를 타고 카리브 해의 거친 물결을 헤치며 천신만고 끝에 쿠바의 시에라마에스트라 산맥으로 잠입, 정부군과 격전을 벌이며, 잔여 병력은 한 때 14명으로까지 줄었지만 그들은 절망하지 않고 쿠바 농민군과 패잔병들을 규합, 정부군과 지구전을 펼친 끝에 1959년 새해 초 수도 아바나에 입성, 혁명에 성공하는 기적 아닌 기적을 이루어낸 역사적 사실이 이를 입증해주고 있다.(안성일, 『혁명에 배반당한 비운의 혁명가들』, 도서출판 선인, 2004, 491~501쪽 참조) 이 점에서 볼 때 카스트로의 쿠바 혁명 성공은 명 참모 체 게바라가 있었기 때문에 가능하였다.

또한 다윗이 골리앗을 이길 수 있는 방법은 얼마든지 가능한 일이다. 오늘의 베트남을 만들어낸 명장 보 구엔 지압武元甲(1911~)의 경우를 보자. 2012년 현재 100세를 넘긴 그는 현존한 전쟁 영웅 중 가장 전설적인 인물이요 살아 있는 신화이다. 그는 20세기 후반 25년 간 프랑스 · 미국 · 중국이라는 골리앗 대국들과 싸워 이겼다. 그의 전쟁 승리 철학은 '결전결승決戰決勝'으로, 전쟁을 결행하면 결코 승리한다는 전쟁 승리 의지, 즉 '정신력'을 요체로 보았다. 그는 전략의 핵심으로 '적극성, 주도면밀, 활력, 창조, 전격' 등 다섯 가지를 꼽고 '소小가 대大를, 소少로 다多를, 질質이 양量을, 약弱으로 강强을 이길 수 있다'는 전쟁예술을 실천에 옮겼다. 『전쟁론Vom Kriege』을 쓴 클라우제비츠Phillip Gottlieb von Clausewitz(1780~1831. 프러시아 태생 군인으로 베를린 사관학교 교장이 된 후 육군 소장까지 진급, 『전쟁론』은 그의 사후 미망인이 1832년 출간하였음)도 전투에서 물량 공급이 중요하지만 이에 못지않게 정신전력의 중요성을 강조하였다. 즉 그에 따르면 전쟁은 무기와 병력도 중요하지만 사람이란 인적 요소와 정치적 요소가 결정적인 역할을 한다고 보았다.(클라우제비츠 지음, 김홍철 옮김, 『전쟁론』, 삼성출판사, 1998)

오늘날 호치민이 베트남 국부로 추앙받고 있는 것은 바로 보 구엔 지압 같은 명장이 있었기 때문에 가능하였다고 본다. 이러한 역사적 사실에서 볼 때 거사를 앞둔 김옥균은 유능한 작전참모를 두지 못하고 일사불란한 지휘체계도 없이 우왕좌왕 작전에 임했다. 천재인 그는 자기 과신은 물론 상황을 자기 방식으로 유리하게 판단하는 지나친 낙관론의 함정에 빠져 있었다. 모든 천재들의 고질적인 결함인 독단적 판단을 김옥균 역시 극복하지 못하였다. 그런 점에서 김옥균은 현실의 모순을 혁파하고 변혁을 꿈꾸는 '혁명의 미학적 이상주의자이며 혁명적 로맨티스트'(혁명적 로맨티시즘이란 용어에서 나온 말로 마르크스주의 예술론에서 처음 사용됨. 임석진, 『철학사전』, 도서출판 이삭, 1983, 416쪽 참고)였지만, 안타깝게도 그의 곁에는 원대한 '꿈'을 실현시켜줄 만한 냉철한 전략적, 전술적 리얼리스트가 없었다.

그는 거사를 결행하기에 앞서 『전쟁론』이야 읽을 수 없었겠지만, 적어도 『손자병법孫子兵法』은 읽었어야 했다. 여기에서 김옥균이 유념했어야 할 『손자병법』의 핵심 내용을 좀 더 살펴보자.

손무는 『손자병법』의 '공攻 모공謀攻'편에서 이렇게 썼다 "…… 병력이 적군보다 적을 때에는 적과 부딪치지 말고 싸움터에서 벗어나야 하며, 상황이 뜻대로 되지 않을 때에는 전투를 피해야 한다. 그러므로 군사력이 처지면서 수비를 굳게 하고 버티면, 강력한 적의 포로가 될 따름이다…… 전쟁의 승리를 미리 아는 데는 다섯 가지 요건이 있다. 첫째, 싸워야 할 때와 싸워서는 안 될 때를 분명하게 판단할 줄 아는 자는 승리한다. 둘째, 병력이 많은 경우와 적은 경우에 따라 적절하게 다른 방법으로 지휘할 줄 아는 자는 승리한다. 셋째, (장수와 병사) 위아래의 의지가 하나 되어 단결하면 승리한다. 넷째, 언제나 만반의 준비를 갖추어 놓고 적이 무방비 상태의 틈을 보이기를 기다릴 줄 아는 자는 승리한다. 다섯째, 장수가 유능하여 군주가 작전에 간섭하지 않으면 승리한다. 이상 다섯 가지가 승리를 알 수 있는 요건이다. 그러므로 적을 알고 나를 알면 백 번 싸워도 위태하지 않으며 적을 모르고 나를 알기만 하면 한 번은 이기고 한 번은 지며(승패 확률은 반반) 적도 모르고 나도 모르면 싸울 때마다 위험에 빠진다(知彼知己 百戰不殆, 不知彼而知己 一勝一負, 不知彼不知己 每戰必殆)"고 경고했다. 그리고 그는 『손자병법』의 '허실虛實'편에서는 "내가 보건대 월나라의 병력이 많다고는 하지만, 병력수가 많다는 것만으로 어떻게 승패가 결정되겠는가? 그러므로 승리란 '인위적으로 만들어지는 것'이라고 말하고 싶다. 적의 병력이 아무리 많다고 하더라도, 그들로 하여금 싸우지 못하게 만들면 되기 때문이다."(손무 지음, 유동환 옮김, 『손자병법』, 홍익출판사, 2011, 82~117쪽 참고)

따라서 김옥균은 죽음 직전에 읽기 시작한 사마광司馬光(1019~86)의 『자치통감資治通鑑』(중국 16개 왕조의 군왕과 관료의 정치 지침서로 사마광이 유반劉攽·유서劉恕·범조우范祖禹와 함께 공동 집필, 1092년 출간)을 거사에 성공하여 집권한 후에나 읽었으면 좋았을 것이다. 『자치통감』은 전술이나 전략에 관한 서적이라기보다는 군왕이나 관리의 통치 및 정치 지침서라는 점에서 그렇다.(사마광 지음, 박종혁 엮어 옮김, 『자치통감』, 서해문집, 2008 참고) 여하튼 문인인 김옥균은 적어도 위에 인용한 『손자병법』의 핵심

전술만이라도 미리 읽고 거사에 임했어야 했지만 이를 간과하지 않았나 생각된다. 한마디로 그는 적의 능력도 나와 아군의 능력도 잘 모르고 전투에 임했다. 그것이 전략·전술 기초 이론은 물론 전투 경험도 없는 문인인 김옥균과 젊은 그들의 숙명이요 한계였다고 본다.

잃은 것과 얻은 것

정변 후 고종은 친정체제로 전환하여 어수선한 궁내 분위기를 일신하고자 새롭게 내각을 개편하고 각종 후속 조치를 취하고자 했다. 고종은 일단 정변 당시 청국군의 출동 지원을 적극 요청했던 심순택을 영의정으로 중용하고, 온건 개혁 성향인 김홍집을 좌의정 겸 외아문 독판에, 김윤식을 병조판서 겸 강화유수와 외아문 협판에, 그리고 정변 기간 중 고향 충청도 보은에 머물러 있었던 어윤중을 선혜청 제조에 임명(후에 호조참판 겸직)하는 등 이들 친청파들을 핵심 요직에 전면 배치하였다. 반면 민씨 척족들은 주요 인물들이 희생된 점도 있었지만 정변 때 우정국에서 중상을 입고 회복중인 민영익이 우영사에 복귀하고, 과거 신사유람단 일원이었던 민종묵이 한성부 판윤에 임명되는 정도에 그쳤다.

그런 후 고종은 정변에 대한 사후대책으로 각종 상소가 올라오자 정치에 손을 떼고, 모든 정사를 의정부에 맡기겠다고 선언하였다. 그의 이러한 결심은 청국의 지나친 간섭에 불만을 표출한 것이었으며, 물밑으로는 묄렌도르프를 부대신으로 임명, 일본 주재 러시아 공사 다비도프를 만나 향후 청국과 일본의 충돌에 대비하여 러시아의 보호를 요청하는 등 러시아의 도움을 받아 왕권을 회복하고자 하는 의도에서 비롯된 것이었다. 정변 후 민심은 반일 감정이 더욱 견고해졌을 뿐 별다른 동요가 없었던 것은 고종으로서 그나마 다행이었다. 그러나 문제는 정변 후 더욱 드세어진 청국의 발언권과 별 역할도 없이 국민 정서만 악화시켰던 일본의 피해 보상 생트집이었다. 가뜩이나 임오군란 이후 안방에 잔소리 많은 두 시어미를 모시는 며느리 꼴이 된 조선은 이제 청국과 일본 틈새에서 '고래싸움에 등 터지는 새우' 신세로 전락해가고 있었다.

우선 정변 소식이 일본에 전해지자 일본 내각회의는 1884년 10월 27일(음) 정변 때 희생당한 일본인 38명에 대한 조선의 배상 책임 결의안을 채택하고 곧바로 행동 개시에 들어갔다. 즉 일본 정부는 외무대신 이노우에를 특명전권 대사로 임명하고 군함 7척에 병력 2개 대대와 회담에 필요한 수행원들을 거느리고 그해 11월 14일 인천에 도착하였다. 이에 조선측에서는 김홍집을 전권대사로 임명하고 조병호와 묄렌도르프를 수행토록 하여 회담에 임하였다. 일본으로서는 참으로 호기를 만난 셈이었다. 그들은 일방적으로 모든 책임을 조선에 전가하고 압박을 가하면서 11월 23일 제2차 회담에서는 아래와 같은 일방적인 조약 초안을 제시하였다. 참으로 오만방자하고 위압적인 그들이었다.

1. 조선 정부는 일본에 공식 사과할 것

2. 정변 때 희생당한 일본인에게 응분의 보상을 할 것
3. 이소바야시 일본군 대위를 살해한 자를 색출하여 처형토록 할 것
4. 정변시 소실된 일본 공사관을 신축해줄 것
5. 일본 공사관 신변보호를 위한 호위병을 배치할 것

이와 함께 이노우에는 만일 조선 정부가 이 요구를 거절할 시에는 무력대응도 불사하겠다고 으름장을 놓았다. 수세에 몰린 조선 정부는 11월 24일 별다른 반론도 제기하지 못하고 원안을 거의 수용하는 아래와 같은 내용의 '한성조약'을 체결하였다.

제1조 조선국은 국서를 보내어 일본에 사과를 표명할 것
제2조 일본국 피해자의 유족과 부상자에 보상금을 지불하고, 상인의 재물이 훼손 약탈된 것에 대한 변상금으로 조선국은 11만 원을 보상할 것
제3조 이소바야시 대위를 살해한 흉도를 조사 체포, 중형에 처할 것
제4조 일본 공사관은 새로운 장소로 옮길 것을 요청하는바 조선국은 그 건축에 영사관까지 포함시켜 2만 원을 동 공사비에 충당해줄 것
제5조 일본 호위병의 영사(營舍)는 공사관 근처의 부지로 책정하되 '제물포조약 제5조'(일본 공사관에 약간의 호위병을 두어 경비케 하고, 병영의 설치 및 수리는 조선국이 책임질 것 등)에 준하여 시행할 것

[별단]

1. 조약 2·4조에 명시된 금액은 일본 은화로 계산하며, 3개월 이내에 인천에서 지불할 것
2. 제3조의 흉도를 처단함은 이 조약이 발효된 후 20일을 기한으로 할 것

조선측이 수락한 이 조약은 참으로 굴욕적이고 일방적인 내용들이며 적반하장 격인 요구로 일관한 내용들이었다. 조약 체결 후 이노우에는 일본 공사관을 호위한다는 구실로 일본병 1개 대대를 조선에 잔류시키고 귀국하였다. 조선 정부는 12월 13일 이소바야시 살해범을 김대홍·원한갑으로 지목, 체포해서 처형하였으며, 12월 20일에는 서상우를 특파 전권대신, 묄렌도르프를 동 부대신으로 임명하여 일본에 파견 사과하고, 피해자가 가해자에게 배상금을 지불하는 어처구니없는 굴욕외교를 보여주었다.

한편 청국 정부는 갑신정변 보고를 받자 한 수 높은 수준으로 일본과의 충돌을 피하면서 실리를 추구하기로 하고 북양대신北洋大臣 리홍장에게 사건 처리 전권을 위임하였다. 리홍장은 우다청吳大澂을 조선에 급파하여 진상을 규명케 하는 한편 딩루창丁汝昌에게 군함 두 척을 이끌고 조선에 출동토록 하면서, 청국은 일본과의 충돌을 원치 않는다는 입장을 확실히 하였다. 딩루창은 11월 6일 군함 두 척에 500명의 병력을 인솔하고 마산포를 거쳐 11월 8일 한성에 입성하였다. 이들이 마산포로 우회하여 한성에 온 것은 인천에 정박 중인 일본 군함과 만약의 충돌을 피하기 위한 조처였다.

일본 정부로서도 조선과의 한성조약 체결로 기대 이상의 성과를 거두었음으로 청국과 충돌을 해보아야 현재로서는 별 득이 없다고 판단하고 표정관리를 해가며, 청국 주재 영국 전권공사 파크스H. S. Parks의 중재를 받아 청일 양국이 조선으로부터 철수토록 하는 협상안을 제시하였다. 일본으로서는 이 전략이 앞으로 청국과의 일전을 대비한 최선의 방법이라고 판단한 것이다. 이렇게 해서 1885년 3월 4일(양력 4월 18일) 청국측 수석 전권대사 리훙장과 일본측 특파 전권대사 이토 히로부미 간에 텐진에서 다음과 같은 내용의 텐진 조약을 체결하였다.

1. 청국은 조선에 주둔시키고 있는 군대를 철수하되, 일본도 공사관 호위를 위하여 조선에 주둔한 군대를 철수시킨다. 이 조약 서명 날인한 날로부터 4개월 이내에 양국은 자국의 군대를 조선에서 완전 철수시켜 쌍방의 우려를 불식한다.
2. 양국은 공히 조선국왕에 권고하여 병사를 훈련하여 치안을 스스로 유지토록 하고 청국이나 일본 이외의 국 소속의 교관 1명에게 훈련을 담당토록 한다
3. 추후 조선에 변란이나 중대한 사건이 발생하여 청일 두 나라 또는 한 나라가 파병을 요할 때는 사전에 상호 외교문서를 보내야 하며, 그 사건이 진정되면 즉시 철병하여 다시 주둔하는 일이 없도록 한다.

이 조약은 얼핏 양국 군대가 조선에서 철수하여 조선에 대한 간섭

을 포기하는 것처럼 보이나 실상은 상황에 따라 언제든지 개입할 수 있다는 고도의 계산이 깔려 있었다. 특히 일본으로서는 성공적인 조약이었다. 이 조약에 의거 1885년 6월 10일(양력 7월 21일) 일본군은 인천항에서, 청국군은 마산포에서 각각 철수하였다. 순진한 고종과 조선 정부는 '잔소리 많은 두 시어미'가 함께 집을 나가서 좋은 것 같았지만, 문제는 지금부터 시작이라는 것을 알고 있었을까?

그러나 정변으로 잃은 것만 있는 것은 아니었다. 정변은 비록 단기적으로는 실패로 돌아갔지만, 장기적인 역사적 관점으로 볼 때 매우 의미 있는 사건이었다. 제국주의 열강들이 한반도에 대한 침략 기색이 점차 노골화하자 시대를 앞서가는 신진 엘리트 파워 '김옥균과 젊은 그들'은 민족적 위기를 타개하기 위해서 '위로부터의 자주 근대화 개혁'의 필요성을 절감하고 이를 행동으로 옮겼다. 당시 집권 실세인 민비 척족들의 시대착오적인 대외 인식과 민중에 대한 수탈을 강 건너 불구경처럼 좌시하기에는 그들의 피는 너무 뜨거웠다.

역사에서는 모순에 찬 현실에 안주하지 않고 분연히 일어서는 젊은 그들이 있었기에 그 나라 그 역사는 그래도 발전하는 것이다. 그런 점에서 갑신정변은 실패를 두려워하지 않고 현실의 모순을 혁파하려는 젊은 엘리트들의 '행동하는 양심', '행동하는 지성'의 선례를 보여줌으로써 특히 후세의 젊은 세대에 대한 민족적 자각의식과 조국이 '누란의 위기'에 처했을 때 그들이 어떻게 처신해야 할 것인가를 보여주었고, 방법론에서의 잘못은 하나의 '반면교사' 역할도 했다고 볼 수 있다.

그리고 당시만 해도 민족적 자각이 취약한 상태에서 일부 뜻있는 젊은 세대들이 선진문물과 만민 평등사상을 스스로 터득하여 개혁의 방향을 정립하고 실천에 옮겨 근대 시민사회를 형성하려는 의지를 보여 줌으로써 위로부터의 개혁이 필요하다는 인식을 확산시켜주었고, 이러한 인식의 확산은 훗날, 1894년 갑오개혁에 하나의 이정표를 제시해주었다. 갑오개혁 때의 개혁 조치, 예컨대 구시대의 악습인 신분제도, 문벌 및 문무의 차별 폐지, 연좌제와 공사노비제도 및 과거제도의 폐지 등 일련의 사회 개혁 조치를 비롯해서 백성들의 원성을 받아온 각종 조세제도(각종 잡세 및 환곡 등)의 개선 및 폐지 등 일련의 개혁 조치는 대부분 갑신정변 때 정강에 반영된 것이었다. 그런 점에서 당시 내걸었던 정강은 훗날 각종 개혁의 효시를 이룬 셈이었다.

또한 조선이 역사적으로 중국의 그늘을 벗어나지 못하고 그들의 속국이 되어온 민족적 수치심과 굴욕감에 대한 자성과 성찰은 '젊은 그들'의 구체제에 대한 저항과 도전으로 이어졌고, 이는 훗날 각종 외세 침략에 대한 저항을 고취시켜주는 본보기가 되었다고 볼 수 있다. 박은식도 『한국독립운동지혈사韓國獨立運動之血史』(1920) 제1장을 개화당, 즉 '갑신독립당의 혁명 실패'부터 시작한 것은 갑신정변을 한국 독립 운동의 효시嚆矢로 보았기 때문이었다. 어떻든 갑신정변은 외세를 배척하려다 또 다른 외세를 불러들여 그 후 이 땅이 열강의 각축장이 되어버린 결과가 되었지만, 이것은 그 후의 모든 자주 독립 운동에 대한 자각과 반성 내지는 '반면교사' 역할을 함으로써 외세에 대한 저항 운동을 비판적으로 계승, 발전시키는 계기가 되었다고 볼 수 있다.

제4장

참담한 망명생활
-그 '잃어버린 10년'

❝ 무릇 혁명이나 모반이 실패했을 때 관련 주모자들은 참혹한 응징을 당하거나 스스로 자결을 선택하게 된다. 그나마 그들이 이국 땅으로 도주하여 망명객의 이름으로 재기를 노릴 수 있다면 그것은 최선의 선택이다. 그러나 그것은 해당국가에서 망명객에 대한 적절한 예우와 배려를 해줄 때 가능한 일이지만, 대부분의 해당국은 망명자 본국과의 적대적 관계가 아닌 이상 미묘한 정치적 마찰을 피하기 위해서 망명자를 돌볼 이유가 없기 때문에 이들은 푸대접을 받고 유랑신세로 전락하여 목숨을 부지하다가 끝내는 자국이 보낸 자객으로부터 살해당하는 경우가 허다하다.

그 당시 일본은 한반도에 대하여 호시탐탐虎視眈眈 침략의 칼을 갈고 조선의 정세를 탐지하고 있는 시점에서 김옥균 일행의 일본 망명 생활은 시작부터 순탄치 못했고 힘겨운 나날이 지속되었다. 한마디로 일본 정부로서는 실리도 명분도 없이 이들 망명객을 보호해서 조선의 경계심을 미리 자극할 필요가 없었기 때문에 일본의 입장에서 이들은 불청객이요 거추장스러운 존재일 뿐이었다. 그도 그럴 것이 일본은 갑신정변 이후 조선 정벌을 은밀히 준비하고 있는 상황에서 마각을 미리 드러낼 필요가 없었기 때문에 더욱 그러했다. ❞

제4장   참담한 망명 생활 — 그 '잃어버린 10년'

후쿠자와 유키치를
다시 만나다

1884년 10월 24일(양력 12월 11일) 새벽, 부두의 정적을 깨뜨리는 둔탁한 뱃고동 소리와 함께 치도세마루 우편선은 망명객 9명(김옥균·박영효·서광범·서재필 외에 정변 행동대원 변수·유혁로·이규완·신응희·정난교 등)을 태우고 인천항을 출발, 3일 만인 10월 26일 나가사키 항구에 가까스로 접안했다. 그날따라 현해탄의 검푸른 물결은 앞으로 다가올 이들의 험난한 망명 생활을 예고하듯 거칠게 솟구치며 완강히 저항했기 때문이었다. 불과 며칠 전까지만 해도 천하를 당차게 호령하던 그들의 패기는 흔적도 없고, 지친 몰골에서 만이 참담한 심경을 엿볼 수 있었다. 당시 김옥균의 모습은 마치 러시아 10월 혁명의 주역 트로츠키가 정적 스탈린에 쫓겨 유랑객으로 전전하다가 지친 몸으로 멕시코에 도착할 때보다 더 처연해 보였다.

김옥균 일행이 나가사키에서 2주 동안 머물러 있으며 초조하게 일본 정부의 태도를 탐색하고 있었지만, 일본 당국은 이들에 대한 관심은 고사하고 공식적인 반응을 삼간 채 정변 때 자국민이 당한 보상절차에만 신경을 집중하고 있었다. 심지어 언론에서조차도 "두 사람(김옥균과 박영효)은 어디론가 도주해 지금으로서는 그 행방조차 알 길이 없다"는 짤막한 왜곡 보도로 사실을 호도하며 여론을 무관심 쪽으로 이끌었다. 반면 일본 내 뜻있는 식자들은 이들 망명객에 대한 동정과 관심을 갖고 사태 추이를 지켜보고 있었다.

그해 12월 하순 김옥균 일행은 서광범과 서재필을 일단 나가사키에 남겨두고 고베와 요코하마를 거쳐 다시 기차 편으로 도쿄에 도착하였다. 도쿄 번화가 긴자의 미우라야三浦屋에 일단 여장을 푼 김옥균 일행은 그가 전부터 친분을 맺어온 후쿠자와 유키치福澤諭吉(1834~1910)와 오랜만에 재회를 하게 되었다. 후쿠자와는 김옥균 일행이 나가사키에 도착한 소식을 듣고 이들이 자신의 집에서 묵도록 했다. 사실 후쿠자와는 그전에도 조선의 젊은이들의 일본 유학을 주선해주었고, 갑신정변 때 사용된 화약 구입에도 도움을 준 적이 있었다.

이런 저런 일로 후구자와는 1885년 3월 도쿄시심재판소東京始審裁判所에 출두, 참고인 조사를 받기도 했다. 김옥균은 후쿠자와의 환대로 심신의 안정을 되찾았다. 김옥균 일행은 2개월 가까이 후쿠자와 집에서 기식하며 무료한 나날을 보냈다. 망명객 김옥균 일행으로서는 잊을 수 없는 은인이었다. 그러나 후쿠자와가 단순히 문명개화론자로서 김옥균을 도와준 것은 아니라는 사실을 유념할 필요가 있다. 그는 문명개화론자이지만, 일본의 아시아 제패를 이론적으로 뒷받침해준 일본 우월주의자라는 사실을 그때까지만 해도 김옥균은 잘 몰랐을 것이다. 일본의 야스카와 주노스케가 쓴 『후쿠자와 유키치의 아시아 침략사상을 묻는다』(이향철 옮김, 역사비평사, 2011)에서도 밝혀지고 있는 바와 같이 저자는 지금까지 문명개화론자로만 알려져 있는 후쿠자와의 다른 모습을 폭로, 기술하고 있다.

후쿠자와 유키치

김옥균이 일본에 망명하자 그가 동남개척사 시절에 성실히 보좌했던 백춘배와 고향 후배 이의(윤)고도 김옥균 일행의 망명 소식을 듣고 급히 달려왔다. 두 사람은 그 무렵 일본에 머물고 있었다. 무관 출신으로 거사 동지였던 백춘배는 김옥균보다 일곱 살이나 많았지만 나이에 상관이 없이 김옥균을 곁에서 성실히 보필했다. 그는 김옥균이 동남개척사에 임명(1883년 음 3월)되자 김옥균을 따라가 울릉도 개척에 대한 실무를 도맡아 처리했으며, 울릉도에 이주한 조선인들의 식량난을 해소하고자 울릉도의 목재를 일본인 회사에 팔고, 대신 일본 곡물을 울릉도에 공급하는 임무를 수행하였다.

그러나 백춘배는 민씨 일파가 김옥균 암살을 목적으로 보낸 장갑복의 농간과 회유에 빠져 김옥균 대신 본인이 본국의 정세를 파악하고 오겠다고 귀국을 자청, 1885년 어느 날 입국했다가 조선 당국의 포도청에 붙잡혀 1886년 종로 혜정교 부근 우포도청에서 처형되었다. 이의(윤)고도 김옥균의 동남 개척사 시절 백춘배와 함께 김옥균을 수행, 울릉도 개발 업무를 도왔으며, 정변 때까지 일본에 있다가 김

제4장 | 참담한 망명 생활―그 '잃어버린 10년' 163

옥균 망명 소식을 듣고 쫓아와 김옥균이 사지 상하이로 갈 때까지 보필했다. 그는 1894년 갑오동학농민전쟁 때 일본군 통역관으로 귀국, 충청도 옥천에 숨어 살던 김옥균의 처 유씨와 딸을 수소문 끝에 찾아가 통한의 눈물을 흘리며 이들이 살길을 주선해주었다.

김옥균 일행은 초조한 나날을 보내며 일본 정부와 조선의 태도에 촉각을 곤두세우고 있었다. 그도 그럴 것이 일본 정부의 태도가 미온적인 상황에서 그들은 언제 붙잡혀 본국으로 송환될지 모르는데다가 조선 정부에서 밀파한 자객에게 어느 때 무슨 일을 당할지 불안했기 때문이었다. 그래서 김옥균 일행은 거의 두문불출하거나 불가피한 외출의 경우에는 그들끼리 행동을 같이 하였다. 후쿠자와 집에는 당시 김옥균이 자신의 참담한 심경을 토로한 다음과 같은 한시漢詩 한 수가 전해 오고 있다.(琴秉洞, 『金玉均と日本－その滯日の軌跡』, 東京: 綠蔭書房, 2001, 177~178쪽) 이 한시는 그가 일본에 망명 후 쓴 첫 번째 칠언율시 七言律詩로 그 뜻이 너무도 강대하고 비장하여 전문을 옮긴다.(본 한시는 한국고전번역원의 자문을 받아 번역한 것임)

제야의 달을 본 느낌을 써서 나가사키에 있는 형제들(서광범·서재필)에게 보냄(除夜見月有感寄崎陽諸弟)

청구는 손바닥 안의 작은 땅이지만	靑邱一片掌中蕞●
대지는 사방팔방 망망하게 널리 퍼져 있네	大地茫茫汎八表

● 청구靑邱: 중국에서 부르는 조선의 다른 이름.

처음으로 성인 문물이 시작된 곳	首出聖人文物肇
4천년 역사에서 환히 살필 수 있다네	四千年事了可考
밭 갈고 샘을 파 농사일 시작한 후 우리 도를 행하면서	
	耕鑿由來履我道
백성들 길러내어 그 숫자 매우 많았네	滋育生民萬有兆
북문을 견고하게 지키지 못하였으니	北門不事堅障堡
당시의 애타던 내 마음 오히려 말할 수 있다네	尙言當時我心炒
콩알 같은 안광眼光을 가진 늙은 공씨	如豆眼光孔氏老●●
어설피 붓을 들고 모호하게 큰일을 논했기에	筆下囫圇論大小
백년 굳은 절개 여지없이 무너지고	百年猜介●●●頓却埽
황인 족 우리 동지들 동쪽 섬으로 왔네	黃面同族東有島
지사는 드넓은 기개가 있어 쉽게 뜻 굽히지 않거늘	智士曠慨意不撓
마음을 비우고 미련 없이 모시와 비단 옷 벗어 던졌네	
	下心翩翩投紵縞
서쪽에서 들어온 문물 자못 대단하여	西來物色頗矯矯
두 손 모아 정성껏 전파하려 하네	把手懇款作紹紹
우리 임금 뛰어나 진정 하늘의 표상이거늘	我王卓越眞天標
우매한 신하들 바람에 흔들리니 어찌하리	愚昧爭似風旋擾
의대衣帶를 보배처럼 황황히 간직하고	衣帶深藏煌煌寶
모두 집어 삼키려는 탐욕스러운 서생원들 몰아내야 하리	
	食心蠹盡鼠誅討

●● 공씨孔氏: 여기서는 공자의 유교적 가치관을 가진 기성세대를 뜻하는 것 같음.
●●● 시개猜介: 앞뒤 문맥으로 보아 견개狷介(고집이 세고 지조가 굳음)의 오식인 것 같음.

짐승 같은 오랑캐들 미친 마음 품고	胡虜獸腸懷狂狡
무기 들고 날 뛰며 사나움 드러냈네	跳踉兵戈逞悍慄
먼 곳에 있어 계획 올리지 못함을 걱정하지만	遠路倘恐計末造
한 번 죽어 임금 보호해야 함을 알고 있다네	一死猶知爲君保
나그네의 잊지 못할 원대한 포부 있지만	載橐耿耿含遠抱
기러기 날아 아득히 먼 바다로 사라지네.	雁飛零落海天渺
세상에서 대장부 적은 것이 늘 부끄럽지만	宇宙常媿丈夫少
듣자니 동북쪽에 걱정거리(러시아 남하)가 생겼다하네	聞說東北憂心俏
지난번 서두르다 실수한 것 한스럽지만(갑신정변 실패)	往策蓋恨着手早
암담한 지금이 차라리 돌아가기 좋은 때가 아닐지	晦氣猶賀言歸好
급히 내놓는 계책은 교묘하지 못하니	赴急手段不弄巧
겨우 생각해 냈다 싶다가 문득 요령부득일세	纔着思維便顚倒
허나 하늘이 우리를 내었으니 어찌 보잘것없으리오	
	天生我曹豈草草
지난날의 실패와 험난했던 것들이야 걱정할 바 못 되네	
	歷落嶔崎不足惱
제야의 교교한 달빛 바라보며	除夜喜見月皎皎
하늘 서쪽(서광범 · 서재필이 머물고 있는 나가사키) 바라보니	
	翹首天西夢想繞
머리 위에는 벌써 흰머리 늘어나	頭上已添機根皓
내 마음 깊은 뜻(그대들에게) 써 보내노라.	寄我胸臆瀉窈窕

구구절절 망명객의 회한과 국왕에 대한 충성, 조국에 대한 애틋한

사랑, 그리고 따로 떨어져 있는 동지들의 안위와 이들에 대한 그리움으로 가득 찬 시여서 읽는 이들의 마음을 숙연하게 한다. 또한 이 시는, 중국 초나라 회왕懷王 때 간관諫官을 지낸 대문장가로 우국충정에 불탔던 굴원屈原이 동료 근상勤尙의 질시와 왕의 막내아들 자란子蘭의 미움을 사서 「회사부懷沙賦」(모래를 안고 강물에 몸을 던진 비장한 노래)를 남기고 멱라수에 몸을 던진 처연한 장면을 연상시키면서도 그와 대비되는 느낌을 주고 있다.(안승일, 『열정의 천재들 광기의 천재들』, 을유문화사, 2000, 346~349쪽 참조) 즉 「회사부」가 한과 비탄에 잠긴 애절한 노래라면, 위 시는 김옥균 특유의 일필휘지一筆揮之로 써 내려간 웅혼雄渾한 필치와 천재적인 기상, 사나이의 회포懷抱와 고뇌, 그런 가운데에서도 인간적인 체취體臭와 정감까지도 느낄 수 있도록 짜여 있다.

　이런 상황에서 조선 정부는 한성조약 체결 후에도 틈만 있으면 공식, 또는 비공식 채널을 통해서 김옥균 일행의 본국 송환을 요구하는 입장이었다. 1885년 2월(음) 정변 과정에서 발생한 일본 측 피해에 대해 사죄를 하고자 방일한 서상우·묄렌도르프 등 조선 정부 사절단은 김옥균 일행의 본국 송환 문제를 공식 거론했다. 그러나 일본 정부는 이를 완곡히 거부했다. 이유는 일본이 조선과 범죄자 인도 협약을 체결하지 않은 상황에서 정치범이므로 인도해줄 수 없다는 것이었다. 김옥균으로서는 그나마 다행한 일이었다.

박영효의
김옥균 콤플렉스

1885년 2월 하순 김옥균 일행은 도쿄 아사쿠사의 혼간지本願寺로 거처를 옮겼다. 후쿠자와 집에서 오래 머무는 것도 문제려니와 신변 보호가 보장되어 있지 않기 때문이었다. 혼간지는 일단 안전지대이 기 때문에 일행은 비교적 편안한 마음으로 불경도 읽고 선학도 공부 하며 소일하였다. 이곳에 거처를 주선해준 사람도 후쿠자와였다. 혼 간지는 김옥균이 처음 일본을 방문했을 때 잠시 들렀던 절이며, 그가 죽었을 때에도 위령제를 올렸던 곳이다. 그 곳 혼간지에서 달포 가까 이 보낸 김옥균 일행은 다시 거처를 요코하마의 야마테서양관山手西 洋館으로 옮겨 나가사키에 머물고 있는 서광범・서재필과 다시 합류 하였다. 그러나 시간이 지나면서 망명객들간에 점차 사소한 갈등이 생기고 틈이 벌어지기 시작했다. 안타깝게도 이들 망명객들은 서로 가 서로에게 부담스러운 존재가 되었다.

김옥균・박영효・서광범・서재필 네 사람은 그 나마 양반 신분으 로 따로 숙소를 정하고 일본의 주요 인사들을 접촉하며 최소한의 체 면치레를 하고 있었으나 나머지 행동대원들의 생활은 말이 아니었다. 참다못해 이규완이 김옥균과 박영효에 불만을 토로했지만, 각자 '제 코가 석자'인 마당에 별 방도가 없기 때문에 김옥균은 이들 행동대원 들을 다독거리며 하루하루를 힘겹게 버티어 나갔다. 그러나 그것도 하루 이틀이지 이런 상태로 갈 수만은 없었다. 마침내 그들 사이에 불 신의 골이 깊어지고 반목이 더 악화되자, 할 수 없이 각자 제 갈 길을 찾아 나서기로 했다.

박영효·서광범·서재필 세 사람은 미국행을 결심했다. 그러나 말이 그렇지 미국에 가는 것도 경비 문제 등 어려운 문제가 한두 가지 아니었다. 그들은 글씨를 써서 팔거나 미국 선교사에게 한글을 가르치며 노자를 마련해 갔다. 서광범과 서재필이 미국인

갑신정변 실패 후 일본 망명시절의 박영효, 서광범, 서재필, 김옥균(왼쪽부터)

선교사 언더우드와 아펜젤러를 만난 것도 이때였다. 마침내 이들 3인은 행동대원이었던 정난교·이규완·신응희·임은명 등과 함께 1885년 5월 26일(양력) 언더우드 주선으로 요코하마에서 미국행 배를 타고 6월 11일 샌프란시스코에 도착하였다. 그러나 산 설고 물 설은 이역 땅에 내린 그들에게 도움의 손길을 주는 사람은 아무도 없었다. 샌프란시스코 도착 2주 후 서광범은 언더우드 형이 살고 있는 뉴욕으로 떠났고, 나머지 일행은 막노동을 하며 끼니를 이어갔다. 그러나 이들 가운데 박영효는 그가 자주 내뱉던 말처럼 '양반을 몰라보는' 미국에 실망하고 두 달 만에 일본으로 되돌아왔다. 나머지 일행은 그곳에서 접시닦이나 부둣가 잡역 등 막노동을 하며 고달픈 망명 생활을 이어갔으며, 이규완도 재기의 기회를 탐색하기 위하여 2년여 만인 1887년 8월 일본으로 되돌아왔다. 망명객들의 이역 삶은 이토록

고달팠다.

그런데 이 시기에 망명 동지들의 중심인물인 김옥균과 박영효 두 사람의 관계가 소원해지는 불미스러운 일이 벌어진 것이다. 뛰어난 글재주와 수준급의 바둑 실력, 유창한 일본어 실력 등 다재다능한 재주를 바탕으로 대인관계가 좋은 김옥균은 후쿠자와를 비롯해서 많은 인사들과 교분을 쌓으며 그의 활동 영역을 더욱 넓혀갔다. 반면 박영효는 김옥균보다 열 살이나 어리면서도 본인이 '양반'이라는 자부심이 몸에 배인데다가 행동도 보수적이어서, 다소 튀는 행동을 하는 김옥균이 싫어졌다.

동주공제同舟共濟(한 배를 타고 함께 고생을 하며 강을 건넘)라 할까, 큰 목표를 앞둔 절박한 상황에서는 서로가 동지가 되었지만, 일상생활에서는 사소한 일로 티격태격 다툼이 많아졌다. 김옥균이 외향적 성격이어서 때로는 파격적 행동을 하며 한량 끼를 보이고 다니는 반면, 박영효는 조용히 책을 읽거나 미국 선교사가 운영하는 영어 학원에서 영어 공부를 하고, 서양 철학과 기독교 사상, 그리고 『주역』 등 역학 공부에 몰두하여 모범적인 생활(?)을 해나갔다. 박영효는 그 뒤 1888년 자신들 행동의 정당성과 개혁의 필요성을 담은 상소문을 고종에게 올리기도 하였다.

김옥균·박영효와의 불화는 그 뒤에 더욱 심해져 1890년 초부터 극도로 악화되기 시작했다. 그러다 보니 망명객들 사이에서도 김옥균파와 박영효파로 나뉘는 불미스러운 결과가 빚어지기도 했다. 그러나 유혁로를 비롯한 상당수의 행동대원들은 도량과 인간미가 있는 김옥균을 더 좋아하는 분위기였다. 당시 김옥균 곁에서 가장 큰 힘이 되어준 사람은 유혁로였다. 유혁로는 그가 스물다섯이던 1876년 무과에 급제하여 1881년경부터 김옥균과 동지가 되어 박영효와 함께 일본을 방문할 때에도 그들을 수행, 경호했다. 정변 준비 때에도 그는 탑골 승방 모임 등에 참여하여 중간참모 역할을 했으며, 정변 당일 안동별궁 방화 소식을 김옥균에 상세히 보고하고 민영익 처단 시도에도 앞장섰다. 정변 후 김옥균과 함께 일본에 망명하여 그를 항시 곁에서 호위했으며, 김옥균이 절해고도 오가사와라 섬으로 유배될 때에도 그를 수행하려 했으나 일본 당국의 저지로 뜻을 이루지 못하자 후에 은밀히 김옥균을 가끔 찾아가 시국 돌아가는 이야기도 나누며 시간을 함께하기도 했다. 그 무렵 박영효 집 청지기였던 이규완도 김옥균이 홋카이도에서 농장을 개척할 때 그 곳에 찾아가 체류하며 김옥균의 농장 일을 거들기도 했다. 박영효는 이런 이규완이 못마땅하여 그를 불러들였다. 이런 저런 일로 박영효는 1892년 그를 찾아온 김옥균과 절교를 선언했다.

이런 상황에서 김옥균은 박영효에 대해서 별다른 험담을 하지 않았지만 박영효는 김옥균에 대해서 양면적인 평가, 아니 그보다 부정적 평가를 내렸다. 즉 김옥균은 「지운영 사건 규탄상소문」에서도 박영효·서광범·서재필 3인은 나이도 젊고 의기도 왕성하며 충성심이 지극하므로 속히 불러들여 국가의 대들보로 활용하도록 건의한 반면, 박영효는 「갑신당시의 개혁운동과 동지」(「삼천리」 6권 5호, 1934년)라는 제하의 기고문에서도 밝힌 바와 같이 김옥균의 재주는 인정했지만, 의리와 책임감에서 비판적인 견해를 피력했다.

즉 박영효는 이 글에서 김옥균의 장점으로 언변과 재주, 경륜을 개략적으로 간단히 기술한 반면 단점에 대해서는 "담력이 부족하고, 신의가 두텁지 못하며 심려장지深慮長智(먼 장래를 내다보는 안목)가 부족하고 맡은 일에 책임감이 부족하며 남의 일에 잘 간섭하여 일을 망치는 예가 빈번했다"는 등등 매우 구체적이고 악의에 찬 비판을 열거하였다. 그는 또한 갑신정변의 패인으로 "김옥균이 어름어름거리다가 상감을 놓치는 바람에 그만 실패했다"고 지적하고, 이어서 "그(김옥균)는 사람을 잘 사귀고 시문서화詩文書畵에 능하나 덕과 지략이 부족하였다"고 평했다.

그러나 서재필은 김옥균에 대해 다음과 같이 달리 평가하고 있다. "그(김옥균)는 정적들로부터 허다한 비방을 듣기도 했으나, 나는 그가 대인격자였고 또 시종일관 진정한 애국자였다고 확신한다. 그는 조국이 청국의 종주권 아래 있는 굴욕감을 감추지 못하여 어찌하면 이 수치를 벗어나 조선도 세계 각국 중에 평등과 자유의 일원이 될까 밤낮으로 노심초사했다. 그는 현대적 교육을 받지는 못했으나 시대의 추이를 통찰하고 조선을 힘 있는 현대적 국가로 만들려고 절실히 노력했다."(이광수, 「갑신정변 회고록」, 건국대학교 출판부 편, 「박영효씨를 만난 이야기」, 222~223쪽 및 서재필, 「갑신정변 회고」, 230쪽 참고)

박영효는 이처럼 사지를 함께 넘나들었던 옛 동지 김옥균에 대해서 먼 훗날까지 인색한 평가를 내림으로써 자신을 정당화내지 부각시키려는 듯 다소 속이 좁은 이미지만 남기고 말았다. 그의 이러한 태도는 자신이 더 신분상 양반임에도 김옥균의 신화적인 존재감에 짓눌린 나머지 그로 인한 열등의식에서 빚어진 결과라고 보아야 할 것이다. 또한 박영효의 청지기 이규완도 훗날 김옥균·박영효 두 사

람에 대한 평가에서도 "김옥균은 처음에는 사람을 소홀히 보다가도 나중에 애지중지했으며, 박영효는 처음에는 친근히 대하다가도 나중에 소원하게 대했다"고 평했으며, 동지들의 사생활과 작은 실수에 대해서도 김옥균은 인간적으로 비교적 대범하게 대해준 반면 박영효는 깐깐하게 간섭하였다고 평했다.(앞의 책, 「갑신정변 회고록」, 건국대학교 출판부 편 및 琴秉洞, 『金玉均と日本』, 643~656쪽 참고)

거듭되는 신변 위협과 재기의 몸부림

다른 동지들과 달리 일본에 잔류하게 된 김옥균은 어떤 생활을 하고 있었을까? 동지들이 거의 다 미국으로 떠났지만, 김옥균은 일본에 그대로 남아 와신상담臥薪嘗膽(복수를 하거나 목적을 달성키 위해 섶나무 위에서 자고, 쓰디 쓴 곰쓸개를 핥으며 참고 견딘다는 말. -「사기」 '월왕구천세가越王句踐世家' 편에 나옴)·동산재기東山再起(중국 동진東晉 때 사안謝安이라는 재상이 동산에서 재기하여 전진前秦을 물리쳤다는 고사에서 유래)의 꿈을 버리지 않았다. 물론 그의 곁에는 영원한 동지 유혁로와 백춘배, 그리고 이의(윤)고가 함께하고 있었.

이에 앞서 조선 정부의 사절이 김옥균 송환 뜻을 이루지 못하고 돌아간 1885년 3월 중순경, 김옥균 일행은 요코하마 야마테 서양관으로 다시 거처를 옮겼다. 그 곳은 외국인 거주 지역으로서 비교적 안전하게 활동할 수 있는 구역이었다. 그런 뒤 김옥균은 이노우에 일본 외상을 접견하려고 몇 번이나 시도했지만, 뜻대로 되지 않았다. 이 무렵 김옥균은 일본 내의 거물인 고바야시 등 자유당(1881년 일본 최초의 정당, 1884년 해체 후 1898년 진보당과 연합하여 헌정당을 조직) 인사, 그리고 국수주의적인 우익 단체 겐요샤玄洋社의 거물 도야마 등과도 교류했다. 그러나 이들이 극우 단체로 김옥균을 이용하려는 기색이 보였으므로 나중에는 김옥균 스스로가 이들을 만나기 꺼려했다.

그 무렵 1885년 11월 소위 '오이겐타로大正憲太朗 사건'으로 불리는 오사카 사건이 일어났다. 이 사건은 일본 내 구 자유당 오이겐타로와 고바야시 등이 일본 각지의 '로닌浪人', 즉 건달들을 모아 조선에 입국, 쿠데타를 일으켜 정권을 장악하고 내친김에 일본 정권까지 장악하려는 음모를 꾸미다 발각된 사건이었다. 이때 고바야시는 김옥균을 이용하려 했지만, 김옥균이 그의 수에 넘어갈 소인배는 아니었다. 이런 일 때문에 조선 본국에서는 김옥균이 이들과 결탁하여 모종의 음모를 꾸미고 있다는 루머가 퍼진 것은 당연하였다. 이런 풍문은 조선 정부에서 밀파한 자객 장갑복(본명 장은규)과 송병준에 의해서 본국에 보고된 것이었다. 이를 구실로 조선 정부에서는 더욱 집요하게 김옥균 암살 고삐를 조여갔다. 상민 출신인 장갑복은 한때 민비의 총애를 받던 궁녀 누이동생을 둔 연고로 수구파 거물인 민응식과 연줄을 맺고 자객을 자청하여 일본에 다시 잠입한 것이다. 장갑복은 과거에도 일본에 거주한 적이 있고 배움은 부족하지만 일본어에 능통하고 사교술이 좋아 김옥균과도 지면을 익혔다.

장갑복이 김옥균을 다시 찾아온 것은 1885년 4월 경, 이때 김옥균은 요코하마에 머물고 있는 일행과 잠시 떨어져 오사카에 기거하면서 고베에 일이 있을 때 니시무라 여관에 묵곤 했다. 니시무라 여관은 해외를 출입하는 국내외 인사들이 묵는 바닷가 호텔급 여관이었다. 민응식은 장갑복을 통해 입수한 거짓 정보를 왕실에 보고함으로써, 이 소문은 꼬리에 꼬리를 물고 전국적으로 나돌기 시작했고 때마침 김옥균이 강화유수 이재원李載元(갑신정변 때 영의정으로 기용된 고종의 종형으로 대원군 둘째형 흥완군의 장남)과의 다섯 번의 서찰교환이 이를 뒷받침이라도 하듯 일파만파 확대 재생산되었다. 그런데 중요한 것은 1885년 봄 이재원이 먼저 김옥균에게 안부를 묻는 형식으로 서찰과 함께 선물까지 동봉하여 보냈다는 점이다. 서찰 왕래는 자객 송병준과 장갑복을 통해서였다. 그러면 송병준 또한 어떠한 인물인가?

송병준은 함경도 출신으로 무예가 뛰어나 무과에 급제하여 왕실 수문장 사헌부 감찰을 지내기도 하였다. 그는 수구파로부터 김옥균 암살지령을 받고 일본에 건너가 김옥균에 접근하였으나 나중에 김옥균의 인품에 감화되어 김옥균과 돈독한 관계를 유지하게 되었다. 이로 인해 그가 1886년 귀국 후 김옥균과 통모通謀한 혐의를 받고 투옥까지 되었으나 한때 그의 주인이었던 민영환의 주선으로 풀려났다. 그 후 그는 '일진회'를 조직하여 일제 강점기에 백작 칭호를 받기도 하는 등 대표적 친일파가 되었다. 김옥균의 서찰 요지는 다음과 같다.(이재원의 구체적인 서찰 내용은 알려진 바 없음)

―사대당 간신배들이 천하대세를 모르고 날뛰는 바람에 장차 외국에 나라를 뺏기게 되었다. 나(김옥균)를 포함해서 여러 동지들이

역적으로 낙인 찍혔는데, 이는 상감의 뜻이 아니라도 억울한 일이다. 대감(이재원)께서는 민영익·김윤식·어윤중 등 친청파와 친한 척하며 장차 큰일을 도모하는 것이 좋겠다. 묄렌도르프의 요청으로 러시아 군사교관이 조선에 도착했다고 하는데 이러고도 나라가 망하지 않을 수 있겠는가? 거사 때 그를 죽이지 못한 것이 참으로 후회스럽다.

—현재 조선과 러시아의 관계가 너무 깊어지는 것 같은데, 이 경우 조선이 러시아에 합병될까 우려된다. 그렇게 되면 우리들의 장차 일이 그르칠까 걱정된다. 그리고 대원군이 아직도 천진에 연금되어 있는 것은 국가적 수치이므로 조속히 환국되어야 마땅하다.

—태공(대원군)이 귀국하실 때 청나라 군이 호송한다는데 믿어지지 않는다. 태공이 환국한 후 사세를 보아 움직일 수 있으면 움직이어야 할 텐데 반드시 때를 잃지 말되 너무 조심하거나 조급해서도 안 된다. 러시아와 관련된 일에 대해 자세히 들을 수 없을까? 등등.

이 서찰에는 조선이 가야 할 길도 제시되어 있는데, 첫째 공정하고 강한 나라(미국을 말하는 것 같음)와 유대를 맺어 적극적 지원을 받는 것이 좋으며, 안으로는 다수의 사람, 즉 개화파를 많이 영입해야 하고, 아울러 신흥 강국인 일본과의 유대도 돈독히 해야 한다는 것 등이었다. 그의 이러한 생각은 초지일관된 생각으로 새로운 것이 아니나 당시 미국의 생각은 그가 생각한 것처럼 조선에 대해 큰 비중을 두지 않았으며, 일본은 사실 조선에 대해서 야욕을 가지고 오만한 태도를 갖고 있었다는 점을 간과한 것이 아닌가 생각된다. 즉 그 증거로 1884년 7월에 발효된 '외교 및 영사법'에 의하면 미국은 주한 미국 공사의 지위를 전권특명공사에서 총영사급의 변리공사로 격하시켰으며, 일본은 일본대로 한성조약에서 오만방자하고 불평등 조약체결을 강요한 점 등을 고려해볼 때, 김옥균의 생각은 약소국이 살아남기 위한 등거리 외교를 위한 고육책을 피력한 것인지 모른다. 또한 김옥균은 러시아 훈련교관이 조선에 입국한 것으로 알고 있으나 그것은 잘못 알고 있었던 것 같다.

1885년 2월 한성조약에 의거 묄렌도르프는 일본에 사절단 일원으로 파견될 당시 주일 러시아 공사를 만나 청나라가 조선을 일본으로부터 보호해줄 수 없을 것이라는 생각에서 러시아가 조선을 도와줄 것을 요청하였으나 이 문제는 성사되지 못했다. 소위 '조선·러시아 밀약설'로 알려진 이 협의는 청국에서 정보를 입수, 조선 정부에 강력히 항의함으로써 이 문제 대해서 조선 정부가 공식 사과하고 묄렌도르프를 파면시키는 선에서 일단락되었다.

그런데 이 '불온서찰'을 그냥 넘길 수 없는 몇 가지 의문점이 제기된다. 아직까지 이에 대한 사료나 자료가 불충분하여 정확히 파악할 수는 없지만 다음과 같은 추론이 가능하다. 첫째, 이재원이 먼저 김옥균에게 서찰과 함께 선물을 보낸 점이다. 김옥균은 감사의 뜻과 함께 자신이 다시 거사할 꿈을 버리지 않고 있다고 밝혔다. 그러면서 그는 타국 사람을 가급적 적게 써야 하며 그러기 위해서는 임진왜란 때 도요토미 히데요시豊信秀吉에 의해 끌려간 우리 동포들이 일본인과 결혼하지 않고 별도의 조선인 마을을 이루어 살고 있으며, 그 자손들이 7만 명에 달하고 있고 그 가운데 1,000명 정도는 동원할 수 있다고 밝혔다. 이재원이 노린 점은 바로 김옥균의 이와 같은 의중을 떠보고 파악하려는 심산이었을 것이다.

이재원은 그에 대한 답변으로서 아직도 왕은 김옥균에 대한 신임이 두텁다고 치켜세우며 귀국을 종용하였다. 이런 점에서 볼 때 이재원의 편지는 김옥균을 귀국시키려는 유인전략이며, 이 전략은 왕실 당국과의 합작 계획으로 봐야 할 것이다. 둘째, 그렇다면 김옥균은 단순히 이재원의 유인 전략에 빠져들어간 것일까? 그러나 김옥균이 그렇게 어리석은 사람이 아니었다고 본다. 김옥균은 이재원의 전략을 충분히 의심, 또는 반신반의하면서 이재원의 속내와 조선 정부의 분위기를 파악하고 향후 대책을 강구하기 위해서 이재원을 역이용하였다고 볼 수도 있다. 장갑복이 수차 김옥균의 귀국을 회유했지만 김옥균은 넘어가지 않고 의협심이 많은 백춘배가 이를 대신하였다. 그런데 백춘배가 자진해서 귀국했다는 설은 설득력이 부족하다. 그 당시 정치적으로 민감한 상황에서 김옥균의 동의 없이 백춘배가 독자적으로 귀국할 수는 없다고 본다. 김옥균은 장갑복의 회유를 반신반의 하면서 백춘배로 하여금 국내의 분위기를 직접 파악해 오도록 한 것일 것이다. 그것은 김옥균이 소중한 심복을 잃은 또 한 번의 큰 실수였다.

어떻든 이 서찰이 물의를 빚으며 김옥균이 이재원과 모의하여 일본군과 함께 강화도를 침공할 계획을 세우고 있다는 루머가 퍼지자 이재원은 김옥균을 유인하기 위한 계략이었다고 해명하여 김옥균의 '강화도 침공설'은 고종이 관용(?)을 베푼 것처럼 흐지부지 종결되었다. 그런 점에서 볼 때 두 사람의 서신왕래는 조선 당국이 이재원을 통해 벌인 계획적인 술수였다고 보아야 할 것이다. 이것이 이재원 단독으로 행한 일이었다면 이재원인들 역모의 굴레에서 자유로울 수 있었을까? 그러나 이 서찰 왕래는 조선 정부가 겉으로는 더 이상 문제를 삼지 않고 봉합하는 듯했지만, 청국과 조선 수구파는 김옥균을 '금후에도 큰일을 낼 가장 위험한 자'로 지목하고 더욱 예의 주시하게 되었으며, 일본 정부는 일본 정부대로 그를 더욱 거추장스러운 '기피인물 1호'로 지목하게 되었다. 김옥균이 이재원에게 보낸 서찰은 총 다섯 통으로 『치심유서致沁留書』라는 제목으로 묶어 현재는 세 통만 전해지고 있는데 두 통은 『이문충공전서李文忠公(李鴻章)全書』에, 한 통은 일본 외교 문서(1885년 12월 29일자)에 수록되어 있다.

이런 상황에서 조선 수구파는 김옥균 암살에 더욱 박차를 가하였다. 장갑복과 송병준에 의한 암살계획이 수포로 돌아가자 조선에서는 다시 지운영을 일본에 밀파했다. 지운영은 김옥균보다 한 살 아래이고 종두법 시행으로 유명한 지석영의 형으로 추사 김정희의 제자이며 개화론자 강위姜瑋에게서도 시문을 익힌 인물이다. 그는 한때 통리군국사무아문統理軍國事務衙門 주사로 있으면서 당시 참의로 있던 김옥균을 상사로 모시고 개화에 눈을 뜨기도 했으며, 그 후 일본으로 건너가 사진술을 배워 1885년 서울에서 사진관을 열기도 한 특이한 인물이다. 그런 그였지만 정변 후 그는 「지씨필검池氏筆劍」이라는 글을 지어 개화파의 '죄상'을 낱낱이 공개하였다. '필검'이란 말은 옛말에 '검으로 사람을 죽이지만殺人劍, 필설로서도 사람을 죽일 수 있다亦可殺人筆舌'는 말에서 따온 것이다. 이 글이 조정에 전해지자 고종은 그를 가상히 여기고 쓸모가 있다고 판단, 1885년 11월 그에게 특차도해포적사特差渡海捕賊使(바다 건너 역적을 잡는 사신)라는 전무후무한 희한한 관직 임명장과 함께 5만 원의 공작금까지 주고 일본에 잠입시켰다.

지운영은 일본에 도착하자마자 장갑복을 만나 김옥균에 대한 정보를 수집하였다. 그는 도쿄에 머물고 있는 김옥균을 만나기 위해 그 곳 고시마에야 여관으로 숙소를 정하고 김옥균과의 면담을 끈질기게 시도하였다. 그러나 김옥균은 지운영에 대한 사전 정보를 입수하였기 때문에 지운영을 직접 만나지 않고 심복 유혁로와 미국에서 돌아온 정난교·신응희 등 세 명을 보내 지운영의 동정을 살피도록 했다. 유혁로는 지운영을 만나 속임수로 김옥균에 대한 불만과 험담을 늘어놓자 지운영은 그들이 김옥균을 살해하면 성사 후 5일 내에 5,000원을 주겠다는 확약서를 써주었다. 이에 유혁로는 일본 경찰이 지운영을 주시하고 있다는 점을 들어 국왕 위임장을 그들에게 맡길 것을 요청했다. 지운영으로부터 위임장을 건네받은 유혁로는 귀가하여 곧바로 김옥균에게 이를 전달하였다. 김옥균은 위임장을 근거로 1886년 6월 1일 총리대신 이토와 외무대신 이노우에게 자신의 신변 보호를 요청함과 동시에 고종에게 다음과 같이 항의 상소문을 올렸다.

"지운영이 소지한 위임장은 정말로 폐하가 친히 준 위임장이옵니까? 신은 그것을 알지 못하겠거니와 그 글에 '너를 특별히 특차도해포적사에 명하고 임시계획을 일임할 것이며 나라를 위한 사무는 편의대로 하고 전권을 행사하되 일체 허물을 거론하지 않을 것이다'라고 하고, 연월일 위에 대군주의 옥새를 찍었다고 하옵니다. 신이 지난 여름 일본 고베에 있을 때 장갑복이란 자가 임금의 지척에서 이와 같은 위임장을 받았다 함을 들었나이다…… 폐하는 장갑복 지운영 무리가 어떤 자들이기에 친히 이처럼 중대한 위임장을 주셨나이까? 만일 이 위임장이 외국인의 눈에 들어가면 이 일이 만국에 전파될 염려가 있사오니, 신은 진실로 통한의 눈물을 금할 수 없사옵니다."(김옥균, 「지운영사건 규탄상소문」)

어떻든 지운영의 김옥균 암살계획은 수포로 돌아갔고 지운영은 초라한 모습으로 본국으로 추방되었다. 그 일로 본인은 그렇다 손치더라도 고종은 완전히 스타일을 구긴 셈이 되었다. 1886년 6월 10일(음) 고종은 자신을 망신시킨 지운영에 대해 경거망동 제멋대로 출몰하여 수치를 끼쳤다고 엄하게 힐난하고 평안도 영변으로 귀양을 보냈다. 그런 뒤 그는 2년여 유배생활을 마치고 고종의 관용(?)에 따라 석방되었다.

이런 일 저런 일로 조선과 일본과의 외교관계는 마치 살얼음판을 딛고 가는 것처럼 위태롭게 전개되었고, 특히 일본으로서는 앞으로 '큰일'(조선 침탈)을 도모하는 데 김옥균이 큰 걸림돌로 더욱 인식되었다. 마침내 일본 정부는 고심 끝에 국외 퇴거명령을 내리고 이 명령서를 받은 날로부터 15일 이내에 이행하도록 하였으며, 다만 그를 청국이나 조선으로 추방하지는 않겠다는 최소한의 배려는 해주었다. 다급해진 김옥균은 일단 외국인 치외법권 지역인 요코하마의 프랑스인 소유 그랜드호텔로 숙소를 옮기고, 미국으로의 망명을 모색하며 여비 마련에 동분서주하였으나 이 또한 여의치 않아 외무성에 2주일만 더 연기해줄 것을 요청하였다.

이런 절박한 상황에서 김옥균으로서는 잊을 수 없는 청년도 있었다. 그 무렵 도치키 현 사야시 출신의 스나가라는 열혈 청년은 김옥균에 관한 신문 보도를 보고 찾아와 김옥균과 이야기를 나누는 순간부터 그를 흠모하게 되었다. 그는 대대로 정미업을 하는 부유한 집 아들로 당시 그는 게이오의숙에 입학하기 위해 도쿄에 와 있을 때인데 김옥균을 만난 후 그의 딱한 처지를 동정한 나머지 미키 등 3인의 친구들과 모금 운동을 벌이며 '소천하지인인지사訴天下之仁人志士(천하의 어진 사람과 지사들에게 호소한다)'라는 격문을 작성, 배포하기도 하였다. 이 일이 문제가 되어 스나가는 불온 출판물 작성, 배포 혐의로 체포되어 벌금형을 받기도 했다. 스나가는 그 뒤 김옥균이 오가사와로 추방당한 후에도 서신 교류를 하며 서로간의 우의를 다졌다.

절해고도
오가사와라 섬으로 추방되다

일본 정부는 무슨 생각인지 김옥균에 대한 처리 방침을 바꾸어 프랑스 영사의 양해 아래 김옥균을 그들의 사법권이 미치는 지역으로 강제구인한 뒤 오가사와라 제도小笠原諸島로 추방키로 하고, 관할 출장소장에게 다음과 같은 요지의 훈령을 하달하였다.

—김옥균 등(유혁로·신응희·정난교·이의고)은 당분간 적당한 민가에 두고, 그 집주인으로 하여금 식사를 제공토록 할 것
 —앞 항목의 식비는 별지를 통해 1인당 평균 6개월에 6엔으로 책정하되, 김옥균과 수종자는 적당한 차등을 두고, 그 비용은 출장소가 매월 정기적으로 집주인에게 지급할 것
 —김옥균 등에 지나치게 정중히 대우할 필요는 없지만, 그래도 최소한의 예우는 갖추어줄 것
 —만일 김옥균으로부터 용돈을 청구받으면 별도 잡비 범위 내에서 5명에 대해서 1개월에 8엔 이내로 지급하고 김옥균이 4명에게 적의 배분토록 할 것
 —김옥균 등이 질병에 걸렸을 경우에는 의사로 하여금 성의껏 진료하도록 할 것
 —김옥균이 도쿄에 오거나 다른 오가사와라 섬으로 이주 및 떠나기를 희망할 때에는 그 뜻을 자세히 보고하고 본부 훈령 지휘를 받을 것
 —김옥균 등의 평소 거동을 예의 사찰하고, 정기 항해 때마다 이상 유무를 보고할 것 등등

김옥균은 오가사와라 섬으로 추방되기 전 1886년 8월 6일 도쿄 주재 주요국 공사관에 일본 정부의 부당한 처사를 규탄하는 항의서한

---

* 당초 동행예자는 위 4인으로 예정되었으나 일본 정부는 사태의 위험성을 고려하여 이들 대신에 김옥균 바둑 동호인 일본인 다무라 야스토시田村保壽(당시 20세)와 이윤(의)고 두 사람만 동행시키기로 하였음.

을 보내고, 그를 호송하러 온 가나카와현神奈川縣의 경무부장 덴켄田健次郞에게도 오가사와라 섬으로의 추방 이유를 따져 물었다. 그때서야 일본 언론도 김옥균의 추방소식에 큰 관심을 갖고 동정적으로 자세히 보도했다. 그러나 그것이 무슨 소용이 있겠는가? 1886년 8월 7일 오후 오가사와라 행 정기 여객선 슈코마루는 김옥균 일행을 태우기 위해 만반의 준비를 하고 있었다. 사실 7월 25일부터 김옥균은 연금 상태로 요코하마의 이세산伊勢山 소재 미쓰이 여관에 투숙하고 있었다. 그간 당국에서는 김옥균의 일거수일투족에 삼엄한 경비를 해왔음은 물론이었다. 마침내 추방 당일인 8월 9일 30여 명의 경관이 만약의 사태에 대비하여 철통같은 경비태세를 갖추고, 출발시간이 임박해지자 호송 경관들은 김옥균을 방에서 끌어내었다. 이 광경을 지켜보고 있던 유혁로·신응희·정난교·이윤고 등 4인은 격렬하게 항의하며 김옥균의 강제 추방 이유를 따져 물었다. 그가 부둣가로 끌려가는 도중 이들 망명 동지들은 통곡을 하며 김옥균의 어깨를 부여안고 떨어질 줄을 모르자 건장한 경찰들이 이를 강력히 제지하였다. 그나마 추방지 오가사와라로 동지 이윤고와 바둑 동호인 다무라가 동행해주는 것만도 다행한 일이었다. 오가사와라로 출발에 앞서 김옥균은 그의 참담한 심경을 담은 시 한 수를 남겼다.(「지지신뽀時事新報」 8월 10일자에 게재됨)

울울하게 이세산*에 갇혀 있던 몸 　　　鬱鬱拘囚伊勢山

* 김옥균이 오가사와라로의 추방에 앞서 연금된 곳.

184

> 속박을 떨쳐버리고 저자로 나왔어라 　　不妨推縛出闤闠
> 하늘이 괜 시리 좋아 동풍을 보내주면 　　天空好與東風便
> 오가사와라 천리 길도 하루면 돌아오리. 　千里笠原一日還

8월 9일 김옥균 일행이 탄 배는 거친 풍랑과 싸우며 무려 20일 만인 1886년 8월 29일 저녁 무렵에서야 절해고도 오가사와라 섬에 도착하였다. 정상적으로는 이 섬까지는 보통 1주일 걸리는 거리(현재도 쾌속 관광선으로 이틀 가까이 소요)였다. 오가사와라 섬은 본토 도쿄에서 남쪽으로 약 1,100킬로미터 정도 떨어진 서태평양의 작은 섬들(30여 개의 화산섬)로 이루어진 제도諸島이다. 이 섬들은 미국·영국 등과 영토권 분쟁이 일어나다가 1876년 불완전한 상태로나마 일본 섬으로 편입된 후 1880년 도쿄 관할이 되었다. 그 곳은 연평균 기온이 22.6도로 연중 비가 내리는 날이 190여 일이나 되는 아열대 지역으로 원시림이 가득한 섬이다. 일본인이 이주하기 시작한 것은 1882년부터였고 당시 일본 이주민은 38명에 불과하였다고 하니 내륙 생활인들로서는 적응하기가 녹록지 않은 섬이었다. 또한 오가사와라 제도는 크게 무코지마 열도, 치치지마 열도, 하하지마 열도, 가잔 열도 등 네 개 열도로 나뉘는데, 김옥균은 아버지 섬을 뜻하는 치치지마의 오가우라에 거처를 정하고 가끔은 주민들의 안내를 받아 하하지마(어머니 섬)에도 자유롭게 드나들었다.

그런데 오가사와라 제도는 조선의 망명객들과 묘한 인연을 갖고 있다. 치치지마 아래에 있는 섬 하하지마는 1894년 갑오개혁을 주도했던 유길준이 1896년 2월 이완용·이범진 등 친 러시아 세력의 주도로 '아관파천俄館播遷'이 일어나자 일본으로 망명한 후 추방된 섬이다. 그는 1902년 5월 소위 '고종 폐위 음모 사건'에 개입한 사실이 알려지자 조선 정부의 강력한 항의로 일본 정부는 일단 그를 하하지마로 추방, 억류 조치하였다. 그는 그 섬에서 1년 정도 은거하다가 하치조 섬으로 옮기는 도중 김옥균이 머물던 치치지마 집터에 들려 남다른 감회에 젖기도 했다. 이처럼 오가사와라 제도는 조선의 두 망명객의 한이 서려 있는 곳이라서 각별한 관심을 갖게 하는 섬이다.

김옥균은 이곳 섬에서 처음에는 별로 할 일이 없었다. 책을 읽거나 바둑으로 소일하고 때로는 이윤고와 낚시를 하기도 하며 하루하루를 보냈다. 가끔 그는 저녁을 먹고 그 곳 주민들과 담소를 나누며 불교적인 관점에서 인간의 삶과 죽음, 그리고 인연에 관해서 이야기를 나누었다. 그러면서 그 자신이 여기까지와 서로 만나게 된 것도 큰 인연이 아니겠느냐고 말하고 그 밖에 중국고사 이야기도 해주었다. 이로 인해 김옥균은 어느 사이에 그 곳 주민들 간에 유식한 저명인사로 소문이 나게 되었다. 그러면서도 그는 가끔 '역적' 자식을 둔 부모에 대한 죄책감, 행방이 묘연한 처자식(부인 유씨와 딸)에 대한 회한이 엄습해와 잠 못 이루는 밤이 하루 이틀이 아니었다. 당시 그는 자신의 참담한 심경을 나타내는 다음과 같은 한시를 남겼다.

아비는 붙잡힌 죄수, 자식은 망명 신세　　　父也拘囚子也亡
소매 떨치며 헤어지니 어찌 가슴 아프지 않으리　震襟別後豈無傷

이처럼 그는 틈나는 대로 자신의 소회를 담은 한시를 짓고 글씨도

쓰며 그 곳 초등학교 어린이들을 모아놓고 이야기를 해주기도 했다. 이들 어린이들 중 그는 당시 아홉 살의 와다 엔지로和田延次郎라는 소년을 특히 귀여워했다. 와다는 수박을 좋아하는 김옥균에게 등교할 때에 수박을 챙겨다주기도 하였으며 나중에는 와다가 김옥균의 집에서 묵으며 학교를 다닐 정도로 두 사람은 깊게 정이 들었다. 그러다가 김옥균이 1888년 8월 홋카이도로 억류지를 옮겨갔고 와다 소년은 부모를 따라 도쿄로 돌아가면서 두 사람 사이에는 한때 소식이 끊겼다가 1890년 도쿄 박람회 때 재회하였다. 이처럼 둘의 만남은 나이를 초월해서 운명적인 인연이 되어 와다는 훗날 1894년 김옥균이 사지 상하이로 떠날 때에도 동행하여 그의 최후(제5장에서 다시 언급)를 지켜보았다. 지금도 오가사와라 섬에는 김옥균이 조선 '독립당'의 중심인물로 일본에 망명하여 한때 이곳에서 살았다는 이야기기가 전설처럼 전해 내려오고 있으며, 김옥균의 글씨를 담은 액자가 이곳 초등학교는 물론 뜻있는 사람의 집에도 걸려 있었다고 하는데 제2차 세계대전 당시 미 공군 폭격으로 유실되어 아쉬움을 남기고 있다.

한편 이 무렵 3개월에 한번 정도 동지 유혁로가 오가사와라 섬으로 김옥균을 찾아와 세상 돌아가는 소식을 전해주고 말벗이 되어주었으며, 1887년 봄에는 일본 바둑계의 17대 명인 혼닌보 슈에이本因坊秀榮가 불원천리 찾아와 3개월 정도 함께 바둑을 두며 망명객을 위로해주었다. 슈에이는 김옥균보다 한 살 아래의 동년배로 그가 도쿄에 머물 때에 두 사람은 바둑으로 인연을 맺어 사귀게 되었는데 슈에이는 김옥균의 군더더기 없는 깔끔한 바둑 매너와 박학다식하면서도 인간적인 면모에 이끌려 오랫동안 우정을 나누었다.

슈에이는 당시 세습제로 내려오던 집안의 혼닌보 타이틀을 물려받은 인물이다. 당시 김옥균의 바둑 실력은 아마 5단 수준이었다고 하니 그 정도면 상당한 수준급의 바둑 실력이었다. 지금까지도 두 사람이 대국한 기보棋譜가 전해져 오고 있어 바둑인들의 흥미를 끌고 있다.(琴秉洞, 『金玉均と日本』, 1013쪽) 사람들은 함께 여행을 해보거나 잡기雜技를 해보면 상대방의 성격과 속마음을 알 수 있다고 하는데 빈말이 아닌 것 같다. 이처럼 김옥균에게는 사람을 끄는 흡인력과 카리스마가 있어 한번 그를 사귄 사람은 그와의 우정을 오래오래 간직하였다.

그러나 김옥균은 이곳 오가사와라 섬에서 한가롭게만 보낸 것은 아니었다. 그는 틈나는 대로 동지들과 서신 왕래를 하며 권토중래 재기를 노렸으며, 자신을 강제로 억류한 일본 정부에 항의 서한을 보내기도 하고 미국이나 제3국으로의 탈출도 모색하였다. 시간이 지나면서 오가사와라 섬의 음습한 기후와 울화증으로 그는 류머티즘과 위장병, 안질까지 겹쳐 그의 건강은 최악의 상태로 치달았다.

그 무렵 일본 정부는 이토 내각에서 구로다 내각으로 개편되었으며 망명자들에 대한 대우도 다소 온정적인 분위기로 바뀌었다. 김옥균은 내무대신 야마카타에게 다른 곳으로 옮겨줄 것을 간절히 호소하는 서한을 보냈다. 때마침 일본 정부에서도 김옥균을 이대로 방치할 경우 그가 일본 내의 반정부세력과 연계하여 모종의 음모를 꾸밀지도 모른다는 의견이 제기되었고, 조선의 자객이 이곳까지 숨어 들어와 암살을 기도하려는 움직임이 있다는 첩보가 입수됨으로써 김옥균의 신병처리에 대한 방향을 바꾸었다. 마침내 외무대신 오쿠마는 이럴 바에야 김옥균을 도시에 가까이 두고 감시를 강화하는 편이 낫다고 판단하고, 고심 끝에 그를 홋카이도의 도청 소재지인 삿포로로 이송시키기로 했다.

두 번째 추방지 홋카이도에서의 '이루어질 수 없는 사랑'

1888년 7월 하순 김옥균은 한이 서린 오가사와라 섬을 뒤로하고 주민들의 아쉬운 전송을 받으며 홋카이도로 가는 배에 몸을 실었다. 그가 홋카이도로 떠난다는 소식을 듣고 가장 슬퍼하는 사람은 와다 소년이었다. 김옥균이 부두에서 배에 올라타기 직전 와다는 '스승'과의 이별의 슬픔을 이기지 못하고 그의 품에 와락 안겨 눈물을 쏟아내었으며, 이를 지켜보던 주민들까지도 눈시울을 붉혔다. 김옥균은 와다에게 다시 만날 날이 있을 거라고 따뜻하게 위로해주었다. 그리고 그는 홋카이도에 도착하여 얼마 후 와다 소년에게 소식을 전하고 다시 만나자는 약속도 전했는데, 2년 뒤 두 사람은 도쿄 박람회에서 다시 만나게 됨으로써 그 약속은 지켜졌다.

이윤고를 대동하고 홋카이도로 가는 도중 건강이 악화된 김옥균은 도쿄에 잠시 들러 정양을 한 뒤 홋카이도 하코다테 항구를 거쳐 8월 초순 삿포로에 도착하였다. 이때 동지 유혁로와 바둑 친구 슈에이도 도쿄에서 합류하여 삿포로까지 동행해주었다. 당시의 상황은 러시아 혁명의 주역 레온 트로츠키가 시베리아로 강제 유형당할 때의 그 모습을 연상케 한다. 그러나 김옥균 곁에는 언제나 그를 따르는 동지들과 친구가 있었기에 트로츠키처럼 외롭지는 않았다.

홋카이도 섬은 일본의 가장 북쪽에 위치한 섬으로 오가사와라 섬과는 달리 기후도 춥고 눈이 많은 지역으로 남서쪽에는 화산과 온천이 많다. 이 섬은 원래 애조시마로 불리는 미개지로 아이누족의 터전이었는데 메이지 유신 직후인 1869년부터 일본인들이 강제로 접수하여 1872년부터 본격적으로 개발이 시작된 곳이다. 김옥균은 삿포로 마루야마 공원 근처 도청 관사에 임시로 거처를 정하였다. 이곳으로 거처를 정한 것은 홋카이도 지사 나카야마의 배려에 의한 것인데 신변보호 문제도 고려한 것이었다. 그가 이곳에 온 뒤 이곳 언론들도 각별한 관심을 갖고 그의 근황을 보도하였으며, 주민들도 각별한 예우를 해주었다.

조선의 지사로 알려진 김옥균은 오가사와라 때와는 달리 그 곳 정·재계 인사들 및 일반 시민과 두루 사귀며 교제의 폭을 넓혀갔다. 특히 홋카이도 개척자이며 그 곳 학원 설립자인 이사바 이사관은 신병치료차 도쿄를 방문하는 김옥균을 동행할 정도로 각별한 관계를 유지하였으며, 청년 해운업자인 나카타니도 김옥균의 인품과 남다른 식견에 매료되어 그에게 적지 않은 용돈과 각종 편의를 제공해주었다. 그 밖에 혼닌보 슈에이를 비롯해서 바둑 동호인들이 수시로 찾아와 함께 바둑을 두며 망명객의 외로움을 달래주었다. 그리고 그 무렵 김옥균은 뜻밖에도, 그가 거사 실패 후 제물포로 피신했을 때 일본 망명을 결정적으로 도와준 우편선 치도세마루 선장 쓰지카쿠의 방문을 받고 두 사람은 재회의 기쁨을 나누었다. 당시 그의 도움이 아니었다면 김옥균은 다케조에의 명령대로 배에서 끌어내려져 조선 정부에 인계된 후 벌써 불귀의 객이 되었을 것이다. 쓰지카쿠는 그 이후로도 김옥균을 여러 번 찾아와 말벗이 되어주곤 하였다. 그는 김옥균에게 생명의 은인이었다.

  삿포로에서도 김옥균의 고질병인 류머티즘과 위장병이 재발하였다. 이 때문에 그는 그 곳 하코다테와 오타루의 온천을 자주 찾게 되었다. 한적한 어느 날 김옥균은 하코다테의 한 온천에서 미모의 여인을 만나 로맨스를 갖게 되었다. 그녀는 스키타니라는 이름을 가진 25, 6세의 용모가 뛰어나고 상냥한 여인으로 그날 이후 그녀는 외로운 망명객의 연인이 되어 주었다. 홋카이도는 오가사와라보다는 기후가 좀 나은 편이었으나 그 곳 역시 한랭하고 습한 기후가 반복되어 망명객의 몸을 계속 괴롭혔다. 견디다 못한 김옥균은 홋카이도 지사 나카야마를 통해 중앙 정부에 청원서를 보내어 도쿄 병원에서 류머티즘 치료를 받도록 허가받았다. 1889년 가을 김옥균은 도쿄로 출발하여 약 3개월 동안 그 곳 종합병원에서 치료를 받고 우선해져 다시 삿포로로 돌아왔다. 그가 도쿄에서 치료를 받을 때 연인 스키타니도 뒤따라와 그를 물심양면으로 간호하여 두 사람은 뜨거운 연인 관계임을 확인해주었다.

  해가 바뀌어 1890년 봄이 되었음에도 김옥균의 병세는 다시 악화되었다. 이때에도 나카야마의 도움을 받아 도쿄로의 한시적인 신병 치료가 허용되자 김옥균은 마침내 4월 초 오타루에서 배를 타고 도쿄로 향하였다. 그때 홋카이도에서 친분을 쌓은 삿포로 사범학교 교장 사이토와 지인 몇 사람이 도쿄까지 그를 동행해주었다. 참으로 고마운 지인들이었다. 연인 스키타니도 그를 따라와 한동안 도쿄에서 함께 살며 아들까지 두었다고 하나 두 사람의 동거생활은 그리 오래가지는 못했던 것 같다. 자기 몸 하나도 감당하기 어려운데다가 미래가 불투명한 망명객 신세가 된 그로서는 한 여인의 앞날까지 책임진다는 것은 아무래도 부담스러웠기 때문이었다. 훗날 그는 홋카이도에서의 많은 지인들의 도움과 우정, 그리고 연인 스키타니의 사랑과 헌신적인 간호를 결코 잊을 수 없다고 회상하였다.

좌절 속에서의 문란한 사생활

김옥균은 4년 가까운 외지 추방생활을 끝내고 1890년 4월 10일 도쿄로 귀환하였다. 당초 도쿄에 다시 치료차 온 것은 조건부 한시적이었으나, 김옥균이 그 전에 친교를 맺은 오카모토 사법대신의 주선으로 내무대신 사이코가 긍정적으로 받아들여 그가 외무대신 아오키에게 다음과 같은 내용의 협조공한을 발송함으로써 사실상 도쿄 귀환이 허용된 것이다.

"김옥균을 오가사와라에서 홋카이도로 이송한 것은 재야 정당원들이 그를 이용하여 내지의 치안을 방해하고, 또한 조선 정부가 보낸 자객의 살해 위험으로 외교상의 문제를 야기할 우려가 있기 때문이었습니다. 그러나 지금은 당초의 위험성이 해소되었다고 판단되고, 그의 류머티즘과 안질이 악화되어 홋카이도 기후가 안 좋기 때문에 작년 9월부터 정부에 전지요양을 요구하므로 지금부터 내지로 자유거주를 허용코자 상의 드립니다."

1890년 11월 21일 김옥균은 마침내 도쿄에서의 자유거주를 공식적으로 허용 받았다. 그렇다면 일본 정부가 왜 김옥균에 대한 입장을 호의적으로 선회하였을까? 그의 건강이 악화되었기 때문에 그에게 인도주의적인 온정을 베푼 것일까? 그렇게만 볼 수는 없다. 그의 건강 문제는 명분에 불과하였고 서한 앞부분을 주목할 필요가 있다. 지금까지의 그에 대한 일본 정부의 입장은 사실상 버리기도, 챙기기도 곤란한 계륵鷄肋(『후한서後漢書』의 '양수전楊修傳'에 나오는 말로 조조가 한중에서 철군하며, 그 곳은 닭갈비처럼 별로 먹을 것은 못되나 그냥 버리기도 아까운 곳이라고 말한 데서 유래한 고사)이나 다름이 없었다. 어쩌면 그냥 버리는 쪽이 더 속편한 거추장스러운 존재였다. 다만 일본 내에서의 여론과 정부 일각에서의 신중론이 맞물려 이러지도 저러지도 못하고 어정쩡한 태도를 견지해온 것이다.

사실 일본은 메이지 유신 이후 강화된 국력을 바탕으로 대륙침략에 대한 야욕을 불태우고 청국과의 일전을 벌일 계획을 진행해왔다. 따라서 일본 정부는 내각이 이토 내각에서 구로다 내각으로 바뀜에 따라 우선 국내적으로 국론분열을 막기 위해 반정부 세력들과 자유·민권론자들을 견제하고, 회유할 필요가 있었고 그러기 위해서는 '김옥균 문제'를 유연하게 대처하여 그를 적절히 잘 이용해야 된다는 분위기가 확산되었다. 이러한 분위기는 김옥균과 친밀한 관계를 유지해온 후쿠자와 유키치가 일본은 이제 아시아를 벗어나 서구 사회로 진입해야 된다는 소위 '탈아입구론脫亞入歐論'을 주장하였고, 자유 민권운동가들도 일본 우월적인 국권주의로 기울면서 대외정책의 기조가 탈 아시아로 완전히 굳어지게 된 것과 무관하지 않았다.

일본 정부의 대외정책과 일본 사회의 여론이 더욱 보수적으로 굳어지면서 조선의 근대화와 독립을 열망해온 김옥균의 꿈과 야망도 한계에 부닥쳤다. 이에 따라 김옥균은 자신의 모습이 초라하게 느껴졌고, 그러면 그럴수록 그는 자신의 몸을 자포자기 내던지기 시작했다. 김옥균은 도쿄의 중심가 유라쿠조有樂町에 사는 후원자 이사카 나카오 집에 잠시 기거하다가 도쿄호텔로 옮겼다. 이때부터 김옥균은 자유분방한 생활을 거듭하며, 뭇 여성과 염문을 퍼뜨렸다.

홋카이도에서 사귀어 도쿄까지 따라온 스키타니 외에도 많은 여성들과 로맨스를 벌였는데, 그 가운데 나미라는 여성과 나카라는 여성은 각기 김옥균의 아들과 딸을 낳았다고 한다. 김옥균의 이와 같은 문란한 사생활에 실망을 느낀 지인 이시이와 다카후지 등이 "조선의 우국지사가 남의 눈도 의식하지 않고 그렇게 밤낮으로 방탕한 생활을 할 수 있느냐?"고 칼을 들이대며 따져 묻자, 김옥균이 "그 칼 잘 드는 칼인가?" 하고 태연하게 웃으며, 두 사람의 충고에 감사하다는 뜻과 자신의 속마음과 포부를 거침없이 털어놓자, 그의 본심을 알게 된 두 사람은 김옥균을 전보다 더욱 존경하게 되었다는 일화가 있다. 당시 김옥균은 이시이의 칼집에 다음과 같은 시 한 수를 써주면서 우의를 다졌다.

> 세세연년 먹(글과 글씨)을 팔며 병주*를 지나가니　　賣墨年年過並州
> 공연히 지방관은 까닭을 묻는구려　　　　　　　　無端知府問從由
> 내 집은 북두칠성 아래에 있고　　　　　　　　　　家在北斗杓星下
> 칼은 남쪽 창 모서리에 걸렸도다.　　　　　　　　　劍掛南窓日角頭

　김옥균은 이 시에서 자신의 처량한 처지를 이렇게 비유하면서도 재기의 꿈을 버리지 않는 다는 뜻으로 이 시를 써주었다. 그런데 김옥균이 이렇게 방탕한 생활을 하게 된 것은 자유민권운동가인 도야마가 김옥균의 신변이 걱정되어 김옥균에게 "이제 모든 것을 포기한 사람처럼 처신하는 것도 암살의 위험을 벗어나는 하나의 방법이다"라고 조언하였기 때문이었다고 한다. 도야마는 일본 우익 단체의 거물이며 일본 정계의 막후 실력자로 90세까지 살면서 메이지明治 · 다이쇼大正 · 쇼와昭和 세 세대 정권에 걸쳐 막강한 영향력을 행사한 인물이었다. 그는 국익을 중시하면서도 사고가 유연한 자유민권론자이기도 하였으며, 중국 망명 지도자 쑨원孫文을 도와주기도 하였다. 어떻든 도야마의 이 말은 진위 여부를 떠나 부분적으로 수긍은 가지만, 김옥균을 아끼는 후원자들이 안타까운 마음에서 그를 두둔하기 위해 지어낸 말이 아닌가 생각되며, 그런 점에서 도야마의 말을 액면

---

* 병주並州: 중국 산서성 영제현 병주 땅을 말함.

그대로 이해하기에는 설득력이 부족하다고 보아야 할 것이다. 사실 김옥균은 이전에도 이세산 여관의 안주인과 깊은 관계를 맺었으며, 그리고 그 뒤 오사카 하숙집 여주인과도 은밀한 관계를 맺었다. 그 후에도 그는 많은 여성들이 김옥균의 수려한 용모와 달변, 다재다능한 재능과 돈을 아끼지 않는 한량 끼에 매료되어 그와 기꺼이 관계를 맺었으며, 김옥균이 상해에서 죽었다는 소식을 듣고 한 기녀는 자살을 하기도 했다고 한다. 그런가 하면 그의 죽음을 애도하고 기리는 뜻에서 위패를 모시겠다는 여인만도 일곱 명이나 되었다는 일화가 전해지고 있다. 이러한 소문은 전혀 근거 없는 풍문은 아닌 것으로 보아 김옥균의 여성편력 정도와 당시 개방화된 일본 사회 성문화의 단면을 읽을 수 있다. 또한 정신분석학적으로 볼 때 시시각각으로 밀려오는 죽음에 대한 중압감에 시달리는 도망자들은 극도의 불안을 견디기 어렵기 때문에 일시적으로나마 정신적인 도피처와 탈출구를 원초적인 섹스에서 찾는 경향이 있다. 중범을 저지르고 감옥에 갇혀 있다 탈출한 탈옥수들, 정적들로부터의 체포 위험과 자객들에 쫓기는 모반자들이 그 예인데 김옥균도 그 범주에 속한다고 볼 수 있다.

이런 김옥균의 자포자기적 문란한 사생활을 보다 못해 박영효와 그의 동지들은 무절제한 행동을 청산하라고 충고하였지만, 김옥균은 전혀 귀담아 듣지 않았으며 그러면 그럴수록 김·박 두 사람의 사이만 멀어질 뿐이었다. 사실 두 사람은 혁명이라는 큰 틀에는 공감대가 형성되었으나 사사로운 개인사에 있어서는 판이한 성격 차이를 보였다. 김옥균은 사교적이며 개방적인 성격으로 때로는 파격적 행동도 마다하지 않았으나, 박영효는 스스로 '양반' 행세를 하며 절제

있는 행동을 하려고 노력하였지만 그 역시 은밀하게 여자관계를 가졌다. 박영효는 망명 중에도 가급적 외부활동을 자제하고 책을 읽거나 미국 선교사들이 운영하는 영어교습소에 다니며 신학문도 읽히면서 조용히 훗날을 기다렸다. 그런 점에서 김옥균이 사나이의 명분과 기백을 중시한 정치적 로맨티스트였다면, 박영효는 명분과 실리를 동시에 추구한 정치적 리얼리스트였다고 볼 수 있다. 박영효가 살아남아서 다시 조선의 정계에 컴백, 산전수전 겪으며 천수를 다한 점을 상기할 필요가 있다.

피할 수 없는 선택, 거부할 수 없는 유혹
— 상하이 행

그렇다면 김옥균이 이처럼 방탕한 생활만 한 것일까? 그런 김옥균은 아니었다. 이런 문란한 사생활은 일시적 도피였지 목적은 될 수 없었다. 그는 1885년 4월 영국이 러시아 동방진출, 특히 조선에 대한 야욕을 견제하기 위하여 거문도를 불법 점거하자 김옥균은 이에 분개하여 고종에게 상소를 올려 이에 대한 대책이 시급함을 호소하였고, 이를 우려한 나머지 조선·일본·청국 등 동아시아 3국이 서구 열강의 침략에 공동대처해야 한다는 소위 삼화주의三和主義에도 깊은 관심을 갖고, 지금까지 그의 생각과 달리 조선의 문제를 해결하기 위해서는 청국의 역할이 중요하다는 점을 인식하게 되었다. 즉 그는 리홍장에게 보내는 서한에서도 청을 '맹주盟主'로 삼아 조선을 중립국으로 해줄 것을 호소하였다. 그의 이러한 주장은 유길준의 중립국 방안과 맥을 같이하는 것으로 세계 열강의 틈바구니에서 조선이 살아남기 위해서는 가장 현명한 대안으로 인식되었다. 특히 김옥균은 도쿄로 귀환 후 「흥아지의견興亞之意見」이라는 글을 써 서구 열강의 동북아 침략에 대처하기 위해서 조·중·일 3국이 연합할 것을 강력히 주장하였다. 그러나 그의 이러한 주장은 일본과 청국이 각기 다른 속셈을 가지고 있었기 때문에 메아리 없는 '공염불'에 불과했다.

또한 김옥균은 1885년 10월 청나라에서 환국한 대원군과 접촉을 시도하여 1890년 밀서를 교환하고 연합전선을 모색하였으나 박영효가 이에 회의적이었고 일본의 지인들도 그의 이러한 구상에 반대하는 분위기였다. 그런 상황에서 김옥균은 당시 일본 주재 공사 리징팡李經方과도 만나 조선의 앞날에 대해서 논의하였다. 리징팡은 리홍장의 양자로 1890년부터 1892년까지 주일 공사로 있었다. 그때 김옥균은 리징팡을 통해 리홍장에게 편지를 보내 조선 문제의 합리적인 해결을 촉구하기도 했다. 그러나 그것은 김옥균의 판단착오였다.

리홍장은 김옥균이 상하이를 방문하기를 원한다는 소문을 흘렸으며, 후에 리징팡 후임으로 온 왕펑짜오汪鳳藻 공사도 김옥균의 상하이 방문을 계속 회유하는 분위기였다. 훗날 김옥균 암살범 홍종우도 리징팡의 도움이 컸다는 점을 암암리에 시인하였고 체포 당시 그의 호주머니에는 후임 왕펑짜오의 명함이 있었던 점등으로 미루어 김옥균의 상하이 방문에 의한 암살은 조·중·일 합작설이 유력하다고 보아야 할 것이다. 실의의 나날을 보내던 김옥균으로서는 자신의 정체성을 확인하고 웅지를 펴기 위해서 리훙장을 만나야 되겠다는 생각 쪽으로 점차 기울기 시작하였다. 김옥균은 안타깝게도 이들의 계략과 덫에 걸려들게 된 것이다.

한편 조선 정부는 조선 정부대로 김옥균 암살에 대한 청국과의 물밑 작전을 벌이면서 또다시 일본에 자객을 침투시키기 시작하였다. 병조판서 민영소閔泳韶의 사주를 받아 두둑한 자금을 손에 쥔 이일직은 김옥균을 암살하기 위해 일본으로 건너왔다. 그는 미곡 무역상을 가장하여 오사카로 들어가 권동수·권재수 형제와 김태원·홍종우, 그리고 일본인 가오쿠보 등을 포섭하여 본격적으로 김옥균 암살 계획을 세워나갔다. 그는 일차적으로 박영효가 관리하는 친린의숙親隣義塾이 재정적으로 어려움을 겪고 있다는 정보를 입수하고 박영효에 접근하였으나 주변의 동료들 때문에 여의치 않았고 최우선 암살 대상자가 김옥균이었기 때문에 김옥균에게 적극 접근하였다.

이일직은 김옥균을 만나 자신은 조선의 미곡 무역상으로 그를 평소 존경해왔다고 하면서 도움을 주겠다고 자청하였다. 그리고 김옥균이 상하이로 갈 의향이 있음을 확인하고 그에게 그 곳으로 가서 웅지를 펼치도록 부추기고, 체재 비용도 부담하겠다고 제의하였다. 상하이로 가서 리훙장을 만나 삼화주의三和主義 지론을 펴려는 생각으로 머릿속이 꽉 차 있는 김옥균으로서는 이일직의 제의가 피할 수 없는 선택이요 거부할 수 없는 유혹이 되고 말았다.

훗날 상하이로 그를 수행한 와다 엔지로는 김옥균이 상하이로 가기 전 와다에게 "권동수 형제와 이일직·홍종우가 사실은 나를 죽이려는 자객들이다. 그러나 나는 저들에게 살해당할 사람이 아니다"라고 말했다고 하는데, 그의 술회가 어느 정도 사실인지 의문이다. 와다의 말이 사실이라 한다면, 김옥균은 망명지 일본에서 입지가 더욱 좁아진 상황에서 국제 정세의 흐름이 조선에 더욱 불리하게 전개되고 있었기 때문에 리훙장을 빨리 만나는 데만 온 정신을 집중시킨 나머지 만약의 사태를 간과하고 상황을 자신에게 유리하게 판단하는 치명적인 실수를 다시 범한 셈이었다. 당시의 상황과 김옥균의 처지에 비추어볼 때 리훙장이 김옥균을 만나줄 이유가 어디 있었겠는가? 상하이는 훗날 일제 강점기의 대한민국 임시정부 요인들과 독립 운동·애국지사들에게는 '약속의 땅'이요 '기회의 땅'이 되지만, 조선의 혁명가 김옥균에게는 '절망의 땅'이요 '죽음의 땅'이 되고 만 것이다.

제5장

혜성처럼 떠오르다
운석처럼 떨어지다

> 망명 초기부터 겪어야 했던 일본 정부의 냉대와 자객들의 암살 위협, 현실 도피적인 문란한 사생활과 이로 인한 동지들의 비난, 특히 함께 사선을 넘나들었던 동지 박영효와의 불화, 이 모든 것들은 김옥균의 정체성과 자긍심을 실추시켰고 그를 더욱 고독하게 만들었다. 그 고독이 깊어질수록 인간 김옥균은 우국지사라는 고고한 이미지를 벗어나 갈 길을 잃고 방황하는 낭인의 신세로 전락해가고 있었다. 그런 점에서 김옥균의 일본 망명 생활 10년은 '잃어버린 10년'이었고, 그가 망명 후 조국의 10년도 더욱 암담한 현실로 치닫고 있었다.
>
> 따라서 일본 정부의 홀대로 운신의 폭이 좁아진 김옥균으로서는 미래가 없는, 더 이상의 퇴로가 없는 일본에서 무의미한 세월을 보내는 것보다 죽음을 각오하고 사지에 뛰어들어 무언가 가시적인 결론을 얻으려는 중압감 내지 초조감을 이기지 못하고 상하이로의 위험한 길을 택했을 것이다. 어쩌면 당시 김옥균의 심경은 배수진背水陣을 치고 전선에 임하는 고독한 장수의 결단, 그런 마음이었으리라. 그러나 그것은 만용이었다. 혜성彗星처럼 떠오른 그의 기백과 야망은 점차 빛을 잃고 운석隕石처럼 볼품도 없이 추락해가고 있었다. 마치 천상으로 거침없이 비상하던 이카로스Icaros가 지상(바다)에 추락하는 그런 모습으로.

제 5 장 혜성처럼 떠오르다 운석처럼 떨어지다

더욱 암담해진
조국의 현실

갑신정변 후 조선은 어떻게 되어가고 있었을까? 한마디로 말해서 더 나빠졌으면 나빠졌지 나아진 것이 없었다. 우선 정변 실패 후 다시 개편된 조선 정부의 조각組閣 내용을 보자. 고종은 영의정에 심순택, 좌의정 김홍집, 우의정 김병시, 전영사 겸 해상공국당상 이교헌, 후영사 이봉구, 좌영사 이규석, 우영사 민영익, 독판교섭 통상사무 조병호, 한성판윤 민종묵, 이조판서 이재원, 예조판서 김만식, 병조판서 겸 강화유수 김윤식, 호조판서 김영수 등을 임명하였다. 신 조각 인물들은 대부분 고종친인척과 민비의 측근들로 채워졌으며 한마디로 '그 얼굴에 그 얼굴', '그 물에 그물', '회전문 인사'이며 '땜질 인사'로 국정쇄신 의지가 전혀 없는 구태의연한 조각 내용이었다. 수구세력들은 정변 주동세력들의 거사를 '철없는 젊은 것들의 분별없는 소행'으로 규정하고 집안 단속과 내부 결집을 더욱 강화하였다. 이제 한동안 개혁이나 개화라는 말은 조선 정치권에서 입 밖에도 꺼

낼 수 없는 형국이 되고 말았다.

 그들 수구세력들은 왜 정변이라는 '중대한 사건'이 일어났으며 앞으로 이런 사건이 재발하지 않도록 어떻게 할 것인가 하는 자기성찰과 자기반성은커녕 차제에 개혁의 싹과 뿌리가 더 이상 자라나지 않도록 잔존 개화세력과 관련자들은 물론 그 가족 일가 친척까지 색출하여 처단해버렸다. 그러나 문제는 그것으로 끝난 것은 아니었다. 청국과 일본은 '텐진 조약天津條約'을 체결하여 자신들의 숨고르기 작전으로 일단 조선에서 철수하자 순진한 조선 정부는 잔소리 많은 두 시어미가 일거에 퇴거하여 한시름 놓게 된 며느리처럼 쾌재를 부르며 안도의 숨을 내쉬었다. 그러나 당시의 국제 정세는 그렇게 녹록지 않았다. 민비와 그들 수구세력들은 지금부터 산 넘어 산이 가로막고 있다는 것을 모르고 있었다.

 청국과 일본이 잠시 자리를 비운 사이에 여타 열강들은 정변 이후 조선이라는 나라를 몽매한 나라로 더욱 우습게보고 군침을 삼켰다. 이러한 사실을 수구파가 조금이라도 알고 신속히 국정을 쇄신하고 제대로 이끌어갔다면 상황은 달라질 수도 있었다. 그러나 수구세력들은 자기반성과 내부 개혁은 고사하고 자기들의 권력 강화에 급급한 나머지 민생을 더욱 도탄에 빠뜨렸다. 마침내 1885년 4월 14일(음 2월 29일) 영국 동양함대 사령관 도웰William M. Dowell이 세 척의 군함을 이끌고 거문도巨門島를 무단 점령, 무려 2년여 동안 영국 국기를 게양하고 조선을 국제무대의 시험장으로 삼았다. 이들의 거문도 무단 점거는 러시아의 남진을 막기 위해서라는 명분이었지만, 사실은 국제무대에서 자신들의 입지를 강화하기 위하여 열강의 반응을 떠보기 위한 것이었다.

그 무렵, 그러니까 1885년 10월 5일(음 8월 27일) 청국은 대원군을 환국 조치하였다. 그러나 민비 척족들은 대원군의 환국을 노골적으로 반대하는 입장을 보이며, 대원군이 입경한 다음날 임오군란의 관련 잔여 무관들을 모반대역부도죄로 잔인하게 능지처참 하였고, 일반인들의 운현궁 출입도 통제하였다. 사실 청국이 대원군을 환국시킨 것은 조선의 러시아 접근 정책을 견제하기 위해서였다. 정변 후 청·일 양 군이 잠시 철수 한 사이에 조선 정부는 묄렌도르프를 내세워 차제에 이들의 간섭을 배제하기 위하여 러시와 교섭, 조약을 체결하려고 하였다. 이러한 계획은 사실로 들어났다. 1884년 12월 하순 고종은 전영관·권동수·김용원 등 네 명을 파견하여 러시아 황제에게 '보호'를 요청하는 친서를 보내고 이듬해 5월(음 4월) 회답을 가져왔다. 그러나 어떤 경로인지 회답 내용이 사전 누설되어 당시 친청파인 외아문 독판 김윤식이 알게 되었고, 김윤식은 이를 청국 상무총판 천수어탕과 일본 대리공사에게 알림으로써 사태가 심각한 국면으로 전개되었다. 이 사실이 폭로되면서 청국은 조선 정부에 대한 강경한 입장 표명과 경계심을 더욱 강화하였다.

이에 따라 조선 정부는 실무 책임을 맡았던 묄렌도르프를 해임하는 선에서 사태를 일단락시키려 했다. 그러나 이 사건으로 청국은 대원군을 환국시킨 후 조선 주재 외교문제 대표를 천수어탕에서 위안스카이로 교체한 후, 조선에 대한 간섭을 더욱 강화하였다. 임오군란 때 불과 23세의 젊은 나이로 진압군 장교로 조선에 온 위안스카이袁世凱는 갑신정변 때에도 반군 진압 작전에 성공하여 1885년에는 조선을 좌지우지하는 감국監國의 자리에 올라섰다. 명함에 새겨진 그의 대외 공식직함이 '통감(Resident General)'이었다는 사실만 보아도 그의 위세가 얼마나 대단했는지 짐작이 간다. 그는 고종의 '인아거청引俄拒淸(러시아를 끌어들이고 청을 멀리함)' 움직임을 알고 그를 폐위하려 했으며, 청일전쟁 패배 후 본국으로 쫓겨날 때까지 무소불위의 권력을 휘둘렀다.

이처럼 갑신정변 때 청국군 도움을 받은 조선은 그전보다 더 어느 것 하나 마음대로 할 수 없는 초라한 처지가 되고 말았다. 그러나 조선의 러시아 접근 정보는 그 뒤에도 청국을 수시로 자극하였고 그러면 그럴수록 청국의 태도는 더욱 강경해졌다. 이런 분위기가 전개되어 조선의 러시아 접근이 잠잠해지고, 청국이 러시아로 하여금 더 이상 조선에 접근치 않도록 한다는 조건으로 영국군은 1887년 2월 27일 거문도에서 완전 철수하였다. 그러나 이로 인해 조선은 국제무대의 시험장이 되었고, 외교의 다원화 필요성을 느끼게 된 조선 정부는 무분별하게 문호를 개방함으로써 주권을 유린당하게 되었다.

동학농민군 진압과 청일전쟁 승리로 조선 지배권을 선점한 일본

외견상 대외적으로 어느 정도 조용해진 사이에 조선 국내에는 이상한 기류가 감돌기 시작하였다. 1893년 봄 충청도 보은에서 2만여 명의 농민이 집결, 척왜양斥倭洋(일본과 서양 배척)을 부르짖으며 대규모 시위를 벌였다. 범상치 않은 규모, 범상치 않은 시위였다. 그러나 더 범상치 않은 것은 시위대 구성이었으니 그들 구성원은 다름이 아닌 동학교도들이었다.

당초 시위는 동학 교주 최제우崔濟愚(1824~64)의 명예 회복과 동학에 대한 탄압에서 비롯된 것이었다. 그러나 그들의 요구가 관철되지 않게 되자 이들의 시위는 민생 문제로까지 확대되었다. 당국에서는 시위대에 대한 회유와 진압을 병행하였지만, 시위는 누그러들지 않고 이듬해 1월 무력 봉기로 이어졌다.

지난 30년 전의 각종 민란에서처럼, 척결되지 않은 부패한 관리들이 문제의 원인 제공자들이었다. 당시 전라도 고부군수 조병갑은 저수지를 고치는 데 농민들을 동원하고 그것도 모자라 농민들로부터 가혹한 물세를 징수하였으며, 자기 아버지 공덕비 건조 비용을 농민들로부터 뜯어냈다. 견디다 못한 고부의 동학 접주 전봉준全琫準 (1855~95)은 농민과 동학교도들을 중심으로 한 1,000여 명의 시위대를 이끌고 고부 관청을 습격하여 아전들을 옥에 가두고 곳간을 열어 농민들의 혈세를 돌려주니 이것이 바로 1894년 갑오년에 일어난 갑오동학농민봉기(후에 전쟁으로 발전)의 시작이었다.

이때 안핵사按覈使 이용태라는 자는 정확한 실태 파악은 하지 않고 봉기 농민들을 '불온한 동학교도'로 몰아붙였다. 이에 격분해 봉기한 농민들은 그 동안 저질러온 탐관오리들의 가렴주구와 중앙 정부의 실정에 반기를 들고 전봉준·김개남·손화중을 지도자로 하는 농민군을 조직하여 5월 31일(음 4월 27일) 전주성을 함락시킴으로써 사태는 중대한 국면으로 치닫게 되었다. 자치 능력이 없는 조선 정부는 이번에도 청국에 지원군 요청을 하였다. 임오군란과 갑신정변 때에 청군 지원으로 한때 재미(?)를 본 조선 정부는 또다시 청국의 힘을 빌리고자 한 것이다. 그 후유증을 이미 겪은 조선 정부는 나쁜 관행을 반복하는 어리석음과 한심한 작태를 또 되풀이하였다. 그러나 조선이 중대한 위기에 처할 때 청일 양국은 사전에 상대국에 통보하여 파병할 수 있기로 한 톈진 조약이 문제였다.

일본이 바라는 바가 드디어 이루어진 셈이었다. 일본 정부는 때를 놓치지 않고 즉각 조선에 파병조치 하였다. 그런데 흥미로운 일(?)은 정작 파병 요청을 받고 출동한 청국군(2,500명)은 전주에 가까운 아산만으로 출동한 반면, 일본군(7,000명)은 남해와 황해를 빙 돌아 한성에 가까운 제물포로 출병하였다. 파병을 두고 양국의 시각과 작전의 차이를 극명하게 보여준 대목이다. 이에 전봉준은 즉각 정부군과 화의를 맺고 전주성을 철수하여 외세 개입의 빌미를 일단 차단하면서 대신에 전라도 일대에 집강소執綱所(동학교도가 관장하는 민간 행정기구)를 두기로 하는 조건을 관철시켰다. 집강소 설치는 추후 농민군의 재봉기를 염두에 둔 용의주도한 전략이었다.

그런데 문제는 그것으로 끝난 것이 아니었다. 진압 대상이 없어지자 청국군은 어물거렸으나, 일본군은 곧바로 농민군 잔당을 없앤다는 구실을 붙여 전국을 누비고 다녔다. 일본은 정변 이후 조선의 문제를 빌미로 한 청일전쟁을 이미 예견하고 주도면밀한 준비를 해온 터였다. 이에 당황한 청국은 일본에 동시 철군을 제의하였으나 호기를 잡은 일본이 그냥 물러설 이유가 없었다. 마침내 일본군은 정변 때 병력의 열세로 수모를 당한 후퇴를 이번에 톡톡히 앙갚음하려 들었다.

일본군은 그해(1894년) 7월 경복궁을 예고도 없이 침입해 들어와 민비 정권을 해체하고 대원군에게 다시 정권을 맡겼다. 대원군을 경복궁 새 주인으로 들어앉힌 후 이틀 만에 일본군은 황해상의 청국 함대와 아산에 주둔해 있는 청국군 지상군을 습격하였다. 마침내 올 것이 온, 터질 것이 터진 청일전쟁이 시작된 것이다. 일본의 선전포고는 사흘 뒤 이루어졌다. 싸움터가 조선인 마당에서 일본은 밑질 것이 없는 싸움이었다. 그것은 이미 예견된 전쟁이었다.

1894년 9월 16일 새벽, 무려 1만 5,600여 명에 이르는 일본군은 평양에 주둔하고 있는 청국군(1만 5,000명)을 협공, 파죽지세로 평양성을 공격하였다. 즉 일본군 3사단은 원산항을 거쳐 평양으로 진격하고 또한 부대는 용산을 출발, 황주를 거쳐 평양으로 진격하였다. 평양 근교에서 양국 주력부대가 맞붙게 되었으나 싱겁게도 일본군이 완승하였다. 평양 전투가 끝난 다음날이 9월 18일 압록강 어귀의 해양도 앞바다에서 양국 함대가 또다시 맞붙었으나 청국의 북양함대는 상당히 우수한 전력이었음에도 일본의 최신 함대의 기동성에 밀려 여기서도 일본군이 완승하였다. 이렇게 해서 일본은 확실하게 조선의 지배권을 확보하게 되었고, 이로 인해 동아시아의 패권구도는 청국과 일본에서 일본과 러시아로 바뀌게 되었으며, 자신감을 얻은 일본은 군비를 강화하여 머지않아 러시아까지 넘보는 야욕을 품게 되었다.

일본은 대원군에게 정권을 맡기고 허수아비 정권을 만들려고 하였으나 대원군의 본성이 그렇듯이 그는 일본에 호락호락하지 않았다. 이에 못마땅한 일본측은 대원군을 축출하고 대신에 온건 개화파로 그 동안 한직에 머물렀던 김홍집을 내세워 그에게 총리교섭통상사무로 임명케 하여 문벌과 신분의 폐지, 노비 문서 소각, 연좌제 폐지, 화폐제도의 개혁과 조세의 은납제 도입, 도량형의 통일 등 무려 210건에 달하는 획기적인 개혁 조치, 즉 갑오개혁을 단행하게 되었다. 그러나 아무리 좋은 개혁도 그것을 받아들이는 국민들이 제대로 소화를 못하고 또한 그 자체가 외세에 의한 것일 때 그 실행 가능성은 어렵게 마련이다. 그 뒤 일본의 외세에 의한 지배에 격분한 동학농민군이 재봉기하였으나 현대식 일본군에는 역부족이었다.

마침내 동학군은 그해 11월 공주성 함락 실패에 이어 우금치(논산에서 공주로 직통하는 길목) 전투에서 일본군의 우세한 화력을 당해내지 못하고 패퇴하고 이들 지도자 모두가 체포되어 참수를 당함으로써 갑오동학농민 전쟁은 막을 내리게 되었다. 여기까지만 보아도, 조선의 정국은 한치 앞을 내다볼 수 없을 정도로 급박하게 전개되어가고 있었다. 이상의 일들이 김옥균이 상하이로 가서 자객 홍종우에게 암살당한 그해까지 조선에서 일어난 일들이다. 물론 앞으로 더 험난하고 치욕적인 사건들이 전개되지만.

상하이에서
비참한 최후를 맞다

더욱 암담해진 조국의 현실과 자신에 대한 일본 정부의 무관심 내지 냉대를 더 이상 견디지 못한 김옥균은 마침내 상하이 행을 결심하였다. 그의 이러한 결심은 리징팡의 회유가 가장 크게 작용하였다. 김옥균은 자신의 신변위험은 뒷전으로 미루고, 리홍장을 만나면 조선·중국·일본 3국 연합에 의한 서구 열강의 침략에 공동대처하는 방안, 즉 삼화주의三和主義를 관철하는 데 어느 정도 실마리를 풀 수 있는 계기를 마련할 수 있다고 생각했다.

인간의 일반적인 속성은 어느 한 가지 일에 집착할 경우 다른 위험성은 염두에 두지 않거나 상황을 자신에게 유리하게 합리화 내지 정당화시키는 경향이 있으며, 그런 상황에서는 다른 사람의 충고도 귀에 들어오지 않게 마련이다. 이일직의 교묘한 접근과 경비제공 유혹이 김옥균을 빠져나올 수 없는 함정으로 빠뜨렸다. 이때 후쿠자와 유키치와 미야자키 도텐 등 일본의 지인들과 망명 동지들은 한사코 만류하였으나 이미 마음을 굳힌 마당에 김옥균의 귀에는 어떠한 충고도 들어오지 않았다. 자의식이 강한 천재들의 속성이 김옥균에게도 예외는 아니었다.

미야자키는 당시 김옥균의 결심을 이렇게 회고했다. "백천百千의 호위가 있어도 죽을 때는 죽는다. 인간만사 운명이다. 호랑이 굴에 들어가지 않으면 호랑이 새끼를 잡을 수 없다. 리홍장은 나를 속일 셈으로 공손히 맞이하겠지만 나는 속을 작정으로 그 배를 탄다. 그 곳에 가서 죽음을 당하거나 붙잡혀도 그만이다. 단 5분간만이라도 담화의 시간이 주어지면 나의 것이 될 수 있다. 어쨌든 문제는 한 달 내에 결정될 것이다." 이 점에서 볼 때 김옥균은 이미 죽을 각오를 하고 마지막 카드를 선택한 것으로 보인다. 조국의 현실이 더욱 암담해지는 상황에서 일본에 마냥 머물러 있어 봐야 해답이 나올 수 없고 어차피 죽을 바에야 빨리 결론을 내고 싶다는 초조감에 사로 잡혔다. 이런 마음상태인지라 이일직을 통해 충분한 여비까지 해결된 마당에 더 이상 미룰 이유가 없었다.

당시 이일직은 김옥균에게 그가 그 동안 진 빚을 갚아주고 상해 행 여비는 물론 5,000원짜리 거액 수표(가짜)까지도 보여주었다. 물론 이일직의 배후에는 오사카 지역 재계 거물인 오미와 초베에가 깊숙이 관여하고 있었다. 오미와는 1891년 조선 정부 산하기관의 요직을 지낸 자였다. 그는 훗날 김옥균 암살 공로로 1900년 조선 철도원 감독으로 임명되고, 1903년에는 조선 정부로부터 3등 서훈과 태극장 훈장까지 받게 되었다. 이일직은 경비를 건네면서 홍종우를 대동하도록 권유하였다. 이에 앞서 김옥균은 도야마를 만나는 자리에서 그와 구면인 이일직과 홍종우를 만난 적이 있었다. 그때 홍종우는 자신을 정변 때 죽은 홍영식의 친척이라고 소개하고, 그 때문에 자신도 모함을 받아 일본으로 도피해왔다고 말하며, 덧붙여 프랑스 유학 경력과 미래에 대한 포부도 밝히면서 김옥균의 환심을 샀다. 특히 그의 프랑스 유학 경력은 김옥균의 관심을 끌었다. 그렇다면 홍종우 그는 누구이기에 김옥균이 그토록 쉽게 그의 덫에 걸렸을까?

홍종우洪鍾宇(1850~1913)는 1850년 11월 17일(음) 경기 안산에서 홍재원의 외아들로 태어났다. 그러니까 족보상으로 대원군 때 영의정을 지낸 남양 홍씨 홍순목(홍영식의 부친)의 벌족인 것은 사실이나 홍영식과 가까운 일가친척이라는 말은 거짓말이었다. 남양 홍씨 가문이지만 가세가 기울어 그의 아버지는 일찍이 전라도 고금도(지금의 전라남도 완도군 고금면)에 이주하여 1894년까지 거주하였는데 홍

홍종우

종우도 그 곳에서 유·소년기는 물론 청년기까지 배고픈 삶을 살아가야 했다. 그러나 그의 말대로 '뼈대 있는 가문 출신'이었기 때문인지 그는 아버지처럼 초야에 묻혀 살고 싶지는 않았다.

어떤 경로를 통해서 프랑스에 대한 매력을 느끼게 되었는지 정확히 알 수는 없지만, 그는 프랑스 파리로 가서 자신의 큰 뜻을 펴고 싶었다. 그는 프랑스로 가기 위해서 우선 경유지로 일본을 택하였다. 당시 프랑스로 가기 위해서는 요코하마에서 출발하는 여객선을 타야 했다. 프랑스로 빨리 가고 싶었지만, 그를 도와주는 사람도 없었기 때문에 2년여 기간을 일본에서 보내며 여비를 준비해 갔다. 그 기간에 그는 그가 쓰고 그린 서화를 팔거나 오사카 『아사히신문』 식자공 임시직으로 일하면서 국제 정세를 익혔다. 그의 서화 솜씨가 상당히 수준급이어서 그의 작품은 인기리에 판매되었다. 그는 이와 함께 학

식도 제법 갖추고 있었던지 그 곳 주요 인사들 앞에서도 강연도 하여 많은 호응을 받기도 했다.

마침내 때가 온 것이다. 홍종우는 2년여 일본 생활을 끝내고 프랑스 선교사 링구와 함께 1890년 12월 24일 꿈에 그리던 파리로 갔다. 무려 40여 일간의 긴 여정이었다. 홍종우가 파리로 유학을 선택한 것은 당시 프랑스의 자유민권사상이 일본의 메이지 유신에 많은 영향을 미쳤다고 판단하고 조선도 프랑스 문명을 받아들여 일본처럼 근대화하기를 바랐기 때문이라고 했다. 그러고 보면 홍종우가 한국인으로서는 첫 번째 프랑스 유학생인 셈이었다. 그가 이처럼 40이나 된 나이에 단신으로 프랑스 유학을 떠난 것은 대단한 집념이었다. 그는 일본에 있을 때 프랑스어 초보를 읽혔지만, 파리에 온 후 보통사람보다 빠른 속도로 프랑스어를 익혔다. 그는 국제 정세에도 식견을 넓혀 그 곳 저명인사들 앞에서 강연도 하며 활동 영역을 넓혀갔다. 이러한 그의 활동 기록은 지금도 남아 있어 사실로 입증되고 있다.

홍종우는 프랑스 체류시 기메 박물관Musée Guimet에서 월 100프랑을 받고 약 2년간 연구 보조자로 일했다. 이 기간에 그는 『춘향전』, 『심청전』 등 우리나라의 고전과 일본과 중국의 고전을 번역하였으며, 춘향전은 『향기로운 봄Printemps Parfumé』이라는 제목으로 1892년 간행되어 1999년 재출간되기도 했는데, 이것은 우리나라 소설 중 최초의 프랑스어 번역물이었다. 그는 프랑스 볼테르의 계몽사상에 경도되기도 하였다. 어떤 이유에선지 홍종우는 파리 생활을 끝내고 1893년 7월 23일 마르세유에서 배를 타고 일본으로 향하였다. 그해 12월 마침내 이일직은 일본에 돌아온 홍종우의 이용가치를 간파하고 그에게 접근, 자신은 오사카·인천·고베·상하이를 왕래하는 무역상이라고 소개하며 그와 행동을 같이하는 권동수와 동생 권재수도 소개하고, 김옥균 암살 취지와 이에의 동참을 간곡히 타진하고 동의를 얻어냈다.

정변 주동세력 홍영식과 같은 족벌(남양 홍씨)이라는 이유로 출세길이 막혔다고 생각해온 홍종우로서는 절호의 기회를 얻은 셈이었다. 마침내 그는 김옥균을 만나 홍영식과 같은 집안이라고 밝히며, 갑신정변 때 어머니를 여의고 아버지를 외딴섬(고금도)에 숨겨 모신 후 자신은 일본을 거쳐 프랑스 유학을 마치고 뜻한 바 있어 다시 일본에 왔다고 소개하였다. 그리고 그는 기회를 잡아 어머니 원수를 갚기 위해 때를 기다리고 있다며 김옥균의 개화노선이 바로 조선의 살길이라고 김옥균을 추켜 세웠다. 그러면서 그는 자신의 8개항의 계획도 조리 있게 피력하였다.

즉 "① 장안에 들어가서, ② 어머니의 원수를 갚고, ③ 민비 측근 권세가들을 모두 멸하며, ④ 개화로 몸을 보호하고, ⑤ 명성을 얻어, ⑥ 이름을 후세에 전하며, ⑦ 기강을 세워, ⑧ 갑신년甲申年의 분함을 통렬히 설욕한다"는 계획과 함께, 대장부 이 뜻을 이루지 못하면 죽음도 불사하겠다는 강한 의지를 표명하였다. 김옥균은 프랑스 유학파 홍종우의 강한 의지와 그의 식견에 설복되어 그 시간 이후 동지로 맞이하기로 했다. 사실 김옥균은 일찍부터 조선을 '동양의 프랑스'로 만들고 싶지 않았던가? 그날 이후 김옥균은 홍종우 일행과 함께 자신이 기숙하던 도쿄 황궁 앞 유라쿠조에서 매일 모여드는 빈객들에게 항시 오찬을 베풀었다. 물론 이 경비는 이일직의 거사자금에서 나온 것이었다.

이때 홍종우는 프랑스에서 배운 프랑스 요리를 직접 만들어 빈객들에게 대접하여 찬사를 받기도 했는데, 그 이야기는 오랜 기간 화제가 되었다. 홍종우의 파리 유학과 프랑스 요리 솜씨에서 품어 나오는 세련된 매너(?)는 당시 서구 열풍에 젖어 있는 일본인들과 김옥균을 크게 자극한 것으로 보인다. "프랑스 요리, 그것은 김옥균에게 치명적인 유혹이요 '금단의 사과'였다."(이 부분 조재곤, 『그래서 나는 김옥균을 쏘았다』, 푸른역사, 2005, 97쪽 참고) 물론 그의 프랑스 요리 솜씨가 김옥균에게 치명적이었다는 것은 문학적인 상상력에서 나온 표현일 수 있으나 어쨌든 좋은 것은 좋은 것이었다. 이렇게 해서 외로운 김옥균은 홍종우와 의기투합(?), 마침내 그의 덫에 걸리고 만 것이다. 물론 김옥균이 홍종우를 뜻을 같이하자고 하면서 반신반의 그를 역이용하려는 심산이었을 수도 있으나, 자신을 인정해주는 사람이라면 무조건 잘 믿는 김옥균으로서는 돌이킬 수 없는 치명적인 실수를 저지르게 된 것이다.

상하이 행을 결심한 김옥균은 와다에게 상해에 함께 가자고 제의했고, 와다도 이에 반대할 이유가 없었다. 김옥균은 오사카로 출발하기 전 3월 9일 왕펑짜오 청국 공사와 저녁식사를 하고 3월 10일 밤 10시 도쿄에서 오사카 행 열차를 탔다. 이때 수행원은 와다 소년과 사진사 가이군지甲斐軍治, 그리고 청국 공사관의 통역관 우바오런鳴葆仁 등 세 사람이었다. 도중에 김옥균과 절친하게 지내온 극우파 도야마 마츠루가 일행과 합류했다. 그가 여기까지 온 것은 김옥균과의 친분 관계 때문이지만 도야마가 가보처럼 아껴온 일본도 한 자루를 가져와 리홍장에게 선물로 주도록 하기 위해서였다. 김옥균은 그전에 도야마 집을 방문했을 때 도야마의 일본도에 관심을 가진 바 있었다.

김옥균 일행은 다음날 오사카 역에 도착하였다. 역에는 암살 모의 주범 이일직 등 일행이 마중 나와 있었다. 그 곳 여관 숙박부에 자신의 이름을 지금까지 일본에서 가명으로 사용해온 이와다 슈사쿠岩田周作라는 이름이 아닌 이와다 산페이岩田三平로 기록하였다. 김옥균은 잠시 오사카 근교 야마토에 들러 망명 직후 깊은 관계를 가졌던 여관 여주인을 다시 만났다. 김옥균은 그녀와의 관계에서 자식을 두었다고 한다. 그것은 훗날 도야마의 증언이다.

김옥균 일행은 오사카에서 일주일 묵은 후 3월 16일 교토로 가서 자금조달 핑계로 잠시 헤어졌던 이일직 일행을 다시 만났다. 이일직은 김옥균에게 현금 600엔과 5,000원권 수표(가짜)도 건네 보여주었다. 3월 22일 김옥균 일행은 상하이로 가는 배를 타기 위해 고베로 갔다. 그 곳 여관에서는 이와다 산와岩田三和 44세로, 그리고 홍종우는 다케다 추이치竹田忠一 40세(실제 나이는 45세)로 각각 기재하였다. 두 사람의 성명 기재는 나름대로의 뜻이 담겨 있다. 김옥균이 그의 이름을 '산페이三平와 산와三和'로 번갈아 쓴 것은 조·중·일 삼국 평화의 염원을 담은 것이며, 홍종우의 '추이치忠一'는 왕에 대한 충성 일념을 내포하였다. 김옥균 일행은 상해 행 여객선 사이쿄마루西京丸를 타고 3월 23일(음 2월 17일) 고베 항을 출발하였다. 그가 고베 항을 출발할 때 단 한 사람 가이군지가 마지막으로 배웅할 뿐이었다.

김옥균의 상하이 행은 너무도 초라한 모습이었다. 가이군지는 나가사키 출신으로 1881년 김옥균을 알게 된 이후 평생 김옥균을 존경하였다. 두 사람이 어떤 계기로 알게 되었는지 알 수 없으나 가이군지는 김옥균의 도움으로 조선에서 사진관을 운영하며 돈을 모았으며, 김옥균이 동남개척사가 되어 백춘배·탁정식 등과 함께 울릉도 개척 사업을 할 때 협력하였다. 가이군지는 그 후 일본에서 대부 사업을 하여 돈을 모아 김옥균을 물심양면으로 도와주었으며, 그가 상하이로 출발할 때에도 고베까지 따라와 배웅하였다. 그것이 두 사람의 마지막 동행이 되고 만 것이다. 김옥균이 상하이에서 암살된 후 시체가 서울 양화진으로 옮겨져 능지처사를 당할 때 그는 사람을 시켜 김옥균의 머리카락을 입수하여 소중하게 보관하고 있다가 1900년 3월 도쿄 봉래정 진조우지眞淨寺에서 진혼제를 지내고 자비로 묘지를 만들어 안장安葬하였다. 그리고 그는 가족들에게도 자신이 죽거든 김옥균 묘지 곁에 묻어주도록 유언하였으며, 훗날 유언대로 그는 김옥균 묘지 곁에 묻혔다. 이처럼 일본인 가이군지의 김옥균에 대한 충정은 죽을 때까지도 변치 않았다.

고베 출발 다음날 오후 김옥균 일행은 나가사키에서 하선하여 후쿠시마야에서 1박하고 3일 후인 3월 27일 오후 5시경 마침내 상하이에 도착하였다. 김옥균 일행은 미국 조계지 철마로鐵馬路에 있는 3층짜리 여관 동화양행同和洋行에 숙소를 정하였다. 김옥균과 와다는 2층 1호실에, 통역관 우바오런은 2호실, 홍종우는 3호실에 각각 투숙하였다. 이날 저녁 김옥균은 상하이에 머물고 있는 윤치호와 10년 만에 재회를 하였다.

당시 윤치호는 조선 주재 미국 공사 푸트의 도움으로 이곳 중서학원中西學院에서 영어 교편을 잡고 있었다. 김옥균은 윤치호에게 자신이 상하이에 온 이유와 리훙장을 만나는 데 필요한 리징팡과 여러 저명인사들의 소개장을 보여주며, 홍종우는 은행에서 돈을 찾는 대로 일본에 돌려보낼 계획이며, 안휘성安徽省의 무호蕪湖에 있는 리징팡李經方으로 부터 연락이 오면 곧바로 톈진으로 가서 리훙장을 만날 계획도 설명해주었다. 사실 윤치호는 정변 직전 결정적인 순간에 신변의 위협을 느껴 자신의 부친 윤웅렬과 함께 발을 빼지 않았던가? 이처럼 윤치호는 처세에도 능하며 매사에 무리를 하지 않는 현실파 인간이었다. 어떻든 한때 지근거리에서 가까이 지냈던 두 사람의 만남은 그날 밤이 마지막이었다.

1894년 3월 28일(음 2월 22일) 운명의 날이 밝아왔다. 그날 아침 김옥균은 아침식사를 간단히 마친 후 여관 주인과 함께 인근 공원에서 산책을 하고 돌아왔다. 그러자 곧바로 홍종우가 그의 뒤를 미행한 후 따라 들어왔다. 그는 아침에 김옥균으로부터 은행에 가서 수표를 현금으로 바꾸어 오도록 지시를 받고 들어오는 길이라고 말하며, 오늘은 은행 지배인이 출타중이라서 고액 수표는 지배인의 직접 결재가 필요하기 때문에 내일 다시 가서 찾아오겠다고 둘러댔다. 사실 홍종우가 가지고 있는 수표는 가짜였기 때문에 애초부터 은행에 제시할 수도 없는 것이었다. 점심을 마친 후 일행은 김옥균의 뜻에 따라 오후에는 상하이 시가지를 구경하기로 하고 와다를 시켜 마차 세 대를 불러오도록 하였으며, 통역인 우바오런에게는 외출시에 입고 다닐 중국옷을 한 벌 사오도록 하였다. 그런 후 김옥균은 시내 관광에 나갈 시간이 아직 남아 있기 때문에 침대에서 비스듬히 누운 채 사마광의 『자치통감資治通鑑』을 읽기 시작하였다. 이 책은 그가 일본을 출발할 때 지인 이누가이(1932년 총리 재임 때 암살됨)로부터 받아온 것으로 그 책은 중국 역사 속 수많은 인물들의 부침이 들어 있는 책인지라 김옥균은 이 책을 통해서 많은 지혜를 얻고자 했다.

한편 아침부터 한복으로 갈아입고 옆방에서 김옥균의 동태를 예의 주시하고 있던 홍종우는 일각이 여삼추, 초조한 마음을 금할 수 없었다. 그는 매시각 비장한 각오로 기회를 엿보며 와다가 잠시라도 방에서 나가주기만을 기다리고 있었다. 이때 그는 오른쪽 호주머니에 탄환을 장전한 권총을 집어넣고 방안을 서성거리며 갖가지 상념에 사로잡혔다. 권총을 쥔 오른손은 땀에 촉촉이 젖어 있었으며, 목은 바싹바싹 타올랐다. 그 순간이었다. 김옥균의 방문이 열리고 와다가 계단으로 내려가는 소리가 들렸다. 김옥균이 와다를 시켜 이 여관 사무장도 함께 시내 관광에 동행하자고 내려 보낸 것이다.

마침내 홍종우가 그토록 기다리던 때가 온 것이다. 홍종우는 심호흡을 한번 한 후 방문을 살며시 열고 곧장 노크도 없이 김옥균 방문을 열어젖혔다. 김옥균은 무방비 상태로 책을 손에 쥔 채 불시의 침입자를 쳐다봤다. 이때 홍종우는 김옥균과 눈이 마주치기가 무섭게 권총을 허리춤에서 꺼내들고 첫발을 김옥균의 얼굴을 향해 쏘았다. 총탄은 김옥균의 왼쪽 볼을 뚫고 머리에 박혀 들어갔다. 김옥균은 본능적으로 벌떡 일어나 홍종우에게 달려들 기세였으나 곧바로 주저앉았다. 홍종우는 뒤로 멈칫하다가 두 번째 총탄을 가슴에 쏘았다. 김옥균이 비틀거리며 등을 돌리는 순간, 홍종우는 확인 사살이라도 하려는 듯 이번에는 마음 놓고 세 번째 총탄을 쏘았다. 그러고 나서 홍종우는 황급히 나가버렸다. 그래도 김옥균은 그 자리에서 절명하지

일본 화가가 그림으로 재현한 김옥균 암살 순간.

않고 방밖으로 기어 나와 건너 방 8호실 앞 복도에 쓰러져 마지막 숨을 거두었다.

　김옥균의 피격은 마치 1917년 러시아 '10월 혁명'의 주역 레온 트로츠키가 망명지 멕시코에서 정적 스탈린이 보낸 자객 라몬 메르카데르에 의해 최후를 맞는 그 장면처럼 일순간에 끝났다.(안성일, 『혁명에 배반당한 비운의 혁명가들』, 도서출판 선인, 2004, '레온 트로츠키'편 참조) 마침내 역사를 자신의 품으로 안으려던 조선의 부르주아 혁명가 김옥균은 운명을 거역하지 못하고 이역 상하이에서 44세를 일기로 파란만장한 삶을 허망하게 끝맺었다. 정의의 신神만이 그를 위로했을 뿐 행운의 여신女神도, 운명의 여신도 그를 외면했다.

　일세를 풍미하며 혜성彗星처럼 떠오르던 '풍운아' 김옥균은 한 조각의 운석隕石처럼 볼품도 없이 떨어지고 말았다. 그에 대한 후세의 포폄褒貶이야 어떻던, 인간 김옥균은 당시의 절망적인 조국의 현실을 그대로 지켜볼 수만은 없었기에 온몸으로 부딪치며 한 세상을 치열하게 살다가 장열하게 쓰러졌다. 그에게는 유한한 삶을 어떻게 사느냐가 중요하였지, 일신의 영화·영달이나 닥쳐오는 죽음은 부차적인 사안事案이었다.

    나는 원한다. 조국이 날 이해하게 되길
    조국이 원치 않는다면, 그땐……
    그냥 조국을 지나가는 수밖에
    비스듬히 내리는 비처럼

그루지아 태생 러시아 혁명·저항시인 마야코프스키(1893~1930)가 남긴 시이다. 조선의 혁명가 김옥균도 이런 시인의 마음으로 참담한 망명 생활 끝에 조국이 몰이해와 절망감 속에서 세발의 총탄을 맞고 '비스듬히 내리는 비처럼' 그렇게 스러져 갔다. 그리고 그가 어린 시절 쓴 "달은 비록 작지만 천하를 비춘다"는 원대한 꿈도 이승에서 이룰 수 없는 꿈으로 접어야 했다. 천명지엄天命至嚴 천명무상天命無常(하늘의 뜻은 지엄한 것 같으나 항상 그렇지는 않다는 뜻. -『易經』)이라고나 할까?

아래층에서 총소리를 듣고 황급히 올라온 와다는 피투성이가 된 채 쓰러진 김옥균을 끌어안고 "선생님! 이게 웬일입니까?"라고 외치며 통곡하였다. 이제 겨우 17세 된 소년으로서는 너무도 감당하기 어려운 끔찍한 사태였다. 이역 땅에서 졸지에 존경하는 스승을 잃은 어린 와다는 어찌할 바를 모르고 한동안 망연자실할 수밖에 없었다. 너무도 허망한 일이었고 믿어지지 않는 현실이었다. 정신을 가다듬은 와다는 관계 당국의 승인을 받아 시체를 일본으로 옮기는 수속을 밟았다. 그리고 와다는 그들이 타고 왔던 여객선 사이코마루 사무장의 도움을 받아 관을 배에 싣기로 하였다. 그런데 이게 웬일인가? 그때 일본 영사관이 찾아와 시체를 당분간 현장에 놓아두라고 지시했다. 이에 와다가 강력히 항의하며 영사관과 관계 당국을 왔다 갔다 하며 제반 절차를 밟는 사이에 시체는 어디론지 사라져버렸다.

　김옥균의 사체는 청국 당국과 일본 영사관의 협의에 따라 그 곳 경찰에 의해 병원 영안실에 안치되어 삼엄한 감시를 받은 후 4월 7일 군함 웨이징하호威靖號에 실려 4월 12일 인천항에 도착, 이튿날 양화진(마포구 합정동 제2 한강교 북쪽 강변)에 이르렀다. 그 배에는 암살범 홍종우도 동승하였다. 김옥균의 관 위에는 '대역부도옥균大逆不道玉均'이라고 붓글씨로 씌어진 하얀 천이 덮여 있었다. 위안스카이는 4월 14일 김옥균의 시체를 조선 정부에 인도했다. 당일 조선 정부 의금부에서는 그의 죄상을 '모반대역부도율謀反大逆不道律'에 해당하는 대역적 죄로 규정하고, 지체 없이 사체를 다시 능지처사하도록 왕에게 건의, 즉시 시행토록 하교 받았다. 그날 저녁 9시 김옥균의 사체는 능지처사된 후에도 난도질을 당했다.

　이때의 처형 방법은 조선 왕조 마지막 능지처사로 기록되며, 1894년 갑오개혁으로 이 능지처사 처형 방법은 너무 잔인한 처형 방법이라 하여 교수형으로 대체되었다. 형장 장대에는 '모반대역부도죄인 옥균 당일양화진두불대시능지처참謀反大逆不道罪人玉均　當日楊花津頭不待

時陵遲處斬'이라고 씌어져 있는 기다란 천이 바람에 나부꼈다. 3일 후 몸통에 구멍이 뚫린 김옥균의 몸체는 한강에 버려지고 머리는 같은 날 죽산부竹山府(지금의 용인과 안성 사이 행정 단위로 현재는 분리되어 없어짐) 야산에 버려졌다. 그리고 팔다리 토막은 전국 8도로 순회 전시되었다. 이 모든 것들이 백성들에 대한 경고의 메시지였으며, 참으로 야만적인 처형 방법이었다.

김옥균 암살은
조·중·일 '3국 합작 모살'

김옥균이 암살되자 특히 일본의 언론은 연일 애도의 기사를 실었으며, 그의 죽음을 놓고 갖가지 분석과 비판, 그리고 추측이 난무하였다. 특히 당시 언론의 논조와 여론은 망명객에 대한 일본 정부의 무성의와 무관심이 이와 같은 결과를 빚어냈다고 자성하는 분위기가 지배적이었다. 특히 김옥균 암살 소식을 듣고 일본 극우 단체들은 일제히 애도의 뜻을 표하고 3월 31일 '김옥균장례위원회'를 발족시켜 사체 인수, 기념비 건립을 위한 모금운동 및 유족 지원 문제 등을 결의하고, 4월 5일부터 15개 주요 일간지를 통해 김옥균 추도의연금 모금 캠페인을 벌이기도 했다.

조선 정부는 자력으로 김옥균을 암살하려 했으나 뜻과 같이 되지 않자 청국 리홍장과 모의하여 당시 주일 공사였던 리징팡을 통해 유인 작전을 편 것이었다. 그도 그럴 것이 앞서 언급한 바와 같이 김옥균이 망명 후에도 일본의 재야 세력과 협력하여 조선을 침공하려 한다는 설, 1,000여 명의 재일 조선족 후예들을 동원하려 한다는 설, 그리고 대원군과의 연대설 등 갖가지 설과 추측이 난무하여 고종과 조선 정부 수구 세력들의 신경을 극도로 자극하였다.

청국의 입장에서도 김옥균이 일본에 오래 있음으로 해서 앞으로 무슨 일이 벌어질지 모르기 때문에 자의든 타의든 김옥균을 없애버리는 것이 유익하다고 판단했다. 그렇게 해서 청국은 크게 힘들이지 않고 조선에 대한 청국의 영향력을 강화하겠다는 심산이었다. 다만 국제적인 여론을 고려하여 직접 암살에 가담할 수 없었기 때문에 암살 주체는 조선 정부에 맡기고 자신들은 조연만 맡겠다는 것이었다.

일본 정부의 입장도 별반 다를 바 없었다. 당시 일본은 조선 정부를 자극하지 않고 청국과 일전을 벌일 준비를 은밀히 진행하고 있는 상황에서 김옥균 신병문제로 골치를 썩일 필요가 없었다. 또한 당시 김옥균은 일본의 의도와는 달리 '삼화주의'와 '삼국평화주의' 등을 제시하였으며, 러시아·미국 등과도 협력을 모색하려는 발언을 함으로써 일본 정부의 신경을 계속 건드렸다. 따라서 그들로서는 김옥균을 자체적으로 매정하게 처리하기에는 여론상 한계가 있기 때문에, 가장 무난한 방법으로서는 조선과 청국이 알아서 처치해주면 더 이상 바랄 것이 없었다.

실제로 일본 정부는 각종 경로를 통해서 조선 정부에서 암살범을 보낸 정보를 입수하고도 적극적으로 수사하지 않았고, 한 걸음 더 나아가 이대로 가면 김옥균이 암살당할 것이 분명한데도 살해당하도록 함으로써 소위 '미필적未畢的 고의故意' 또는 교사敎唆에 의한 살인행위에 가담했다고 보아야 할 것이다. 이를 입증하는 증거로 일본 정부는 암살범이 김옥균 측근에 잡힐 때 증거가 확실함에도 미온적인 수사를 하거나 형식적인 신분조사만 마친 후 범인을 추방하는 선에서 사건을 흐지부지 마무리하곤 하였다. 그런 점에서 볼 때 일본 정부는 김옥균을 조선·청국과 동조하여 모살하였다는 여론에서 자유로울 수가 없게 되었다. 그러고 나서도 교활한 일본 정부는 김옥균 암살과 시체인도, 조선 정부의 잔인한 사후 처리와 관련하여 청국과 조선의 협조 관계를 크게 부각, 반청·반조선 여론을 고조시킴으로써 조선 침략과 청일전쟁의 명분을 차근차근 쌓아갔다. 그런 점에서 김옥균 암살은 조·중·일 3국 합작에 의한 희대의 모살작전이었다.

김옥균 사후 안타깝게도 머리카락과 의복 일부만 묻힌 묘지(사실상 가묘)가 일본에 두 곳, 한국에 한 곳이 있다. 첫 번째 묘지는 일본 도쿄 아오야마 레이엔靑山靈園 공동묘지의 외국인 묘역에 있다. 이 묘지는 최근 일본 정부 당국에 의해 무연고 묘지로 철거 위기에 놓여 있다. 김옥균을 추모하기 위해 결성된 일본의 '김옥균 우인회金玉均友人會'는 능지처사 후 내팽개쳐진 김옥균의 머리에서 입수한 머리카락과 헤어진 옷자락을 입수하여 1894년 5월 20일 도쿄 소재 혼간지本願寺에서 엄숙한 장례식을 치르고 위의 묘역에 묘지를 만들었다. 그 후 1904년 2월 18일 이곳 묘비에는 그의 기상과 성품이 담겨 있는 장문의 비문•이 새겨져 있어 읽는 사람으로 하여금 숙연케 하는 바 그 일

• 비문 전문은 琴秉洞, 『金玉均と日本-その滯日の軌跡』, 900~901쪽에 게재되어 있음.

부분만 옮겨 본다. 비문은 유길준이 짓고, 박영효가 찬撰했으며 대원군 장손 이준용李埈鎔(1870~1917)이 썼다.

오호라 비상한 재주를 타고나	嗚呼抱非常之才
비상한 시대를 만났으며	遇非常之時
비상한 공적을 이루지 못하고	無非常之功
비상한 죽음을 맞이하였으니	有非常之死
하늘이 김공을 낳은 것이 이와 같도다.	天之生金公若是己耶
뜻이 크고 뛰어나	磊落儁爽
작은 일에 개의치 않고	不泥小節
착한 일을 보면 자기 일같이 여기고	見善如己
호쾌한 의협심으로 많은 사람을 끌어안는 것이	豪俠容衆
공의 성품이다.	公之性也
걸출하고 당당하게 우뚝 서서	魁傑軒昂
소신껏 행동하고	特立獨行
백 번 꺾여도 굴하지 아니하며	百折不屈
천만번 그 길을 다시 가는 것이	千萬且往
공의 기상이어라……	公之氣也

이준용이 김옥균 비문에 관여하게 된 경위는 이렇다. 고종의 거듭되는 실정과 부친 대원군에 대한 자의반 타의반 푸대접으로 대원군은 한때 완은군完恩君 이재선李載先을 왕으로 옹립하려다 실패한 후 장손 이준용을 왕위로 계승시키기 위한 공작을 폈다. 이 일 저 일로

고종과 라이벌 관계가 된 이준용은 1894년 10월 법무대신 서리 김학우金鶴羽 암살사건(고종 측근으로 대원군의 청탁을 공개적으로 성토하다가 대원군 파에 의해 살해된 사건)에 직간접으로 연루되어 체포, 투옥된 후 갖은 고초를 겪고서 특사로 풀려났다. 얼마 후 이준용은 주차駐箚 일본 공사로 임명되었으나 권고사직을 당하고 또다시 체포(1895년 4월)되어 유배 조치와 망명 등 신변 위협을 겪으면서 같은 처지가 된 박영효·유길준과 가까워졌다.

두 번째 묘지는 도쿄 진조우지眞淨寺에 있는데, 이 묘지는 김옥균이 죽을 때 까지 의리를 지킨 나가사키 출신 사진사 가이군지가 1900년 3월 28일 전액 자기 비용으로 세운 것이다. 묘비에는 원래 "대조선국김옥균군의 묘(大朝鮮國 金玉均君之墓)"라고 씌어 있었으나 그 후 '大' 자가 뭉개져버렸다. 일설에는 제2차 세계대전 때 비행기 공습으로 파손되었다고 하나 설득력이 없으며, 아마도 일본인 누군가 고의적으로 뭉개버린 것으로 추정된다.

세 번째 묘는 충남 아산시 영인면 아산리에 있는데 김옥균 양자 김영진이 1914년 아오야마 묘지에서 김옥균 머리카락 몇 가닥을 입수해 건립하였으며, 그해 9월 김옥균 부인 유씨가 사망하자 그녀를 남편 김옥균과 합장했다. 이 묘지에서 특이하게 눈에 띄는 것은 조선시대 일반 인물과 달리 묘지 좌우에 돌로 된 승려의 상이 세워져 있는데, 이는 그가 불교 신자임을 표시하기 위한 의도에서 세워진 것이었다. 그리고 김옥균 생가 터에는 추모비가 세워져 있기도 하다.

암살자 홍종우의
그 뒤 행적

어린 와다는 '스승'의 시체를 제대로 간수하지 못한 자신을 책망하며 홀로 귀국하였으며, '스승 김옥균의 은덕에 보은할 기회도 갖지 못한 한을 가슴에 묻고' 살아야만 했다. 훗날 와다는 당시의 끔찍하고 충격적인 상황을 이렇게 회상했다. "나는 땅이 꺼지도록 두 발을 구르며 통곡했다. 나는 거류지 경찰의 불법을 원망하기보다는 일본 영사의 불가해한 태도를 깊고 깊게 한탄했다." 그 후 어린 와다는 한동안 정신적인 공항상태, 즉 트라우마trauma 현상에 빠져 삶의 의욕을 상실한 채 방황의 나날을 보냈다는 후문이 전해지고 있어 듣는 이로 하여금 안타까움을 자아내게 하였다.

한편 모살 배후자 이일직은 홍종우를 끌어들여 김옥균 암살에 성공한 뒤에 권동수 형제와 일본인 가와쿠보를 매수하여 박영효까지 암살하려 했으나 박영효의 동지 이규완과 정난교에 발각되어 일경에 체포된 후 형식적인 조사를 받고 7~8개월 구금(사실상 보호조치) 되었다가 조선으로 추방되었다. 당시 김옥균 암살 음모에는 조선의 주일 공사 유기환이 깊이 관여했다는 사실도 밝혀졌다.

그러면 김옥균 암살범 홍종우는 어찌 되었을까? 김옥균 암살 후 홍종우는 자수 형식으로 청국 경찰에 인계된 후 "김옥균은 조선의 반역자이며, 홍종우는 조선의 관원이다. 따라서 김옥균 시체와 홍종우는 마땅히 조선에 인도하라!"라는 북양대신 리홍장의 지시에 따라 홍종우는 4월 7일 김옥균 시체를 실은 웨이징하오 군함에 동승하여

4월 12일 마치 개선장군처럼 인천항에 도착하였다. 이튿날 그는 기선 한양호로 바꿔 타고 양화진을 거쳐 한성에 들어와 중신들의 대환영을 받으며 고종을 알현하였다. 그러나 당시 외국 외교문서에 나타난 기록(오스트리아·헝가리 외교 보고서)들에 의하면 "그의 모습은 웬일인지 불안하고 침울해 보였다"고 기록되어 있다. 이 외교 문서에서 보듯이 홍종우의 그 뒤 삶은 그렇게 행복하지 않았다. 그가 성취감에 도취하여 뭇사람으로부터의 영웅 대접도 잠시, 그해 그러니까 1894년 청일전쟁이 일본의 승리로 끝나자 신변의 위협을 느낀 홍종우는 그해 6월 청국으로 도피할 수밖에 없었다.

  홍종우가 정치 활동을 다시 시작한 것은 1896년 고종의 아관파천 俄館播遷 이후였다. 즉 그 무렵 청국에서 돌아온 홍종우는 고종의 칙사로 임명되어 갑오개혁과 민비 시해사건의 관련자로 지목된 총리대신 김홍집과 농상공부 대신 정병하, 군부대신 조희연의 살해에 깊숙이 관여한 것으로 알려지고 있으며, 그해 8월 15일에는 신기선과 이재순의 지원을 받아 궁정에서 친일파로 지목되었던 전 내무협판 유세남 외 54명을 축출하는 데 앞장섰다. 자칭 우국충정憂國衷情에 불탄 홍종우는 고종이 러시아 공관에 머무는 동안 고종에게 조선이 자주국임을 대외에 선포토록 건의하여 마침내 조선 당국은 1897년 10월 11일 왕의 칭호를 황제로 격상시키는 한편, 세자를 황태자로, 조선의 국호를 대한제국大韓帝國, 연호年號를 광무光武로 개칭하고 10월 12일 황제 즉위식을 거행하였다. 그리고 조선 당국은 곧바로 다음날인 10월 13일 민비를 명성황후로 추존한 후 익월 11월 21일에는 민비의 국장을 치르는 등 법석을 떨었다. 홍종우의 이러한 건의에 의해 일약 황제가 된 고종은 유명무실한 이름뿐인 황제이지만 크게 고무되었다. 그 공로로 홍종우는 궁내부 의사과장이 되었으며, 고종의 환궁 직전인 1897년 정월, 일본 공사가 국왕을 알현할 때에도 홍종우가 배석할 정도로 그의 기세는 하늘을 찌를 듯 높아갔다.

미국인 화가 휴버트 보스가 그린 고종 황제

'대한제국'이 선포된 후 홍종우는 홍양군수, 의정부 총무국장, 농상공부 광산국장, 중추원 의관, 평리원(의금부 후신) 재판장을 거쳐 그 후 광무 6년까지 주요 요직을 거치며 권세를 휘둘렀다. 그 후에도 그는 열한 번에 걸친 상소문을 올려 국정쇄신책을 건의, 개혁 드라이브를 추진하였다. 그는 상소문에서 제국주의 열강들이 조선의 이권을 침탈하지 못하게 하고, 국가 재정을 확충하며 국내 상공업 육성책을 건의하였다. 이를 위한 구체적인 경제정책 방안으로 조선·러시아 은행朝露銀行 설립 반대, 절영도 석탄고 임대와 광산 이권 양도 반대, 조선 연해 어업과 홍삼의 사적 매매 금지, 곡물의 해외 유출을 방지하는 방곡령 실시, 광무 연호와 화폐 주조 실시 등을 주장하였으며, 정치·사회 정책으로서는 황제권의 절대화와 군권 확립, 만국 공법 철저 준수, 공정한 인사 정책, 불평등 조계 개정 등 이루 헤아릴 수 없이 많은 정책을 건의하였다.

또한 홍종우는 소위 '홍길동 프로젝트(홍종우·길영수·이기동의 이름을 따서 붙인 이름)'를 수립하여 보수 관료, 재야 유생, 농민, 보부상과 제휴한 신분 초월 제 3세력을 구축하기도 하였다. 이들 3인 중 길영수는 경북 상주 사람으로 백정 출신이었으나 1890년 무과에 급제하여 세도가 민영기가 충주목사로 재임 때 백성들의 소요를 진압하는 데 공로가 인정되어 1897년 과천군수가 된 후 왕실에 무상출입하면서 왕의 자문에 응하기도 하였다. 이기동은 경기도 지평 출신으로 임오군란 때 민비가 장호원에 피신해 있을 때 잠시 그의 집에 은거한 적이 있어 그 후부터 황실과 인연을 맺게 되었으며, 각종 정부 요직과 군부 중책을 맡으며 승승장구하였다. 또한 이들 3인은 함경도 명천 출신으로 보부상을 거쳐 금광 사업으로 벼락부자가 된 이용익과도 의기투합하였다. 이용익은 1882년 임오군란 때 장호원으로 피신한 민비와 양주로 피신한 민영익 사이를 왕래하며 연락책으로 활동한 후 중앙 정계에 진출하여 단천부사, 남병사로 발탁된 인물이었다.

이처럼 미천한 신분으로 벼락출세한 이들 3인은 궐내를 무상출입하여 세칭 '별입시別入侍'로 불릴 정도로 황제에게 중요사안을 직접 아뢰고 자문할 정도로 막강한 영향력을 행사하였다. 당시 이들의 행동은 그야말로 기고만장했다. 그리고 홍종우는 평리원 재판장으로 있던 광무 4년 7월 31일의 상소에서는 인재 등용에 일부 대신의 책임이 크다며 그 예로 당시 법무대신 서리 민종묵이 사실私室에서 불공정한 인사를 실시하여 폐단이 크다고 밝힘으로써 결국 민종묵을 관직에서 물러나게 했다. 이런 그의 거침없는 상소에 대해 벽촌에서 칩거하던 황현도 "종우는 비록 난폭한 사람이나 말이 모두 절실히 옳은 소리라 일시에 명소名疎로 칭하게 되었다"고 하면서 일면 후한 점수를 주기도 하였다. 또한 같은 해의 또 다른 상소에서 홍종우는 "관리의 선발과 쓰임은 공도公道로 이루어져야 하는데, 관찰사의 전최殿最(지방 수령의 치적을 조사·보고하는 일) 모두 정필正筆이 없어 칭찬만 있지 질타는 없다. 그러므로 백성들의 소요가 있는 군은 도리어 등급이 올라가고 착복한 관리는 관직이 올라가는 폐단이 있다"고 지적하였다.

(이 부분 조재곤, 『그래서 나는 김옥균을 쏘았다』, 푸른역사, 2005 참고)

그러나 세상사 다 그렇듯이 인간사 부침이 있는 법. 홍종우의 거침이 없는 행동과 도에 넘치는 개혁 드라이브, 그리고 무엇보다 그의 배일排日 성향은 기세를 올리는 친일세력과 마찰을 자주 일으켜 수세에 몰리기 시작했다. 특히 명성황후 시해사건 이후 일본의 정치적 압력이 더욱 노골화하면서 황제 중심의 근대화를 꿈꾸던 홍종우와 그 일파는 점차 힘을 잃고 신변의 위협을 느낄 정도로 몰락의 길을 밟기 시작하였다.

그 무렵, 그러니까 1901년 8월 홍종우는 부모와 부인의 묘가 도굴되는 해괴한 일을 겪게 되었다. 홍종우 어머니는 그가 파리로 떠나기 전인 1886년, 부인은 귀국 직전인 1893년, 그리고 아버지는 1898년에 각기 사망하였는데 그가 입신출세하면서 1899년 가을 이들 묘지는 모두 경기도 광주부(현 서울 역삼동 일대)에 이장된 것이었다. 변고를 당한 홍종우는 해당 지방관에게 관련자들(경기도 죽산 출신 오성선 형제들)을 조사하여 의법 조처하도록 한 후 도굴을 사주했던 오정환을 '원수'로 여기고 상소하였으나 사건 처리는 웬일인지 유야무야되고 말았다.

1902년 홍종우는 승정원 승지가 되었다. 그것이 중앙 무대에서 그의 마지막 공직이었다. 마침내 이듬해 1월 홍종우는 제주목사로 좌천되어 중앙 무대에서 멀어지는 신세로 전락하기 시작하였다. 말이 제주목사지 사실상 유배로 보아도 무리가 아니었다. 이런 그의 처지를 식민지 시대의 한글학자 김윤경(1894~1969)은 "한라산의 아침 안개와 산지포山地浦의 조수潮水를 바라보면서 길게 한숨짓는 그 생활이야말로 세인트헬레나 고도의 나폴레옹의 생활보다는 낫다고 할는지요?"라고 평하였다. 그의 제주목사 좌천은 친일세력의 진언과 개혁 피로증에 시달린 고종의 합작품이었다.

　제주목사로 부임한 홍종우는 제주민란(1901년 5월 천주교도와 제주 군민 사이의 충돌) 사후 처리에 골몰하였다. 이 민란은 당시 황실 재정 담당 기관 궁내부 내장원 봉세관 강봉헌이 제주에 내려가 도민들에게 가혹한 세금을 부과하였을 뿐만 아니라 그 곳 천주교도들과 결탁해 부당한 잡세를 거둬들임으로써 직접적인 발단이 되었다. 이에 격분한 대정군수 채구석은 집사 이재수를 행동대장으로 내세워 군민들과 함께 봉기하였다. 이 민란을 '채구석의 난' 또는 '이재수의 난'이라고도 하는데 현직 군수가 중심이 되어 일으킨 이 민란은 우리나라 민란 역사에서 유례가 없는 특이한 사건이었다.

　공교롭게도 홍종우가 목사로 부임하던 그 해 제주도에는 흉년이 들어 민심이 흉흉하였다. 그러나 홍종우는 이에 대한 해결책을 제대로 강구하지 못해 도민들로부터 원성을 받았다. 이래저래 제주목사 생활에 환멸을 느낀 홍종우는 중앙 정부에 사직을 건의하여 1905년 4월 마침내 제주목사직을 그만 두고 전라도 무안군에 은거하기 시작하였다. 그의 슬하에는 전처소생 딸 한 명과 26세 연하 후처 밀양 박씨 사이에서 2남 1녀를 두었으나 이들 모두 이렇다 할 행적이 없다.

그 뒤 홍종우는 1909년 상하이를 거쳐 프랑스로 망명했다가 다시 귀국하여 1913년 63세로 사망한 것으로 알려지고 있다. 일설에 의하면 친일파 세력에 의해 은밀히 제거되었다는 설도 있으나 이 역시 명확치 않다. 토사구팽兎死狗烹(토끼가 죽으면 토끼를 잡는 사냥개는 쓸모가 없으므로 사람에 잡아먹힌다는 고사에서 유래. -『사기』, '월왕구천세가'편에 나옴)이라 할까, 업보라 할까? 암살자의 말로는 너무도 초라하고 비참했다. 그는 머리도 좋고 시대를 앞서가는 개혁정신도 투철하였으나 재승박덕에 독불장군처럼 돌출행동이 잦았고 출세욕이 과하여 스스로 화를 자초하였다. 이런 그를 김윤경은 "홍(종우)은 식견이 있고 담략이 있는 유용한 청년이었으나 권세와 구복口腹(음식을 먹는 입과 배 즉 사욕을 말함)에 끌리게 되었다"고 개탄하였다. 그런 점에서 자객 홍종우는 중국 진나라 때 자신을 알아준 제후 지백智伯의 원수를 갚기 위해 목숨을 바친 예양豫讓이나 진나라의 볼모로 되어 홀대를 받은 연나라의 태자 단丹의 복수를 위해 스승 전광田光의 권유를 받고 자객이 되어 목숨을 던진 형가荊軻에 비한다면 단계가 낮은 자객이었다. 그도 그럴 것이 이들 두 사람은 사나이의 의리로 자신의 목숨을 초개草芥(지푸라기)와 같이 버렸지만 홍종우는 명분과는 달리 출세욕에 의해서 자객이 되었다.

사마천司馬遷은 『사기史記』의 자객열전刺客列傳 편에서 위 두 자객의 의로움을 높이 평가하며 "사나이는 자신을 알아주는 사람을 위해서 목숨을 바치고, 여자는 자기를 사랑해주는 사람을 위해서 화장을 한다(士爲知己者死 女爲說己者容)"는 유명한 말을 남겼다. 예양과 형가가 테

러리즘을 미학美學으로 승화시킨 자객이었다(안승일, 「열정의 천재들 광기의 천재들」, 334~339쪽)면 홍종우는 출세욕에 함몰된 테러리스트였다.

제6장

망국의 길에서 다시
만난 '북촌' 개화파들의
험난한 행로

" 청일전쟁에서 일본이 승리한 후 일본은 조선의 정국에 깊이 개입, 막후에서 김홍집을 내각 총리로 지명토록 하고 망명객들을 불러들여 국정에 참여시켰다. 마침내 박영효가 먼저 일본에서 귀국하여 김홍집과 연립내각을 구성, 내무대신이 되었고, 이어서 서광범도 미국에서 귀국, 법무대신 자리에 올랐다. 그리고 서재필은 미국에서 '홀로서기'로 자리를 잡아 생업에 몰두하고 있었기 때문에 이들보다 1년 늦게 귀국하였으나 국정에 직접 참여하지는 않고 후선에서 문화·계몽 사업과 국정자문 역할을 하였다. 그리고 갑신정변 이듬해 귀국한 유길준도 오랜 연금생활 끝에 국정에 참여하였다. 이렇게 되면서 조선 정국은 마치 옛 '북촌' 개화파들이 정국을 주도해가는 분위기였으나 수구파의 반격도 만만치 않았다.

이 과정에서 박영효는 역모혐의로 다시 일본으로 망명하였으며, 일본은 자신들이 주도하는 국정개혁의 걸림돌로 지목한 민비를 시해하는 을미사변乙未事變을 일으켰다. 이에 위기감을 느낀 수구파에서는 반일 친 러시아 정책을 표방하며 고종을 러시아 공관으로 피신시키는 아관파천俄館播遷으로 대반격을 시도하였다. 이러한 전대미문前代未聞의 사건들이 잇따라 터지면서 서광범은 을미사변 후 주미 공사 형식으로 미국에 되돌아간 후에 면직되고, 이어서 내각총리 김홍집과 탁지부대신 어윤중이 비명에 갔으며 외무대신 김윤식은 영구 유배형에 처해졌고, 내부대신 유길준도 일본으로 망명하는 등 '조선의 마지막 개화파들'이 다시 설 땅을 잃고 된서리를 맞으면서 조선 왕조는 망국의 길로 치달았다. "

제6장 망국의 길에서 다시 만난 '북촌' 개화파들의 험난한 행로

재기와 좌절을 반복하며
친일파로 전락한 박영효

박영효는 그래도 복이 많은 사람(?)이었다. 열두 살의 어린 나이로 철종의 딸 영혜옹주(결혼 3개월 만에 사망)와 결혼하여 부마駙馬가 된 후 남들처럼 출세의 관문인 어려운 과거시험도 거치지 않고 정 1품 금릉위錦陵尉 직에 올라 사회적 특권을 누렸으며, 거사 실패 후 망명 생활을 하면서도 그 자신이 말하는 '양반 대접'을 받으며 용케도 살아남아 정계에 복귀하여 천수를 다하였으니 그래도 운이 좋은 사람이었다고 말할 수밖에 없다. 그의 저서 『사화기략使和記略』(1882)에 따르면 그가 정사자격으로 일본을 방문할 때 선상에서 주일 영국 서기관 애스턴과 선장 제임스의 조언을 받아 태극 8괘도를 참고, 태극기를 만들었다고 했다. 이로 인해 박영효가 태극기를 최초로 만든 사람으로 오랫동안 전해왔으나 최근의 연구 결과에 의하면 이보다 넉 달 앞선 1882년 5월 조·미 수호조약 체결 당시 역관 이응준이 최초로 창안했다는 사실이 밝혀졌다.

친척 박규수와 유대치의 영향을 받아 박영효의 내면세계는 일찍부터 개혁적으로 바뀌어 김옥균과 의기투합, 운명적인 만남이 시작되었지만, 둘 사이에는 훗날 정변 실패 후 망명 기간 중 불편한 라이벌 관계에 놓이게 되었다. 박영효는 김옥균보다 열 살이나 아래로 식견이나 경륜에서 김옥균에 비할 바는 못 되었지만, 그래도 그는 귀족이라는 자긍심 속에서 우월감과 특권의식, 소위 '양반 행세'를 하며 일생을 살아갔다. 이런 박영효의 처신에 대해 김옥균은 못마땅하였겠지만 전혀 내색을 하거나 비난하지 않고 각별히 예우해주었고 다른 동지들에 대해서도 자잘한 허물을 탓하는 일이 없었다.

반면에 박영효는 망명 생활 중에 항시 김옥균의 사생활이나 개인적인 흠결을 들추어내는 일이 많았다. 사실 사생활로 말하자면 박영효도 일찍 상처喪妻하고 알게 모르게 많은 여자를 거느렸으며, 공식적으로는 셋째 부인 범范씨와의 사이에서 2남 1녀를 두었다. 그리고 훗날 박영효는 회고담에서도 거사 실패의 책임을 김옥균에게 전가하는 옹졸함을 보였다. 이러한 그의 대범치 못한 태도는 김옥균의 신화적인 존재감에 대한 열등의식에서 비롯된 것이며, 이 점이 바로 인간 김옥균과 박영효의 그릇의 차이라고 말 할 수 있다.

어떻든 박영효는 김옥균과 일본에 망명한 후 서로 불편한 관계에 놓이게 되었다. 그도 그럴 것이 호방하고 친화력이 있는 김옥균 곁에는 많은 사람들이 모여들었으나 자의식이 강한 박영효 곁에는 찾는 사람이 많지 않았다. 따라서 박영효는 주로 독서를 하거나 재일 미국 선교사가 운영하는 학원에서 영어 공부를 하며 은밀히 재기를 꿈꾸고 있었다. 그는 주로 요코하마 성공회의 헨리 루미스를 통해 조선의 소식을 들었다. 그가 루미스를 알게 된 것은 미국 북장로교회 선교사 어빈을 통해서였다. 그는 루미스를 통해서 그의 모친과 여동생이 처형되고 그의 후처는 친구 집 문 앞에 어린 여식을 놓아두고 한강에 투신자살했다는 소식을 들었다. 이런 아픔을 안고 박영효는 10년 동안 묵묵히 재기의 꿈을 포기하지 않았다. 그는

박영효

1888년(고종 25) 1월 왕에게 1만 3,000여 자에 이르는 장문의 「건백서建白書」를 올리기도 하였으며, 1891년 2월에는 대원군에게 서신을 보내어 재기를 모색하기도 하였다. 그는 이 서신에서 청일전쟁의 가능성을 예견하면서 난국을 타개하기 위한 방안으로 '백성안무百姓安撫(백성을 편안하게 함), 간흉양제姦凶攘除(간사한 무리를 제거함), 방일상의訪日商議(일본을 찾아 이로움을 도모함)' 등 3개 항을 제시하였다.

마침내 그의 꿈은 일단 이루어졌다. 1894년 청일전쟁이 일본의 승리로 끝났고, 여론은 그의 입국을 반대하는 분위기였음에도 그해 10월 새로 부임한 조선 주재 이노우에 공사의 도움으로 망명 10년 만에 조선 정계에 복귀하였다. 이노우에는 대원군이 동학당 및 청국과 내통했다는 이유를 들어 그를 실각시킨 뒤 박영효 등 갑신정변 관련자 사면을 적극 추진하였으며, 그 덕으로 박영효는 제2차 김홍집 내

각 내무대신으로 입각하였다. 사실상 김홍집 내각은 김홍집과 박영효의 '연립내각' 성격이었으며, 이때 그는 근대 문명국가를 지향하는 각종 개혁조치를 주도적으로 단행하였다. 이 과정에서 박영효는 일본 당국을 등에 업고 독단적인 개혁조치를 추구하면서 사사건건 총리대신 김홍집을 비롯한 내각 중진들과 대립각을 세웠다.

박영효는 군부대신 조희연을 밀어내고 자파를 앉힘으로써 김홍집과 결별하고, 김홍집 본인마저 사직하는 사태가 벌어졌다. 그 무렵 민비는 러시아 공사와 긴밀히 접촉하고 있었는데, 이때 박영효는 이를 감시하기 위해 궁정 호위를 기존의 시위대에서 훈련대로 바꾸고자 했다. 고종은 이에 반발하고 통제권을 벗어나 있는 훈련대가 경무청과 충돌하게 됨으로써 급기야는 훈련대 해산령이 내려지면서 그 여파로 박영효는 1895년 역모 혐의로 실각되고 말았다. 그가 역모 혐의를 받게 된 것은 일본인 낭인浪人 사사키의 간계였다. 사사키가 이런 음모를 꾸민 것은 그가 박영효에게 이권이 있는 요직을 부탁했다가 거절당하자 앙심을 품고 조선인 한재이에게 필담으로 "박영효가 조만간 민비를 살해하고 정부를 전복하려 하고 있다"고 써주었다. 이 필담이 민비 최측근 심상훈에 전해지고 곧바로 그 내용이 민비에까지 보고되었다. 이 사건을 소위 '불궤음도不軌陰圖'(역모)라고 하는데 사건의 진위 여부를 떠나 일파만파 박영효에 대한 왕실의 노여움은 극에 달하였다.

이 사건으로 박영효에 대한 체포령이 내려지게 되자 그는 일본 공사관으로 피신, 다시 일본에서 12년간이나 망명 생활을 해야 했다. 1895년 7월 민비 정권은 친일파 박영효를 내쫓고 친러파인 박정양을 내세워 제3차 김홍집 내각을 성립시켰다. 그러나 일본이 이를 지켜보고만 있을 리 없었다. 조선이 친 러시아 정권을 수립하는 데 베베르 공사의 역할이 컸다면, 이번에는 새로 부임한 미우라 일본 공사가 활약할 차례가 된 것이다. 마침내 미우라는 당시 한양에 와 있던 일본인 낭인들을 긁어모아 1895년 8월 20일(음) 야음을 틈타 이들로 하여금 경복궁 곤녕합昆寧閤에서 민비를 시해하는 끔찍한 만행을 저질렀다. 일본측은 조선 침탈의 최대 '걸림돌'이 민비라고 판단하고 과감히 제거해버린 것이다. 민비의 시체는 곤녕합에서 가까운 녹원鹿苑 숲속으로 옮겨진 후 장작더미에 얹혀 불태워졌다. 일국의 왕후가 일본의 깡패 집단에 죽음을 당한 이 사건은 을미년에 이러났기 때문에 역사에서는 '을미사변乙未事變'으로 기록되고 있다. 이 사건은 당시 기록에는 '을미지변乙未之變' 또는 '을미팔월지변乙未八月之變'으로 주로 썼다.

왕비를 잃은 고종은 1896년 2월 자신의 생명까지도 위험하다고 판단하여 베베르 러시아 공사, 친러파인 이범진과 이완용의 권유를 받아 러시아 공사관으로 피신하여 무려 1년간(1896년 2월 11일~97년 2월 20일)이나 머물게 된다. 역사에서는 이를 '아관파천俄館播遷' 또는 '로관파천露館播遷'이라 칭하고 있는데, 일국의 왕이 자기 나라 자기 궁궐을 놓아두고 자기 땅 남의 집에 얹혀사는 기막힌 꼴이 벌어지게 된 것이다. 이 일로 총리대신 김홍집과 농상공부 대신 정병하가 백주에 살해되고, 어윤중은 도피 중 용인에서 군중에 피살되었으며, 외무대신 김윤식은 면직되어 가까스로 생명을 건졌으나 후에 제주에 영구 유배되었다.

일본에 망명한 박영효와 유길준, 그리고 왕실의 의화군義和君 (1877~1955. 고종의 다섯째아들로 귀인 장씨 소생, 후에 의친왕으로 봉해짐)과 이준용(대원군 장손) 등은 권토중래 재기를 노리며 의화군을 왕으로 옹립하려는 음모를 꾸몄다. 의화군은 1894년 10월 청일전쟁 후 위문 사절로 일본에 와서 머물고 있었다. 이를 알아챈 왕실이 의화군의 생활비 지급을 끊어버리자 의화군은 1897년 5월 미국으로 떠나버렸다. 박영효는 1898년 7월 독립협회 회장 안경수와 짜고 고종을 퇴위시키고 황태자를 왕으로(실제로는 의화군을 왕으로) 옹립하려는 계략, 소위 '무술계모戊戌計謀'를 꾸몄으나 사전에 발각되어 그의 귀국길은 더욱 어렵게 되었다. 그럼에도 박영효는 포기하지 않고 독립협회와 긴밀한 연락을 취하면서 고종 퇴위를 모색하였다. 1899년 6월에는 독립협회장을 지낸 고영근 등 박영효 지지 세력들은 박영효 집에서 폭탄을 제조, 조병식 등 대신들의 집에 투척하였다. 이로 인해 박영효는 사실상 귀국길이 완전히 막히게 되었다. 그럼에도 박영효의 집념은 꺾이지 않았다.

1900년 7월 박영효는 일본 고베에서 망명 동지들을 규합하여 정부 전복 모금운동을 벌이며, 모금책을 국내로 밀파했다가 적발되어 결국 박영효는 궐석 재판에서 교수형을 선고받았다. 그는 일본에 유학 온 친조카 박태서(백형이며 거사동지인 박영교의 아들) 집에 은거하면서 조선 통감 이토를 통해 귀국을 모색하였으나 고종의 완강한 반대로 무산되고 말았다. 1904년 2월 박영효는 망명중인 유길준과 만나 도쿄 아오야마의 김옥균 묘지를 찾아 묘비문(글 유길준)을 헌정함으로써 고인과의 지난날 하찮은 앙금과 갈등도 다 잊은 채 갖가지 상념에 잠기기도 하였다.

　1907년 6월 박영효는 비밀리에 부산으로 들어와 고베에서 알고 지내던 미국 북장로교회 선교사 어빈 집에 머물면서 이토 통감과 내통하며 또다시 재기를 꿈꾸었다. 그가 끈질기게 귀국을 서두른 것은 친일 단체인 '일진회' 총재직을 권유받고, 이를 일본의 자유당과 같은 정당으로 키워 집권하려는 야심을 갖고 있었기 때문이었다. 결국 박영효는 궁내부 고문 가토 마쓰오의 도움으로 특사령을 받고 사면되어 이완용 내각의 궁내부대신이 되었다.

　그해 7월 일본은 '헤이그 밀사' 파견을 문제 삼아 고종의 퇴위를 강요함으로써 마침내 고종은 1907년 7월 아들 坧에게 왕위(순종, 1874~1926)를 물려주고 자신은 태황제로 물러나 1910년 일제가 대한제국을 무력으로 합방한 후 1919년 정월 68세를 일기로 영욕의 삶을 마감하였다. 1863년 즉위하여 무려 43년 7개월간 군왕으로서 파란만장한 삶이었다. 박영효는 이 사이에 이완용을 암살하고 일본의 음모를 분쇄코자 하였으나 이 역시 사전에 누설되어 제주도에 2년간 유배를 가게 되었다. 그는 유배 1년 반 만에 사면되었지만 상경이 허용되지 못하고 마산에 칩거하던 중 한일합방을 맞게 되었다. 그 후 그는 일제로부터 후작 작위를 받고 1918년에는 조선식산은행 이사, 1920년에는 동아일보 사장, 1937년 9월 21일 중추원 부의장 직으로 재직하던 중 79세를 일기로 사망하였다. 그가 친일파로 낙인 찍혔다는 이유만이 아니라 그의 삶을 김옥균의 삶과 비교하여 어쩐지 작아 보이는 것은 무슨 까닭일까?

정계 복귀 후 미국에 재 망명하여 쓸쓸히
생을 마감한 서광범

　김옥균과 함께 일본으로 망명한 서광범·서재필·박영효 3인은 1885년 5월 26일 베이징호를 타고 요코하마를 출발하여 6월 11일 샌프란시스코에 도착하였다. 이들이 도착하자 『샌프란시스코 크로니클』지는 "조선 망명객, 은둔국으로부터의 망명, 반란의 부랑자, 개화당 3명의 지도자, 샌프란시스코를 피난지로 결정하다"라는 제목으로 비중 있게 보도하였다. 이들 3인은 처음에는 이곳 서쪽 빈민가에 정착하였으나 돈은 물론 언어마저 불통이어서 살 길이 막막하였다.

　박영효는 "미국 사람들은 양반도 몰라본다……"는 말을 하며 소위 '양반' 신분으로 노동하기를 꺼려했고, 서광범도 언어가 불통이었기 때문에 그나마 토막 영어로 의사소통이 조금 되는 서재필이 날품팔이로 벌어온 푼돈으로 연명하였으나 어린 서재필에 의존하여 살 수는 없는 노릇이었다. 결국 이들은 각자 살길을 찾기로 하고 뿔뿔이 헤어졌다. 때마침 서재필은 길거리에서 도쿄 유학시절 알고 지냈던 후쿠자와 유키치의 조카를 우연히 만나 일본에 가서 갚기로 하고, 미국 생활에 적응하지 못하는 박영효만 여비를 꾸어서 다시 일본으로 돌려보냈다. 어떤 경로를 통해서인지 서광범은 선교사 언더우드 형을 통해 여비를 마련, 뉴욕으로 가 뉴저지, 워싱턴 등지에서 생활하였다. 서광범은 언더우드의 도움을 받고 생활하며 1892년 1월 18일 마침내 미국 시민권을 얻게 되었다.

한편 서재필은 미국 생활에 빨리 적응하여 미국에 귀화, 조지워싱턴 대학 도서관에 사서司書 일을 보며 그 의과대학에 다녔다. 이런 서재필과 달리 서광범은 영양실조로 폐병까지 걸리게 되었으며, 하루하루 악전고투하며 힌두교·불교 등 인도철학의 영향을 받은 신흥 종교 집단인 신지학회에 가입하여 위안을 찾았다. 서광범이 이 학회에서 일하고 있을 때 1893년 8월 14일 윤치호는 밴더빌트 대학과 에모리 대학에서 공부하고

서광범

귀국길에 오르기 전 주미 조선 공사관을 방문하여 서광범과 서재필의 행방을 수소문하였으나 찾지 못하고, 일본 공사관을 방문해서야 이들의 행방을 찾아낼 수 있었다. 알고 보니 서재필은 이미 조지워싱턴 대학 의과대학을 졸업하고 월 100달러를 받으며 모교 병리학 조교수로 재직하고 있었다.

반면 서광범은 서재필과 이웃에 살고 있으나 둘은 1년여 동안 만나지도 못했다고 하였다. 이런 서재필을 보고 윤치호는 1893년 8월 13일자 『윤치호 일기』에서 다음과 같이 기록하였다. "서재필 박사와 서광범 씨는 성격이 정반대였다. 전자는 인색하고 이기주의적이며

비애국적이었으나 후자는 관대하고 애국적이며 정이 깊었다. 서재필 박사는 행복하고 편하게 살아가고 있었으나 서광범 씨는 근근이 살아가고 있었다. 자연히 서재필 박사는 가난하고 당당한 친인척을 피하고 있는 것처럼 보였다." 두 사람의 성격을 단적으로 나타낸 말이어서 이들 행적을 추적하는데 참고가 된다.

　이처럼 서광범이 힘겹게 미국 생활을 하고 있는 가운데 그에게 희소식이 들어왔다. 1894년 갑오동학농민전쟁을 계기로 발발한 청일전쟁이 일본의 승리로 돌아가자 일본은 청국의 간섭을 받지 않고 노골적으로 조선의 내정에 간섭하기 시작하였다. 새로 부임한 이노우에 공사는 김홍집 총리에게 미국에서 망명 생활을 하고 있는 서광범·서재필 등에게 사면 조치하고 재기용할 것을 요구하는 한편, 외부대신 김윤식에게 주미 일본 공사 구리노를 통해 그 취지를 본인들에게 통보토록 하였다. 서재필은 미국에 터를 잡은 만큼 귀국할 의사가 없었고, 서광범은 반갑고 기쁜 마음 금할 수 없었으나 귀국할 여비가 문제였다. 우여곡절 끝에 서광범은 일본 정부로부터의 대여형식으로 여비를 마련하여 10년간의 망명 생활을 청산하고 1894년 9월 8일 감격스런 귀국길에 올랐다. 그때까지도 조선 정부에서는 정식으로 특사령을 내리지는 않았기 때문에 서광범은 정난교·신응희와 함께 9월 말 일본에 도착, 도쿄에 머물면서 사태의 추이를 관망하고 있었다.

　그해 12월 9일 마침내 기다리고 기다리던 특사령이 내려져 서광범은 12월 13일(음 11월 17일) 제물포에 도착, 다음날 입경하였다. '10년이면 강산도 변한다'는 말이 있듯이 서광범에게는 이 말이 더욱 피부로 느껴질 정도였다. 마침내 서광범은 12월 7일 발족한 김홍집 총리대신과 박영효 내무대신의 '연립내각'에서 법무대신에 임명되었다. 참으로 꿈만 같고 극적인 일이었다. 물론 그 사이에 박영효의 부친 박원양, 홍영식의 부친 홍순목, 그리고 서광범 부친 서상익도 이미 불운하게 고인이 되었지만 옛날 관직으로 되돌려졌다.

　법무대신에 기용된 서광범은 곧바로 사법제도 개혁에 착수하여 이듬해 3월 25일 재판 구성법을 제정, 공포하여 신 재판제도와 동법 실무절차를 정비하였다. 그가 추진한 이 근대적 사법제도는 일반 국민의 재산과 인권 보호 등 각 분야로 선진 일본과 미국의 사법제도를 많이 참고한 것이었다. 그는 김홍집과 박영효의 갈등, 박영효의 민비 시해 음모설로 박영효가 다시 일본에 망명하고 제3차 김홍집 내각이 구성될 때에도 법무대신 자리를 유지하였으며, 을미사변으로 민비가 시해된 다음날 임시로 학부대신을 겸직케 되었다.

　민비 시해 처리 문제와 관련하여 일본과 미묘한 갈등을 우려한 나머지 그는 법무대신 자리를 사직코자 하여 국왕은 이를 참작, 10월 13일 그를 학부대신으로 이동시켰다. 그는 학부대신에 취임하자 11월 16일 서울의 네 곳(장동, 정동, 묘동, 계동)과 전국에 200여 개의 소학교를 세우게 하고 6개월 단기 속성 사범학교도 몇 개나 설립토록 했다. 그러나 민비 시해와 관련하여 서광범도 이 사건에서 자유롭지 못한 분위기가 확산되자 서광범은 신변에 위험을 느낀 나머지 다시 미국 망명을 시도하였다. 이런 상황에서 당초 주미 공사 발령을 받은 민영환이 그 자리를 사양하게 됨으로써 서광범은 외무대신 김윤식의 주선으로 12월 12일(음 10월 17일) 주미 대사로 임명되었다. 그로서는 천만다행한 일이었다. 그의 민비 시해 연루 의혹은 최익현의 상소로 더욱 여론화하여 궁지에 몰리게 되었으니 말이다. 미국에서 귀국한 지 1년 만에 공인이 되어 다시 미국에 돌아가게 된 서광범은 그때 학부대신 서기관 박승봉(그의 외삼촌 박희양의 아들)을 대동하였다. 미국 도착 전 서광범은 아관파천 직후 총리 김홍집이 백주에 살해되었다는 소식을 접하고 심경이 매우 착잡하였다.

아관파천 후 친 러시아 세력이 득세하자 서광범은 부임 7개월 만에 주미 공사직에서 해임되고 그 자리에 친러파 이범진李範晉(1852~1911)이 임명되었다. 이범진은 안평대군의 후손인 이경하의 서자(본부인은 아들이 없음)로 태어났다. 이경하는 대원군 때부터 고종 때에 이르기까지 병권을 장악하였으며, 이런 그의 아버지 후광을 업고 이범진은 왕실의 총애를 받았으며 성균관의 생원 출신으로 학과 이수 전에 대과에 응시할 수 있는 직부전시의 자격을 얻어 이듬해 치러진 식년시의 병과에 급제하여 출세가도를 달리기 시작하였다. 43세 때 농상공부 대신에 제수되었으며, 아관파천 이후 법무대신과 경무사 직위까지 맡았다.

그 후 이범진은 서광범 후임 주미 공사로 발령되어 3년여 주미 공사직을 수행한 후 1901년 2월 우리나라 초대 주 러시아 공사로 부임하여 1907년 헤이그 평화회의에 특파된 열사들(이상설·이준·이위종: 이범진 둘째아들임)을 배후에서 후원하였으며 1908년 이위종을 연해주에 파견 최재형·이범윤·안중근 등과 함께 '의병조직동의회'를 조직케 하였다. 이와 같은 국권 회복 노력에도 1910년 8월 29일 대한제국이 멸망하자 이범진은 이듬해 1월 26일 자결하였으며, 이로 인해 그에 대한 평가도 다소 긍정적으로 바뀐 면도 있다. 『매천야록』을 쓴 황현도 이범진이 자결하기 전에 본인이 먼저 망국의 슬픔을 이기지 못하고 절명시絕命詩 『목숨을 끊으며』(황현 지음, 허경진 옮김, 동천사, 1985 원문 참조)를 남기고 음독자살(1910년 음 9월 7일)하였기 때문에 음독자살 이전의 행적만으로 이범진을 부정적으로 평가한 것이 아닐까 하는 생각이 든다.

황현黃玹은 "그(이범진)는 이경하의 서자로서 이경하가 진주병사로 있을 때 그의 애첩 기생에게서 낳았기 때문에 이름을 범진으로 한 것이다. '하夏'의 아래 항렬인 '범範' 자에 진주의 '진晉' 자를 붙여 지은 이름이다…… 그는 후에 대과에 합격하였고 갑신정변 때 대궐에서 당직하고 있던 중 중궁中宮(왕비의 높임말)을 업고 노원으로 피신하여 그 공로로 성천부사, 순천부사로 임명되었다"고 기술하고, 이범진을 탐관오리로 혹평하기도 하였다. 그는 민비의 총애를 받아 출세가도를 달려 후에 법무대신 겸 경무사가 되어 민비 시해 배후자 색출에 나서는 한편 김홍집·유길준·장박 등의 죄상(?)을 만천하에 공개토록 하였다. 1896년 9월 9일 이범진은 부인 박씨, 차남 위종緯種, 수행원과 함께 워싱턴에 도착하여 서광범과 업무 인수인계를 하였다.

서광범은 9월 10일 서기관 박승봉을 미국에 그대로 남겨 둔다는 사실을 국무성에 알리고, 9월 15일 자신은 곧바로 귀국하겠다고 통보하였으나 생각을 바꿔 그 역시 잔류를 선택하였다. 귀국을 보류한 것은 신변의 위험도 있었지만, 지병인 폐병이 악화되었기 때문이었다. 마침내 그는 다시 미국으로의 망명을 선택하였다. 미국에서의 망명 생활은 그가 1892년 이미 시민권을 얻었기 때문에 별 어려움은 없었으나 생활비는 물론 그보다 더한 치료비가 걱정이었다. 그런 판국에 그가 주선하여 미국에 유학 온 유학생들과 의친왕義親王(1877~1955. 순종의 이복동생으로 귀인 장씨의 아들 강)이 매일같이 찾아와 그의 입만 바라보고 있을 정도였다. 서광범은 1897년 8월 7일 무더운 여름 날 저녁 자전거를 무리하게 타다가 지병인 폐결핵이 악화되어 8월 13일 그의 미국 내 재산을 박승봉에 양도한다는 유언장을 남기고 오후 4시 39세를 일기로 짧고 고난에 찬 삶을 마감하였다. 그는 죽기 전에 그 곳 로아노크 대학에서 문학 석사 학위를 받기도 하였다. 그가 사망하자 『뉴욕 트리뷴』지는 "그(서광범)는 과학적 연구 분야 외에도 시문학을 좋아하는 다정다감한 인물이었다"고 평하였으며, 『뉴욕 타임스』지도 "서광범은 미국에서 근근이 생활해나가고 있었다. 이러한 극도의 궁핍한 생활이 결국 치명적인 폐병의 원인이 되었다. 이러한 긴장된 환경에서도 마치 공사관 직원처럼 그의 옷차림은 언제나 깨끗하고 단정했다. 그를 알고 있는 사람들까지도 그로부터 나약한 말이나 불평불만을 들어본 일이 없었다고 한다. 그의 조용하고도 온화한 성품, 사상과 행동에서 보여준 정중한 예의범절, 타고난 결벽성 등은 분명히 그의 가문이 양반 귀족 출신임을 대변해주고 있다"고 보도하였다.(이 부분 朴才愚, 「緯山 徐光範 硏究」(성신여자대학원 사학과 박사학위 제출 논문), 1998, 149쪽 인용문에서 재인용)

서광범의 장례식에 이범진 공사는 몸이 불편하다는 이유로 불참하자 그 곳 유학생들로부터 옹졸한 사람이라고 크게 비난을 받았다. 이어서 이범진공사는 서광범이 미국 시민권자일 뿐만 아니라 그가 대사관 경비로 주택과 제반 물품을 구입하였기 때문에 그의 재산을 박승봉에 양도하는 것은 부당하다고 판단하고 미 당국에 이의 신청을 하였다. 그 것이 사실이라면 이범진의 말도 틀린 말은 아니지만 고인에 대해서 너무 매정했다. 결국 우여곡절 끝에 서광범의 유산은 박승봉 대신에 1899년 11월 25일 관련 당국의 법적 정산 절차를 밟아 국내에 있는 후처 박씨(전처 김씨는 일찍 사망)에게 보냄으로써 일단락되었는데 그 금액은 미화 1,300달러였다. 부인 박씨는 서광범의 긴 망명 기간에도 정절을 지켰기 때문에 황현의 말마따나 옳은 결정이었다고 볼 수 있다.

이상에서 볼 때 서광범도 아픈 역사의 흐름 속에서 고난을 겪어야 했고, 끝내는 이역 땅에서 쓸쓸히 평탄치 않은 삶을 마쳤다. 그리고 기록상으로 볼 때도 그는 별 흠결이 없는 사람으로서 기품이 있고 정의감이 투철하였으며 약자에 대한 배려도 많았을 뿐 아니라 시문을 좋아하는 다정다감한 사람이었던 것으로 보인다. 다만 흠결이라면 지병인 폐질환 등으로 건강상 문제가 생긴 탓인지 과거의 혁명가적 기질이나 현실 돌파력이 쇠잔해버린 감이 아쉬움으로 남는다.

자기실현과 조국의 독립을 꿈꾸며 다채로운 삶을 살다간 서재필

서재필은 그의 『회고 갑신정변』에서 이렇게 말했다. "학생들이 도쿄로 건너가기 전에 나는 서광범을 통해 김옥균을 만났다. 그때 김옥균 외에 홍영식과 박영효를 비롯해 이제는 기억조차 나지 않는 몇몇 인사들과 알게 되었다. 당시 어느 누구보다도 나에게 제일 강한 인상을 준 사람은 김옥균이었다. 그의 글과 평문은 물론이고 음악에 이르기까지 통하지 않는 데 없는 그의 탁월한 재능은 나를 사로잡았다. 나는 그보다 10여 년이나 연하였으므로 그는 나를 늘 '동생'이라고 했다. 하루는 그가 나에게 국방을 충실히 하자면 정예 군대 밖에 없는데, 현재 우리의 급선무로 그 위에 더 앞서는 것이 무엇이냐 하면서, 일본으로 건너가 무예를 배우라고 권했다. 나는 그의 말에 전적으로 동의하고 며칠 후에 15명의 다른 학생들과 일본으로 향했다. 그리하여 우리 일행은 도야마戶山 학교에 입학하였다."

당시 후쿠자와 유키치가 발행하는 『지지신뽀』는 1883년 5월 14일자 기사에서 조선인 생도 17명이 5월 12일 나가사키에 도착하여 5월 20일 도쿄에 도착한 사실을 보도하고 그 중에 서재필을 '생도취체生徒取締(학생 대표)'로 소개하였다. 이들은 게이오 의숙에서 일본어 연수를 받고 4개월 후 도야마 군사학교에 입교하였다. 이 학교는 일본 육사보다 2년 앞선 1873년 8월 일본 병학료兵學寮 '도쿄 출장소'로 개교하여 일본 육사와 함께 군 초급 간부를 양성하는 일본의 중추적 군사 학교였다. 서재필 일행이 교육을 받은 후 서재필만 사관과정 교육 대상자로 선정되었는데, 이는 서재필이 과거에 합격(1882년 19세 때 알성시 별과에 합격) 후 문관으로 활동한 경력이 참작되었기 때문이었다. 나머지 평민 출신 이규완(박영효 집 집사)과 임은명·신중모(서재필 집 집사) 등 13명은 하사관 과정으로 분류되었다. 서재필은 1884년 5월 말 8개월의 교육 과정을 마치고 귀국하여 갑신정변 당시 행동대장 역할을 맡았으며, 그 공로로 정변 조각 때에 정령관에 임명되었다.

정변 실패 후 서재필은 김옥균 등과 함께 일본으로 망명하였으며, 1885년 4월 초 박영효·서광범과 함께 요코하마를 떠나 2주 후 샌프란시스코에 도착 후 두 동료와 달리 천신만고 끝에 미 육군 의학도서관 동양도서 사서직에 합격하여 조선 최초의 미국 공무원이

서재필

되었다. 주경야독하며 조지워싱턴 대 전신인 컬럼비아 대학 부설 코코란 공대에 입학 한 후 의과대학에 편입하여 3년간의 각고 끝에 전체 2등으로 졸업하였다. 이후 그는 대학 부설 가필드 병원의 병리학 조교수가 되었으나 학생들이 유색 인종 교수로부터의 수업을 거부하자, 교수직을 그만두고 워싱턴 DC에서 개업하였으며 1894년 6월 미국 철도 우편국 창설자인 조지 암스트롱의 딸 뮤리엘과 결혼, 시민권까지 취득하였다. 그 무렵 조선에서는 제 3차 김홍집 내각이 구성되었으며, 서재필은 주미 공사관을 통해 귀국 교섭을 받았으나 사양했다.

1895년 10월(음 8월) 을미사변 후 일본으로 망명하여 미국을 방문한 박영효도 그의 귀국을 권유하였다. 그때 조선에서는 제4차 김홍집

내각이 출범하였다. 김홍집 내각은 서재필의 조속한 귀국을 희망하였으며, 서재필도 마음이 움직였다. 조선 당국은 그의 귀국 편의를 돕기 위해 그해 11월 9일 자로 우선 주미 조선공사 3등 참사관에 임명하였다. 마침내 서재필은 그해 12월, 부인 뮤리엘과 함께 서울에 도착하였다. 조국을 떠나온 지 실로 11년 만의 귀국이었다. 그는 귀국 후 신변 안전을 위해 배재학당 교장인 아펜젤러의 집에 머물면서 정국의 추이를 관망하였다. 당시 그의 귀국을 적극 주선한 사람은 김홍집 내각의 내부대신 유길준이었다.

그러나 서재필은 김홍집 내각이 국민들의 지지를 받지 못하고 있음을 알게 되자 생각을 바꾸어 정계 참여를 포기하고 미국인 자격으로 체류하면서 민중 계몽 쪽으로 진로를 바꾸었다. 이러한 그의 판단은 갑신정변의 쓰라린 실패 경험을 되풀이하고 싶지 않았기 때문이었다. 그런 점에서 참으로 그는 현명(?)한 사람이었다. 유길준을 비롯한 개화파 인사들도 신문 창간의 필요성을 절감하고 있던 터라 유길준은 서재필의 신문 창간 사업을 적극 도왔다. 이에 당황한 일본 공사 고무라는 서재필의 신문 창간 사업을 집요하게 방해하였다. 그도 그럴 것이 일본측은 이미 조선에서 유일하게 발행되는 『한성신보』를 통해 언론을 차단해서 조선의 침략을 정당화시키려는 야욕에 불타고 있었기 때문이었다. 우여곡절 끝에 서재필은 마침내 1896년 4월(음) 7일 『독립신문』이라는 이름으로 조선인 최초의 순 한글 민간 신문을 창간하였다. 이에 고무된 서재필은 독립문 건립과 독립협회 결성을 제의하였다. 1896년 7월(음) 독립협회가 결성되고 회장에 안경수, 위원장에 이완용이 추대되었다. 서재필은 미국인 신분 고문 자격으로 측면 지원하였다.

마침내 1897년 11월 20(음) 독립문이 준공되었으며, 서재필은 이와 함께 독립협회 주관으로 정기 토론회를 개최할 것을 제의하였다. 그의 제안이 실현되어 토론회는 날이 갈수록 활성화되었으며, 그 역시 강사로 참여하여 외국의 이권침탈을 강력히 규탄하고 열강에 대한 중립 외교를 주장하였다. 그는 또한 윤치호와 함께 1898년 3월 서울 종로에서 '만민공동회'를 개최하여 조선의 자주권을 도모하였다. 이어서 그는 미국의 실용주의 철학을 소개하고 이의 실천을 역설하기도 하였으며, 한걸음 더 나아가 민중의 참정권을 보장하는 의회 설립을 통해 통치 체제를 입헌군주제로 바꿀 것을 강력히 주장하였다.

이러한 노력의 결과로 우여곡절 끝에 1898년 11월(음) 조선 역사상 최초로 의회 설립을 인정하는 중추원 신관제中樞院新官制의 제정이 실현케 되었다. 서재필이 이끄는 독립협회의 이러한 정치 활동에 곱지 않은 시선을 보내고 있던 러시아 측과 일본도 마침내 은밀히 그의 추방공작을 펴나갔으며, 미국까지도 그의 활동을 불온시하여 그의 미국 귀국을 획책하였다. 당시 미국 정부는 그를 귀국시키기 위해 장모가 위독하다는 거짓 전보까지 보낼 정도였다.

결국 조선 정부도 그를 중추원 고문직에서 해촉하고 그의 출국을 압박하였다. 이러한 대내외 압력에 시달리게 된 서재필은 미국으로 돌아갈 것을 결심하고 당초 고문 계약 기간 10년 중 잔여 기간 7년 10개월간의 급료와 미국으로의 귀국 여비를 요구하였고 조선 정부도 이의 없이 이를 수용하였다. 이런 점에서 볼 때 서재필의 사고는 완전히 서구화되었으며, 이는 이해관계에 관한한 결코 손해를 보지 않으려는 그의 성격의 단면이기도 하였다.

마침내 서재필은 1898년 5월(음) 27일 서울서 낳은 맏딸·부인과 함께 인천을 출발, 일본을 거쳐 미국으로 향했다. 그 후 그는 조선이 해방되는 해까지 무려 49년 동안 다시는 모국으로 돌아오지 못한 채 미국에서 항일 활동을 펴나갔다. 그는 미국으로 돌아가 그 해 미국·스페인 전쟁 때 쿠바에서 미국으로 수송하는 미국 상이군인의 군의관으로 활동하였으며 전쟁 종료 후 1905년까지 의료 활동을 하였으나 얼마 후 이 일을 접고, 문방구 인쇄업 회사인 '필립 제이슨(그의 미국명)'사를 설립하여 소규모 사업(직원 50여 명 규모)을 영위하였다.

1919년 조선에서 3·1운동이 일어나면서 열강의 관심이 고조되자 서재필은 사업을 중단하고 1922년까지 다시 3년간 독립운동에 매달렸다. 그는 1919년 상하이 임정이 출범한 다음날인 4월 14일 필라델피아에서 이승만·정한경 등과 함께 '대한인총대표회의(The First Korean Congress)'를 결성하고, 3일간 태극기를 흔들며 시가행진을 하였다. 이 행사에는 조병옥·장택상·유일한 등 인사들도 참여하였으며, 이는 3·1운동 이후 미국에서 벌인 조선인 최초의 정치집회로 기록되고 있다.

어느덧 60을 넘기게 된 서재필은 본업인 의학의 길로 복귀하기 위하여 그 동안 뒤 떨어진 의학 지식을 보충하고자 1926년 9월 펜실베이니아 의학대학원에 등록하였다. 서재필은 보충 교육을 받고 1927년 6월 워싱턴의 한 병원에서 근무하다가 다시 펜실베이니아로 돌아와 암 치료 전문 병원으로 직장을 옮긴 후 병리학 전문의 시험을 거쳐 1929년 조선인 최초로 병리학 전문의가 되었다. 그 무렵 그는 과로로 인한 폐결핵 증세로 한 때 요양 생활을 하기도 하였으며 1933년 요양 후 웨스트버지니아 주 찰스턴 병원 병리과장, 1935년 펜실베이니아 체스터 병원 피부과장을 역임하며 경제적 어려움을 탈피하기도 하였다.

1937년 7월 중·일 전쟁이 발발하자 서재필은 언론 활동을 통해 다시 항일 운동에 참여하였다. 1945년 8·15 광복이 되자 1946년 9월 21일 김규식은 도쿄에 있는 맥아더 장군에게 전문을 보내 서재필의 귀국을 요청하였다. 당시 서재필은 고령(83세)임에도 펜실베이니아 주 미디어 시 병원에서 의료활동을 하고 있었다. 1947년 1월 남한 주둔 미국 사령관 하지가 서재필을 공식 초청하였고, 그는 49년 만에 다시 조국을 찾게 되었으며, 귀국 후 1년 7개월간 미군정 최고 고문과 과도정부 특별의정관 직책을 수행하였다.

1948년 5·10 유엔 감시하에 남한 단독 총선거가 실시되고 이승만의 독주 체제로 진행되자 6월 22일 '서재필 추대 연합준비위원회'는 좌우를 아우르는 중간 인물로 서재필을 대통령으로 추대하려는 움직임을 보였다. 이에 이승만계의 '독립촉성회'를 중심으로 한 20여 개 단체가 서재필 반대운동을 전개하고 각 언론에 서재필 비난 기사를 게재하였다. 일이 이쯤 되자 서재필은 파쟁에 휘말리고 싶지 않았기 때문에 6월 26일 대통령에 출마할 의사가 없다는 공식 성명을 발표하였으며, 7월 10일 하지에게도 최고 고문직 사임 의사를 밝히고 모든 정치적 유혹을 뿌리친 채 1948년 8월 28일 출국을 서둘렀다.

미국에 돌아온 후 그는 다시 의료 활동을 하다가 한국동란 발발 이듬해인 1951년 1월 5일 펜실베이니아 주 노리스타운 소재 몽고메리

병원에서 88세를 일기로 길고, 다채로운 삶을 마감하였다. 윤치호가 그의 『일기』에서 "서재필은 갑신정변으로 천민이 되어 자살한 전처의 무덤을 찾아보지 않아 비난을 받았다. 그는 냉혹하고 거만한 사람이었다"고 혹평한 바 있다. 그러나 한 인물에 대한 평가를 한 면만 보고 간단히 평가할 수는 없다고 본다. 단순히 인간적인 측면에서만 보면, 그는 냉정하고 이기주의적인 면이 강했다. 그러나 조국의 독립이라는 큰일을 위해서라면 때로는 생업을 중단하고 분골쇄신 앞장섰다. 이 점이 그의 약점이면서도 강점이었다. 그런 점에서 결정적인 순간에 발을 빼고 약게 살아간 윤치호는 인간 서재필을 혹평만 할 수 있을지 의문이다.

전통과 근대화를 아우른 중도 개화 주창자 유길준

유길준은 당시 박규수와 친분이 두터운 외조부 이경직李敬稙을 통해서 박규수를 만나게 되었고, 그 후 김옥균 등 개화파들과 교분을 맺게 되었다. 어느 향시鄕試에서 장원급제한 유길준의 한시가 시험 감독관을 통해서 당시 예문관 제학인 박규수에 보고되었는데, 그 한시를 쓴 소년이 이경직의 외손자 유길준이라는 사실을 알게 된 박규수는 유길준에 더욱 관심을 갖게 되었다. 당시 장원급제한 시의 내용은 알 길이 없으나 그가 15세 때 습작으로 쓴 다음과 같은 시 한 수가 김윤식에 의해 선정되어 박규수가 이를 보고 경탄하였다.

잠시 전에 달이 구름에 덮였더니	俄看雲蔽月
구름은 걷히고 달빛이 다시 환하구나.	雲去月還生
우주만상의 변화가 한 순간도 머무는 일이 없으니	萬變都無定
이는 큰 빛을 밝히기 위함인가	終能一色明

지금 보아도 15세 소년의 글치고는 생각이 남다른 성숙한 글이다. 이처럼 유길준의 글 재주는 어릴 때부터 뭇사람을 놀라게 했고, 그 무렵 그는 평생의 후원자인 민씨 세도가의 기대주 민영익과 교분을 쌓기도 하였다. 유길준은 18세 때부터 박규수 문하생이 되었으며, 이때부터 그보다 다섯 살 위인 김옥균을 알게 되었다. 김옥균은 유길준이 고모뻘인 자신의 처를 문안키 위해 자주 찾아오는 그를 친동생처럼 아껴주었다.

유길준은 다른 신진 엘리트들과는 달리 출세의 지름길인 과거를 포기하고 신학문을 익히는 데 골몰하였다. 그 이유는 과거시험이 입신에는 도움이 될지 모르나 경세지략에 아무런 도움이 되지 못한다는 판단에서였다. 민영익 등이 그에게 과거시험을 강력히 권유하였지만, 그는 이에 대한 반론으로 「과문폐론科文弊論」을 지어 과거의 폐단을 적시하였다. 그는 이 글에서 명분을 중시하고 실리를 경시하는 과거시험으로 나라가 피폐하게 되었고 그 피해는 고스란히 백성들에게 돌아가기 때문에 과거시험이 의미가 없다는 논리를 전개하였다. 서양 선진국은 눈부시게 발전하고 있는데, 집안싸움만 하며 잠자고 있는 조국의 현실에서 속된 말로 출세하기 위해 '공자 왈 맹자 왈'이 무슨 의미가 있겠느냐는 뜻이었다. 그의 이러한 논리는 박규수 집 사랑방에서 신학문을 읽히며 더욱 굳어졌다. 젊은 유길준으로서는 박규수가 건네준 『해국도지』 등 각종 신학문 서적을 읽고 너무나 충격을 받은 것이다.

1881년 봄 조선시찰단(신사유람단)이 일본에 파견될 당시 유길준은 윤치호 등과 함께 시찰단 대표인 어윤중을 수행하였다. 그때 그는 민영익의 후원으로 귀국하지 않고 후쿠자와가 운영하는 게이오의숙에서 수학하며 신학문을 익혔다. 이로써 유길준은 최초의 일본 유학생이 된 것이었다. 그러나 임오군란으로 조국이 어수선해지고 그 후유증을 수습하기 위해 일본에 사과 사절단으로 온 박영효를 따라 유학 2년 만에 귀국하게 되었으며, 귀국 후 김옥균·박영효·홍영식 등과 함께 급변하는 세계정세와 조선의 내정 개혁문제에 깊은 관심을 갖고 열띤 토론을 벌였다.

1883년 2월 유길준은 민영익의 천거로 당시 외교통상사무의 총괄 부서인 통리교섭통상사무아문 주사로 임명되었으며, 그때부터 고종에게 개화의 필요성과 부국강병을 위한 상소를 수시로 올렸다. 이와 함께 당시 한성판윤으로 있던 박영효와 함께 『한성순보』 발간 작업을 추진하였다. 그러나 박영효가 갑자기 광주유수로 좌천되면서 『한성순보』 발간이 차질을 빚게 되었고 이에 유길준은 낙담하여 곧바로 통상사무 주사직을 사임하였다.

그러자 이번에도 민영익의 추천으로 그와 함께 유길준은 1883년 6월 미국 보빙사의 일원으로 대표 민영익을 수행, 배를 갈아타기 위해 잠시 일본에 머무는 동안 차관교섭 관계로 일본에 와 있는 김옥균을 만나기도 하였다. 당시 김옥균은 고종의 위임장을 갖고 차관교섭 활동을 벌였으나 그 위임장이 가짜라고 주장하는 수구파들의 농간으로 어려움을 겪고 있었다. 그때 이들 3인은 조선 내정개혁에 대한 기존 인식을 재확인하고 4, 5년 후에 정변을 결행하기로 하였다. 민영익 일행 사절단은 그해 9월 초 샌프란시스코를 거쳐, 9월 중순 워싱턴에 도착 아서 대통령Chester A. Arthur(1820~1886, 미국 21대 대통령으로 재위 기간, 1881~1885)에게 국서를 전달하고 보스턴과 뉴욕 등지를 시찰한 뒤 11월 중순 귀국길에 올랐다.

　이때 유길준은 민영익의 권유로 귀국하지 않고 국비 유학생 자격으로 잔류하였다. 그는 당시 보빙사의 영어 통역을 맡았던 로웰의 주선으로 보스턴 부근의 모스 박사를 통해 개인지도를 받고 하버드 대학 예비 학교인 덤머 아카데미에서 6년 과정 중 3학년에 편입하여 신학문을 익혔다. 이렇게 해서 유길준은 조선 최초의 일본 유학생에 이어 최초의 미국 유학생이 된 셈이었다. 당시 그가 재학하고 있었을 때 이 아카데미 학생수는 40명이었다. 그는 재학 때 학회장 선출을 비롯한 각종 민주주의 제도에 신선한 충격을 받았으며, 그때의 인상을 적은 그의 영문 메모가 현재 피바디 에섹스 박물관에 보존되어 있기도 하다. 그는 말했다. "⋯⋯ 미국은 세상에서 가장 활발하고 산업화가 잘된 나라다. 국민에 의한, 국민을 위한, 국민의 정부는 매우 훌륭하다. 이 정책이 최상이라고 생각한다⋯⋯." 이렇게 해서 그는 하버드 대학에 진학할 예정이었으나 『뉴욕타임스』 지를 통해 국내에서 갑신정변이 일어났다는 소식을 듣고 크게 당황하였다. 당초 유길준은 김옥균·홍영식과 함께 4, 5년 후 거사를 도모키로 한 약조가 있었기 때문이었다. 특히 유길준은 그의 후원자인 민영익이 정변 때 칼을 맞고 중상을 입었다는 기사를 보고 너무도 충격을 받았다. 결국 그는 개화파와 결별하기로 마음을 굳히고 다양한 경로를 통해서 이들과 무관함을 알렸다. 그러나 상황은 녹록지 않게 돌아가고 있었다. 국내에 있는 관련자들에 대한 대규모 숙청은 물론 망명자들에 대해서도 체포, 소환령이 떨어졌다. 이들과의 관계에서 자유롭지 못한 유길준도 예외는 아니었다.

조선 정부는 뉴욕 총영사인 프레이저를 통해 그가 밀린 유학비를 융통해서 처리하고 즉시 귀국하라는 명령을 하달하였다. 고민 끝에 유길준은 정변과는 직접 무관하다는 확신에서 귀국을 결심하고 그해 9월 귀국길에 올랐다. 그는 고종의 선처를 내락 받았으며, 이는 궁중의 영어통역을 위한 필수요원으로 거명되었기 때문인데 여기에는 총리대신 김홍집의 추천이 크게 작용하였다. 이렇게 해서 귀로에 그는 대서양을 건너 영국, 포르투갈, 수에즈 운하, 싱가포르, 홍콩, 일본의 요코하마 항로를 선택하였다.

그가 후에 쓴 유명한 『서유견문西遊見聞』은 미국 유학과 귀로에 각국, 각 지역의 견문을 토대로 한 것이었다. 그가 견문한 곳은 8개국 37개 지역이었다. 1894년 4월 1일 일본에서 첫 출판(자비로 1,000부)된 이 책은 당대 조선인들에게 인식의 지평을 넓혀주는 대표적 서양문물 소개서이며 근대화의 필요성을 역설한 개화·계몽서이였지만, 아관파천 후폭풍으로 조선에서는 금서禁書로 낙인찍혀 버렸다.

유길준은 귀국의 마지막 기착지 일본에서 김옥균을 만났다. 유길준으로서는 이 만남이 후에 큰 위험이 될 수 있음에도 그와의 정리情 理 때문에 그냥 지나칠 수 없었다. 그런 점에서 그는 일말의 의리가 있는 사람이었다. 그도 그럴 것이 당시 김옥균이 일본에서 낭인 수천 명을 이끌고 조선을 침략하려는 음모를 꾸미고 있다는 루머가 파다 해 조선 정부가 바짝 긴장하고 있는 때라 김옥균을 만나는 것은 적절 하지 않은 때였다. 내일의 운명을 예측할 수 없는 상황에서도 두 사 람은 오랜만에 만나 그것도 여러 번에 걸쳐 조선의 앞날을 논하고 아 쉬운 작별을 하였다.

1885년 12월 중순 유길준은 마침내 제물포를 거쳐 한성에 도착하 였으나 곧바로 그는 체포되었다. 조선 정부 당국이 그가 귀국 시에 일본에서 김옥균을 여러 번 만난 것이 화근이었다. 그는 포도청에 감 금되어 취조를 받은 후 두 달 뒤 우포장 한규설(갑신정변 때 피살된 한규직 의 동생)의 집에 가택 연금되었다. 말이 연금이지 보호조치였다. 이때 에도 민영익과 김홍집의 입김이 크게 작용하였음은 물론이었다.

당시 한규설은 죽은 형을 대신해서 외교 업무를 담당하고 있었기 때문에 유길준은 그의 외교 자문역할을 하게 된 것이다. 유길준은 한 규설 집에서 1년 반 정도 묵은 후 거처를 백록동(현 가회동)에 있는 민 영익의 별장 취운정翠雲亭으로 옮겨 총 7년간 외부출입을 제한 받았 다. 이때 그는 임오군란의 경우를 토대로 '중립국론'을 써서 청국 등 강대국과의 충돌을 피하고 실리 외교를 펼 것을 주장하였다.

또한 그는 중국의 횡포를 논리적으로 반박하면서 근대 공법을 근 거로 조선은 청국의 조공국은 될지언정 결코 속국은 될 수 없다고 주 장하였다. 그는 저서 『서유견문』을 통해 이를 '양절체제兩截體制'라고 규정하였다. 양절이라는 말은 모순되는 두 개의 체제가 동시에 존재함을 의미하는 것이다. 유길준은 1891년 '지제의地制議', '세제의稅制議' 등을 써서 정부의 건전한 재정 확보를 위한 세제 개혁방안을 제시하였다. '지제의'는 지주가 수확량의 10분의 3, 소작인이 10분의 7을 갖도록 하는 방안으로 종래의 지주 10분의 7 제도를 뒤엎는 획기적인 개혁방안이며, '세제의' 또한 조세의 금납화를 통해 조세부과 기준의 합리화와 예산의 투명화를 꾀하고자 한 것이었다.

1892년 11월 유길준은 서울 도성을 벗어나지 않는다는 조건으로 연금에서 해제되었다. 그가 연금에서 풀려난 2년 뒤 갑오동학농민전쟁이 일어나고 일본은 자신들의 공사관을 보호한다는 구실로 서울에 밀어 닥치자 이에 놀란 고종과 민비 척족 영수 민영휘는 유길준을 외교 담당 주사로 다시 발탁해 대일 교섭 책임자로 발령하였다. 유길준은 실로 9년 만에 자유의 몸이 된 셈이었다.

일본의 주도하에 1894~1895년 갑오경장이 추진되고, 이때 유길준은 궁내부 協辦, 내부대신 서리 등을 거치면서 갑오개혁의 일익을 담당하였다. 유길준은 을미사변 직후 성립된 제4차 김홍집 내각에서도 내부대신이 되어 태양력 사용과 종두법 실시, 소학교 설치 등 일련의 개혁을 주도하였다. 이와 함께 그는 서재필과 월봉 300원에 10년간 중추원 고문직 계약을 맺고 『독립신문』 발간을 적극 도왔다. 그러나 앞서 언급한 바와 같이 『독립신문』 발간은 일본측 농간으로 실현되지 못하였다.

이와 함께 유길준은 왕세자부터 상투를 자르는 단발령을 강력히 추진하였다. 그러나 을미사변 이후 가뜩이나 배일 감정이 극도로 악화된 상황에서 단발령까지 내려지자 유길준은 의병들의 표적이 되었고, 고종의 아관파천으로 성난 민심은 극에 달하여 백주에 김홍집 총리대신과 농상공부 대신 정병하가 피살되는 불상사가 빚어졌다. 유길준은 가까스로 위기를 모면하고 1896년 2월 일본으로 망명의 길을 택하였다. 그때부터 유길준은 1907년 고종이 퇴위할 때까지 일본에서 무려 11여 년 동안 긴 망명 생활을 해야 했다.

이 기간 중 그는 『폴랜드 쇠망사波蘭國 衰亡史』를 펴내 폴란드의 경우처럼 조선의 망국을 우려했고, 뒤이어 『프러시아 전사』, 『크리마아 전사』, 『이태리 독립전사』 등 번역서를 내어 역사의 교훈을 삼고자 했다. 또한 1902년 박영효의 고종 폐위 쿠데타 모의가 실패로 돌아가자 유길준은 친일파로 낙인찍힌 재일 사관생들을 중심으로 한 '혁명일심회'를 조직, 고종을 폐위하고 의친왕을 옹립하기 위한 독자적인 쿠데타를 모의하였으나 자금책인 인천의 거부 서상집의 배신으로 그만 물거품이 되고 말았다. 이 사건으로 그는 '역도의 괴수'로 지목되었고, 일본 정부는 조선 정부의 소환 요구를 고려하여 그를 오가사와라 제도 하하지마 섬으로 추방하고 생포된 사관생도 아홉 명 중 세 명은 본국으로 추방하여 결국 이들은 국내에서 처형당하였으며, 나머지 생도들은 일본의 여러 섬으로 추방하였다. 1년여 후 그는 하하지마에서 도쿄 가까운 하치조지마로 옮겨져 1906년까지 그 곳에서 머물렀다. 유길준의 11년여에 걸친 긴 망명 생활은 1907년 8월 순종 즉위 후 특사령으로 끝이 났다. 그때 그의 나이 52세였다.

일본은 조선을 병탄한 후 '조선 귀족령'에 따라 그에게 남작 작위를 수여했으나 한규설과 함께 이를 단호하게 거부했으며, 만년에는

'한성부민회'를 결성하여 전국적인 조직망을 결성, 조선의 자치권을 확보하려 했으나 친일 단체인 '일진회'의 방해 공작에 부닥쳐 1911년 9월 해산되자 실의에 빠지기도 하였다.

　한일합방 후 그는 정신적인 충격으로 몸에 이상증세가 생겨 1912년 1월 '총독부의원'(현 서울대학병원 전신)에 장기입원하게 되었다. 만년이 가까워오자 유길준은 스스로 역사의 죄인이라고 자책하고 이 세상에 아무것도 남기고 가지 않으려 했다. 그에게 남긴 재산은 초가삼간도 없었다. 그가 하사받은 노량진 행궁 재산도 아낌없이 교육 사업에 헌납하였다. 마침내 유길준은 1914년 9월 30일 59세를 일기로 파란만장한 삶을 마감하였다. 그의 부음을 듣고 가장 애석하게 생각한 사람은 김윤식이었다.

　유길준의 사후 객관적인 평가는 긍정적이다. 그는 급진 개화파로 출발하였지만 동도서기론적 사상을 견지함으로써 온건 개화사상으로 경도된 감이 있지만 그 자신이 밝힌 것처럼 조선의 전통과 근대화를 아우른 중도 개학를 주창하였으며 일본과 미국을 조선의 발전 모델로 삼았으나 맹목적인 친일도 친미도 아니었다. 그리고 그는 미국식 공화제나 영국식 입헌 군주제가 조선의 현 단계에서는 시기상조라고 보고, 선진국의 정치체제를 도입하기 위해서는 국민의 교육과 의식 수준이 선행되어야 한다고 주장하였다. 그는 또한 미국이 현 단계에서 가장 높은 문명개화의 단계에 이르렀지만, 그렇다고 미국을 최종적인 개화의 모델로 보지는 않았다. 그는 이것을 '진개화眞開化' 개념으로 정리하고 진정한 개화는 동서를 아우르는 새로운 문명을 뜻하는 것으로 해석했다.

그는 박규수 사랑방 시절 동지 김옥균에 대해서도, 평생의 후원자이자 김옥균의 정적 민영익에 대해서도 신의를 저버리지 않은 따뜻한 인간애를 지녔으며 합리적인 개혁가였다. 그는 미국 유학 중 귀국길에서도 신변에 불리한 위험을 무릅쓰고 망명 중인 김옥균을 찾아가 통음하며 조국의 앞날을 걱정했다. 그리고 일본 망명 중 그

유길준

역시 김옥균의 추방 섬 오가사와라 제도 하하지마에 억류되어 있을 때 김옥균 거처였던 치치지마를 찾아 이제는 고인이 된 옛 동지의 발자취를 더듬으며, 그가 심었다는 화초 한 그루를 보고 다음과 같은 한시 한 수를 지어 감회에 젖기도 하였다.

바닷가 절벽위에 정자 터만 쓸쓸한데	寥落亭臺絶海濱
10년 전 지난 일들 돌이켜 생각하내	十年會首隔前塵
뜰에 심은 화초는 옛날 그 사람 가버린 것 모르고	庭草不知人己去
푸르고 푸른 향기만 그때 봄 그대로인 듯하내.	靑靑猶似舊時春

그리고 훗날 유길준은 도쿄 아오야마 외국인 묘역의 김옥균 묘지

에 명문장으로 길이 남을 묘비문(전술)을 헌정獻呈하였다. 그것은 고인이 된 존경하는 선배 김옥균에 대한 의리요 보답이었다.

죽음 앞에서도 의연했던 '조선의 마지막 개화파' 김홍집

아관파천 직후 어리석은 고종은 친러파 중신 이범진·이완용(후에 친일파로 변신)의 꼬임에 빠져 그토록 아끼고 의지하던 김홍집과 김윤식·어윤중·정병하·장박 등 다섯 대신에 대한 포살령捕殺令을 내렸다. 사태의 심각성을 알게 된 김홍집은 유길준의 도피권유에도 불구하고, 당당하게도 고종에게 자초지종을 물으려고 가다가 백주에 무참히 살해되었다. 그 인물 됨됨이나 처신, 공무에 대한 책임감 등에 비추어볼 때 그의 죽음은 참으로 애석한 일이었다.

제도권 인물평가에 매우 인색한 황현黃玹도 『매천야록』에서 김홍집에 대해서는 후한 점수를 주고 있다. 임오군란 때 청국의 시랑侍郎 우장칭吳長慶이 제독提督의 자격으로 김홍집을 만나 군란이 일어난 이유를 묻자 김홍집은 그 죄가 모두 나에게 있습니다"라고 말하자 우장칭은 "내가 들은 바에 의하면 소인은 자기과실을 은폐하고, 군자는 자신을 책망한다고 하던데 그것은 바로 당신과 같은 경우를 두고 하는 말이다"(황현, 김준 옮김, 『매천야록』, 교문사, 1996, 133쪽)라며 김홍집의 겸손을 높이 평가하였다. 또한 이에 앞서 김홍집이 공직 초기 목민관(홍양현감)으로 있을 때 그에 대한 황현의 평가에서도 "기민饑民을 살리기 위해 만계萬計를 썼다. 옛 충신의 정려旌閭(충신·효자·열녀 등을 기리기 위하여 그 고을에 세운 비각) 앞을 지날 때는 반드시 하마下馬해 지나갔으며 비오는 어두운 밤일지라도 반드시 이를 폐한 적이 없다. 그 절조와 신독愼篤이 이와 같다"고 그의 처신을 칭송했다.(앞의 책, 373쪽)

김홍집金弘集(1842~1896, 본관 경주. 처음 이름 굉집宏集, 호는 도원道園)은 서울에서 참판과 대사헌, 개성유수를 지낸 김영작金永爵의 아들로 태어나 대대로 서울 북촌에서 살아온 양반 출신이다. 김영작은 노론계로 실학파 출신들과 교류하며 개화사상을 일찍부터 접한 박규수와 가까웠기 때문에 아들 홍집이 박규수 문하에 들어간 것은 자연스러운 일이었다. 1860년 후반경부터 박규수 문객이 되면서 개화사상을 익힌 김홍집은 26세 때 과거에 급제하고 얼마 후 부친상과 모친상을 당하면서 4년간 관직을 떠나 있다가 이후 예문관 검열과 훈련도감 종사관, 사간원 정원 등을 거쳐 1875년 홍양(지금의 고흥)현감직을 성공적으로 수행한 후 1877년 홍문관 수찬, 1879년 호조와 공조참의를 거치면서 그의 능력을 평가

김홍집

받았으며, 1879년 3월 일본 파견 수신사 정사正史, 이어 5월 예조참의 6월 수신사 대표로 두 번째 일본을 공식 방문하여 슈펠트 미 제독의 국교 요청 거부 이유를 설명하고 약 한 달 동안 머물면서 일본과의 조약 세칙 개정을 위해 골몰하였다.

이때 그는 주일 청국 공사관 참사관인 황준셴黃遵憲 등과 여섯 차례에 걸친 필담을 통해 급변하는 국제 정세 흐름을 파악했으며, 그 과정에서 김홍집의 요청으로 황준셴은 그가 작성한 『조선책략朝鮮策略』과 함께 정관잉鄭觀應(1842~1921)의 『이언易言』을 건네주었다. 『조선책략』은 앞서 설명한 바와 같이 냉엄한 국제정세에서 조선의 외교정책에 대한 조언이 담긴 책이다. 『이언』은 『시경詩經』에 나오는 말로 "쉽게 말하지 말라"는 뜻의 '무이유언無易由彦'에서 따온 말로 오히려 "쉽게 말하고자 한다"는 겸손이 담긴 뜻을 담아 책 제목을 채택한 것인데 이 책은 19세기 후반 중국의 개화사상이 서양 기술의 습득만을 강조한 '양무론洋務論'에서 서양의 정치와 제도까지도 받아들여야 한다는 '변법론變法論'으로 전환하는 데 많은 영향을 끼친 책으로 군비 확충과 광산개발을 통한 자원 확보 및 통신시설 개발 등 다 방면에 걸쳐 개혁방안을 제시하였다. 이 책은 어윤중 등 개화를 지향하는 조선 식자들도 읽고 감명을 받았으며, 고종의 어명에 따라 널리 보급되고 한글 번역본까지 나올 정도였다.

이 두 책을 통해서 조선에서의 개화의 바람은 더욱 급물살을 타기 시작했다고 말해도 무리가 아닐 것이다. 그러나 『이언』과 『조선책략』을 놓고 조선의 사대부들 간에는 심각한 논쟁이 벌어졌다. 위정척사파들은 이 책들을 천주교 계통의 '불온서적'으로 규탄한 반면 개화파들은 나라의 부강을 위해 꼭 참고해야 할 책이라고 각기 다른 입장을 보였다. 앞장에서도 언급한 바와 같이 『조선책략』은 '친중국親中國 · 결일본結日本 · 연미국聯美國'을 통한 방아防俄(러시아 남진 방어)와 실리 외교를 권고한 책으로 조선의 대외정책에 많은 영향을 미친 책이지만 위정척사파들의 반발도 만만치 않았는데, 영남의 유생 이만손을 중심으로 한 만인소萬人疏 사건이 그 예이다.

어떻든 김홍집은 일본에서 귀국한 후 고종의 신임을 얻어 예조참판으로 승진하였으며, 후에 경기감사와 규장각제학 등을 거쳐 1884년 9월(고종 21년) 예조판서로 승진하였다. 이때 그는 교섭통상사무의 독판督辦 자격으로 대외교섭업무를 총괄하였다. 갑신정변 당시 김홍집은 한성판윤에 임명되었으나 정변에 직접 가담하지 않았기 때문에 정변 후 고종은 그를 우의정에 임명하였다가 다시 하루 만에 좌의정 겸 외무독판에 임명하였다.

당시의 상황을 황현은 『매천야록』에서 또 이렇게 적었다. "김홍집은 상례를 초월하여 우의정으로 임명되었다. 김홍집은 가선대부嘉善大夫(종 2품 문무관 품계)가 된 지 얼마 안 되어 공조판서로 임명되었다가 명일에 입각하여 이 명령을 받았다. 그때는 변란 중이었으므로 감히 고사할 수가 없었다. 그리고 이때 백료百僚들은 혼잡하여 조정이 아무 질서가 없었지만 김홍집은 지필紙筆을 행전行纏(한복을 입었을 때, 발목에서 장딴지 위까지 바짓가랑이가 흘러내리지 않도록 가든하게 동여매는 끈)에 꼽고 다니며 승지 · 사관 · 대신들이 주고받은 말을 하나도 빠짐없이 기록하였으므로, 이것을 본 사람들은 모두 칭찬하며 그의 성실성에 모두 감탄하였다. 그리고 고종이 경우궁景祐宮에 있을 때 그는 경우궁 밖에 도착하였으나 일본 병사들이 그를 저지하며 들어가지 못하도록 하자 그는 비와 눈이 내리는 길바닥에 누워 호곡하였고, 사람을 만날 때마다 성상聖上의 안부를 물어보며 그가 흘린 눈물이 얼굴에 꽁꽁 얼어붙을 정도였다. 그는 수일 동안 이렇게 하였다."(앞의 책, 『매천야록』, 164~165쪽)

이런 점으로 볼 때 김홍집에 대한 고종의 신임이 얼마나 두터웠는지 알 수 있는 대목이다. 그러나 수구파의 견제가 심하여 개혁을 제대로 추진할 수 없게 되자 그는 사직서를 올려 한직인 판중추부사로 물러났다. 그러나 고종은 3년 뒤 그를 다시 좌의정에 임명하였다. 네 차례에 걸쳐 고사 의지를 굽히지 않게 되자 고종은 할 수 없이 그를 다시 판중추부사로 보냈다. 1894년 동학농민군이 봉기할 때 정부는 병조판서 민영준을 통해 청국에 원병을 청하도록 하는 의제를 놓고 중진회의를 했으나 이때 김홍집은 그 후유증을 고려하여 청국군 차병借兵을 강력히 반대하였다. 그러나 농민군에 의한 전주성 함락이 알려지자 조정은 청군 차병을 결정하였다.

김홍집이 우려한 대로 조선은 마침내 청·일 양국의 각축장이 되었다. 동학농민군 진압에 결정적인 기여(?)를 한 일본은 마침내 마각을 드러내 조선의 내정에 적극 개입하여 국정 개혁을 강력히 들고 나왔다. 고민에 빠진 고종은 중신 회의에 부쳐 의견을 구한 바 영의정 심순택은 국가의 위기 상황이라는 이유를 들어 뚜렷한 대안도 없이 이에 반대하였다. 이에 다른 대신들은 눈치만 보고 꿀 먹은 벙어리처럼 입을 다물고 있었으나 오직 김홍집만이 사태가 이렇게 된 마당에서 일본의 개혁 요구를 들어주지 않을 수 없다는 현실론을 주장하였다.

　그러나 내정개혁이 지지부진하자 일본은 이를 구실로 이해 6월 경복궁을 점령하고 대원군을 앞세워 새 정권을 수립하고 붕당 폐해의 제거와 참신한 인재등용을 골자로 하는 내정개혁안을 만들고 6월 25일 개혁을 주관할 전담 부서로 군국기무처를 신설하는 한편 김홍집을 영의정으로 임명하고, 익일 그를 군국기무처(17인, 후에 어윤중 등 3인이 추가참여) 의장을 겸하도록 하였다. 김홍집은 그해 7월 15일 의장이 총리대신으로 개칭되면서 4개월 동안 무려 205건의 개혁안을 만들었다. 이것이 바로 제1차 김홍집 내각(영의정 김홍집·내아문 독판 박정양·외아문협판 김가진·외아문참의 유길준·강화부유수 김윤식 등)의 개혁조치였다. 동 내각 구성에서 실무급 이지만 유길준의 발탁이 눈에 띈다. 앞서 언급한 바와 같이 유길준은 미국에서 귀국 후 9년간의 연금에서 풀려나 그의 전문성을 인정한 김홍집 총리의 천거로 정치 무대에 참여하게 되었다. 김홍집은 1차 개혁을 마무리한 뒤 고종에게 "500년의 구제舊制를 신臣의 손으로 개혁하였으니 뒷일이 두렵습니다"고 자신의 무거운 심경을 토로하였다. 이런 가운데 농민군이 재기하여 항일운동을 벌이자 민심은 급격한 개혁에 반대하며 반일 감정을 고조시키는 쪽으로 흘렀다. 이때 일본의 지원을 받은 박영효는 사사건건 김홍집과 대립하였으며, 마침내 그해 9월 김홍집은 또다시 네 번에 걸쳐 사직서를 올렸으나 그때마다 고종은 이를 허락지 않았다.

　이런 상황에서 일본은 오오토리 조선 주재 공사를 이노우에로 교체하고 조선의 내정개혁을 더욱 강력히 요구하고 나섰다. 그해 10월 일본은 내정개혁에 소극적인 대원군을 퇴진시키고 11월 초 제2차 김홍집 내각(총리대신 김홍집·궁내부대신 이재면·외무대신 김윤식·내무대신 박영효·탁지부度支部(재정 및 조세전담부서)대신 어윤중 *법무대신 서광범·학무대신 박정양·공무대신 신기선·경무사(현 경찰청장 직위) 윤웅렬 등)을 구성하였다. 새 내각 구성 시 김홍집은 미국에 있는 서광범을 귀국토록 하여 국정에 참여시켰다. 이 내각을 통상 '김홍집·박영효 연립 내각' 또는 '친일 연립 내각'이라고 하는데 이는 박영효파인 윤웅렬과 신기선, 그리고 일본인 고문관을 국정에 참여시켜 친일적인 성격이 짙었기 때문이었다.

이때 고종은 몸소 민비와 왕세자 대원군, 그리고 문무백관을 대동, 종묘로 나아가 서고문誓告文을 바치며, 청국의존 지양, 자주독립 기초 수립, 의정부와 각 아문衙門(종전의 部)의 업무분장 명확화, 조세의 합리적 징수와 동 업무의 탁지아문度支衙門에서의 총괄, 군사제도 개편 등을 골자로 하는 '홍범洪範 14조'를 내놓고 내정 개혁 의지를 밝혔으며, 이런 가운데 제2차 김홍집 내각은 3개월간 213건의 개혁안을 성안하였다. 그러나 이때에도 박영효는 사사건건 김홍집과 대립각을 세웠으며, 이로 말미암아 김홍집이 자진사퇴하고 박영효도 소위 '불궤음도不軌陰圖 사건'(민비를 살해하고 정부를 전복시키려는 음모)으로 일본에 재차 망명하였으며, 초대 주미 공사를 지낸 박정양이 내각총리가 됨으로써 한동안 권좌에서 물러섰던 민비 척족들이 다시 정무 일선에 등장하기 시작하였다. 그러나 박정양 내각에 계속 잡음이 일어나 고종은 중추원 의장 김홍집을 다시 총리대신으로 임명하고 6월 20일 제3차 김홍집 내각(총리대신 김홍집·외부대신 김윤식·내부대신 박정양·탁지부대신 심상훈·학부대신 이완용·법부대신 서광범·궁내부대신 이범진·중추원 의장(후에 탁지부대신) 어윤중·동 부의장 신기선 등)을 출범시켰다.(갑신정변 때 청국군과 민비사이를 내통하며 정변 진압에 결정적인 기여를 한 심상훈의 입각은 민비와 그 척족의 강력한 추천의 결과임) 제3차 김홍집 내각은 친미·친러파를 대거 기용, 러시아를 끌어들이고 일본을 견제하는 소위 '인아거일引俄拒日' 정책을 표방하였다.

위기감을 느낀 일본은 1895년 8월 을미사변을 일으켜 민비를 시해하고 제4차 김홍집 '친일 내각'을 출범시켰다. 4차 김홍집 내각은 그해 10월에 일어난 '춘생문春生門 사건'에도 불구하고 140여 건의 개혁안을 마련하였다. 그러나 이러한 급진적인 개혁 드라이브와 민비 시해사건은 민심을 극도로 자극하였으며 특히 당시 상황에서 무리한 단발령은 '개화는 단발령, 단발령은 친일'이라는 등식으로 비화하여 제4차 김홍집 내각을 붕괴시키는 결정적인 요인으로 작용하였다. 그 당시 단발령은 실무 책임자인 유길준의 주도로 적극 추진된 조치였다. 이때 경향 각지에서 반일 의병들의 봉기가 거세지자 정부는 관군을 지방으로 급파하게 되었으며, 이때를 놓치지 않고 친러파는 이범진과 이완용이 주동이 되어 고종을 러시아 공관으로 옮기는 소위 아관파천俄館播遷을 일으켰다. 일국의 왕이 내 땅 남의 집에서 피신, 더부살이하는 사상 초유의 사태가 벌어진 것이다.

이로 인해 제4차 김홍집 내각이 무너지고 이완용·이범진을 주축으로 한 친 러 내각(총리대신 김병시(취임하지 않음)·외부대신 이완용·군부대신 이윤용·법부대신 겸 경무사 이범진·학부 협판協辦 대신 서리 윤치호 등)이 성립되었다. 줏대 없고 한심한 고종은 위기 상황에서 끔찍이 신임하고 의지했던 총리대신 김홍집을 헌신짝처럼 매정하게 버리고, 그것도 모자라 포살령까지 내렸으며, 그 밖에 외부대신 김윤식, 농상공부대신 정병하, 탁지부대신 어윤중, 법부대신 장박 등 네 명의 대신에 대해서도 같은 칙령을 내렸다. 영문도 모르고 궐내에서 결재를 하고 있던 김홍집은 뜻밖의 소식을 듣고 긴급 대책회의를 열었으나 상황은 이미 돌이킬 수 없는 지경에 이르렀다.

이때 유길준이 내각 총사퇴 선언 후 각자 알아서 처신하는 수밖에 없다고 말하고 김홍집의 신변안전을 걱정하자 김홍집은 비장한 어조로 "나는 먼저 주상을 알현해 마음을 돌리도록 할 작정이오. 여의치 않으면 죽음으로써 이 한 몸 나라에 바칠(一死報國) 생각이오. 나는 조선의 총리대신이오. 내가 조선인을 위해 죽는 것은 천명일 것이오. 다른 나라 사람의 손에 구출되는 것은 오히려 떳떳치 못한 일이오"라고 말하고, 농상공부대신 정병하와 함께 러시아 공사관으로 향하였다. 고종의 명을 받은 경무청 안환이 두 사람을 체포하여 단단히 묶고 경무청 밖으로 끌어내려 무참한 참형을 집행하였다. 당시 참형 집행자인 순사들도 겁에 질려 있었으나 성난 군중들은 그것도 부족했던지 육시형戮屍刑(죽은 사람 시체의 목을 치는 잔인한 형벌)에 처하도록 외쳐댔다. 그 뒤에 추가로 일어난 당시의 상황은 너무도 잔인해서 다 옮길 수도 없다. 조선의 '마지막 개화파' 김홍집은 이처럼 너무도 처참하고 허망하게 생을 마감했다. 그때 그의 나이 54세였다.

농상공부대신 정병하도 같이 살해되어 전동 쌍문 노변 담장 아래 내팽개쳐졌다. 너무나 잔인한 형벌이었다. 경무사에 임명된 안경수는 이 끔찍한 상황을 보고받고 고종에게 "저렇게 종로 거리에서 폭시를 해 백성들로 하여금 분노케 하고 개인적인 복수심까지 더하게 하여 잔혹한 행위를 하니, 이로 인해 외국인들이 부정적으로 볼까 두

렵습니다. 그들의 가족들에게 시신이라도 수습해 가도록 해주는 것이 어떻겠사옵니까?"라고 아뢰자, 고종은 "그리 하라!"라고 하명했다.(유영익, 「실패한 정치가들－김홍집 편」, 『한국사 시민강좌』 제31집, 2002; 윤효정 지음, 박광희 편역, 『대한제국아 망해라』, 다산초당, 2010; 신동준, 『개화파 열전』, 푸른역사, 2009 등 참고) 한편 위기를 가까스로 벗어난 유길준·조희연·장박 등은 일본으로 망명하였으며, 어윤중은 고향 보은으로 피신하는 중 일주일 후인 1896년 섣달 그믐날 어비울이魚肥里(안성과 용인 경계지역)에서 주민들에게 피살되었으며, 김윤식은 용케도 잠적하여 위급을 면하였으나 결국 체포되어 제주도로 종신 유배형을 받았다.

　김홍집의 죽음으로 조선의 정치 제도권에서의 개화파의 개혁은 사실상 종언을 고하였다. 고종이 퇴위하고 순종이 즉위한 후 순종은 과거사 반성 차원에서 김홍집 등의 신원을 회복시켰으며, 많은 사람들도 이에 공감하고 그의 죽음을 애석하게 여겼다. 황현은 『매천야록』에서 "김홍집은 비록 왜倭와 화친을 주장해 청의淸議에 죄를 지었다고 할 수 있으나 국사에 사심 없이 마음을 바친 정치가였다. 그는 난세를 구제할 만한 재주가 있었다. 그가 죽자 모두 탄식하기를 '이제 개화할 사람이 없다'며 그의 죽음을 크게 애석해 했다"고 기술하였다. 백암 박은식도 그의 저서 『한국통사』를 통해 김홍집의 타살을 매우 옳지 않은 일로 여겼다.

　이처럼 김홍집은 조선 왕조 말 정권의 중심부에 있었지만 권력에 연연하지는 않았으며, 제도권에 참여하여 개혁을 펴나가되 온건 개화를 실현하려 하였으나 주변 여건상 때로는 자의반 타의반, 때로는 타율에 의해서 개혁 드라이브 정책을 펴나가지 않을 수 없었다. 그는 정치가로서 일본통이었지만 맹목적인 친일은 하지 않았으며 때로는 청국을 의식하였으나 그렇다고 친청 입장을 취한 것도 아니었다. 정치가로서의 그의 정치철학은 등거리 외교와 합리적 개화노선이었으며, 이러한 정치적 노선에서의 그의 인간적인 고뇌와 결단은 그가 걸어 온 행적에서 충분히 입증되고 있다.

도피 중 전설 같은 죽음을 당한
올곧은 재정전문가 어윤중

김홍집과 함께 망국의 길을 동행한 어윤중도 아관파천 후 비참한 최후를 맞았다. 황현은 『매천야록』에서 어윤중의 죽음을 애석하게 여기며 그의 성격적 단면을 다음과 같이 적었다. "…… 그는 성품이 강직하여 남이 원망하더라도 목적을 과감하게 달성하였으므로 과오도 많았지만 공무에 열중하여 시속배時俗輩들은 그를 따를 사람이 없었다. 그는 김홍집과 함께 세상을 구제할 수 있는 인재로 지칭되었으며 그가 살해된 후에는 개화에 앞장 설 사람이 없음을 모두가 한탄하였다…… 하루는 고종이 무슨 일로 조희연에게 매우 화를 내며 그를 군부대신직에서 해임하려 하자 모든 각료들이 처음에는 '그는 아무 죄가 없다'라고 진언하였다. 그러자 고종은 더욱 화를 내며 '짐이 재신宰臣 하나를 물리치지 못하니 어찌 임금이라 할 수 있겠는가?'라며 어보御寶를 집어던지고 '짐은 임금이 아니니 경들이 이것을 가지고 가시오!'라고 진노하였다. 이때 대신들은 벌벌 떨며 아무 말을 하지 못하였다. 그러나 어윤중은 천천히 일어나 말하기를 '성인의 말에 의하면 임금은 신하를 예로써 대하고, 신하는 임금을 충성으로써 섬기라고 하였는데, 폐하께서 신들을 이렇게 대하시면 신들은 어떻게 폐하를 모실 수 있겠습니까? 지엄한 위엄을 거두시고 공의公議를 펼 수 있도록 하시기 바라옵니다'라고 충언하였다. 이에 고종은 아무 말 하지 않고 침묵이 흘렀다." 이런 일이 있은 후 고종은 어윤중이 도피 중 그의 살해에 가담한 "정원로에 대해 사형을 감면하고 유배를 보내라는 특지를 내렸는데 이는 어윤중이 고종의 비위를 거슬렀기 때문이었다."(앞의 책, 『매천야록』, 374~375쪽) 어윤중만이 할 수 있는 말로 그의 올곧은 성품을 읽을 수 있는 대목이다.

경기도 광주에서 태어나 충청도 보은에서 성장한 어윤중魚允中 (1848~1896. 본관 함종咸從 호는 일재一齋)은 조실부모(9세 때 모친, 16세 때 부친 사망)하고 주경야독하며 20세 때인 1868년(고종 5년) 7석제七夕製(지방 유생 50명을 선발해 바로 전시殿試 자격을 주는 특별 과거제도)에서 장원급제한 후 승정원 정 7품 벼슬로 정계에 입문하였다. 그는 박규수 문하에서 직접 배우지는 않았으나 문우 김홍집과 김윤식, 김옥균 등과 교류하며 개화사상을 익혔다. 그는 특히 김홍집·김윤식과 정치적 동지로서의 온건 개화노선을 견지하며 운명을 함께하였다.

어윤중은 1880년(고종 17년) 홍문관에서 당시 부교리인 김옥균과 함께 봉직하며 교분을 쌓았다. 그는 이듬해 5월 조사시찰단 단장으로 일본을 시찰하게 되었는데 그때 박정양·홍영식·조병직·민종목·유길준·윤치호(어윤중의 권유로 유길준과 윤치호는 일본 잔류 유학) 등 명

어윤중

문가 자제 12명이 사절단 일원으로 동행하였다. 그는 귀국 후 고종에 대한 보고에서 "먼저 개화한 일본이 조선에 대해 허세를 부릴 가능성이 높습니다"라고 보고하자, 곁에 있던 박정양은 "어쩌다 서양과 먼저 통교한 뒤 부강해진 것처럼 보이나 실상은 별것이 없다고 판단되옵니다"라고 두 사람이 다른 보고를 하였다. 마치 이 장면은 임진왜란 직전에 서인 황윤길과 동인 김성일의 엇갈린 보고를 연상케 하였다.

1882년 2월 어윤중은 문의관問議官 직함을 갖고 이조연과 함께 톈진으로 가 때마침 영선사領選使로 와 있는 김윤식과 만나 톈진에 파견된 조선 공학도들의 학업 상황을 점검, 격려하고 리훙장 및 해군총독 저우푸周馥와 만나 조·미 통상 문제, 조·청 상민商民 수륙 무역 장정 문제 등을 협의하였으며, 리훙장의 중재로 우선 조미 수호 통상조약을 체결하였다. 여타 협상이 진행되는 도중에 임오군란이 일어나 어윤중은 청국 군사와 함께 귀국하였다. 귀국 후 그는 청국과 각종 무역문제를 협의하여 조선에 불리하지 않도록 노력하였으며, 특히 청국에 대한 홍삼 수출 문제와 관련 협상 끝에 '홍삼 세칙'을 시안, 최초로 홍삼 무역 문제를 타결하였다. 그리고 어윤중은 대원군의 귀국 문제도 협의하였으나 당분간 어렵다는 사실도 확인하였다.

귀국 후 어윤중은 고종의 특명으로 감생청減省廳(정부 조직 구조 조정 전담청)을 설치하고, 이를 총괄하는 구관당상句管堂上에 임명되어 부서 통·폐합을 통한 재정 절감을 꾀하였다. 그 결과 총 20개 항(의정부 당상을 70세 이하로 제한 등)의 개혁 조치를 단행하였다. 이에 대한 반발도 만만치 않아 당시 상황을 황현은 "어윤중은 무슨 일이든 정확하고 숙련된 솜씨로 군국의 용원과 용비를 절감했다. 그러나 감해도 안 될 것도 감했다"고 지적하고 "이 때문에 그는 고집을 부려 원망을 사기도 하였으나 두려워하지 않았다. 그를 헐뜯는 사람들은 그를 '전직각田直閣'으로 불렀다. 그 이유는 '어魚' 자의 머리 획과 밑의 네 개 점을 빼버리면 '전田' 자가 되기 때문이었다. 다른 모든 것도 감할 수 있는데 성씨의 획이라고 못 감할 것이 어디 있겠느냐는 것이었다." 그의 강직하고 고집 센 성품의 일면을 알 수 있는 대목이다.

결국 그는 민씨 척족들의 반감을 사 서북 경략사라는 한직으로 물러났으며, 감생청은 설치 6개월 만에 해체되었다. 그러나 어윤중은 언제 어디서나 주어진 임무를 성실히 수행하여 마침내 고종은 얼마 후 그를 병조참판과 호조참판을 겸임토록 한 것만 보아도 그의 업무 성실성이 높이 평가된 셈이었다. 후에 그는 호조참판직만 전담하며 정사에 골몰하던 중 과로하여 고향 보은에서 잠시 정양하던 중 갑신정변을 맞았다. 정변 후 박영효 부친 박원양의 시신을 거두는 과정에서 물의를 빚자 수차례 사직 상소를 올리고 낙향코자 하였으나 고종은 그를 놓지 않고 1886년(고종 23년) 11월 이조참판에 임명하였다. 그러나 민씨 척족들의 반발로 그는 다시 규장각 직각 등 한직을 떠돌았으며, 갑오동학농민전쟁이 본격화할 때 공조참판 재직 때까지 거의 승진을 하지 못하고 수평 이동 상태에서 봉직하였다.

　동학교도들이 어윤중의 성장지(사실상의 고향) 충청도 보은에서 교조 최제우(1864년 고종 원년 대구에서 처형됨)의 신원伸寃과 척왜양斥倭洋의 기치 아래 대규모 집회(약 2만 명 추산)를 열고 세를 확장하며, 탐관오리 비리문제까지 제기하자 조정에서는 어윤중을 선무사宣撫使로 임명하여 사태수습에 나섰다. 어윤중은 이들의 의견을 청취한 결과 충청도 관찰사 조병식과 공주 영장營將 윤영기의 비리가 크게 작용하고 있음을 파악하고 이를 조정에 보고하여 조병식을 삭탈관직, 윤영기를 체포하여 의금부에 가두고 정죄케 하여 사태를 일단락 지었다. 그럼에도 불구하고 전국의 탐관오리들이 기승을 부렸으며 그 대표적인 예가 전라도 고부군수 조병갑이었다. 결국 고부 출신 전봉준이 주동이 된 동학 농민군이 전국적인 규모로 세를 불려 4월 27일(음) 전주성에 입성하자 이에 놀란 조정에서는 또다시 어리석게도 청에 파병을 요청하였고, 이때 일본도 청국군의 출병을 구실로 톈진조약에 따라 조선에 대규모 군사를 파병하였다. 이를 계기로 일본은 조선의 안방까지 치고 들어와 사사건건 간섭하며 국정 개혁을 강요하였다. 이에 조선 조정은 6월 내정 개혁을 주관할 기관으로 군국기무처를 설립하고 탁지부대신 어윤중의 주관으로 재정 개혁을 중심으로 한 소위 갑오개혁에 착수하였다.

　당시 조선 정부의 재정은 거의 고갈 상태였다. 그도 그럴 것이 민비 척족의 세도정치 아래서 탐관오리들의 가렴주구가 보편화하여 세금을 빼돌렸기 때문이었다. 이때 어윤중은 내부대신 박영효와 협의하여 대일차관 교섭을 진행하였다. 일본은 이때라 하고 일본 화폐를 조선의 법화法貨로 통용할 것과 조선에서 동 차관 전액을 변제할 때까지 조선은 자체 화폐를 발행하지 않는 조건을 내걸었다. 그러나 어윤중은 조선이 은본위제를 실시하고 있는 만큼 은이 아니면 차관을 받지 않겠다고 일본 측 주장을 사실상 거부하였다. 오랜 논란 끝에 결국 차관 협상은 당초 교섭 액 300만 원 중 반액은 은화, 반액은 일본 화폐로 낙착되었다. 이런 저런 일로 백성들의 배일 감정은 더욱 악화되었고 그로 인해 갑오개혁은 소기의 성과를 거두지 못하였으며, 이런 와중에 민비가 시해되는 을미사변까지 일어나고, 이듬해는 국왕이 내 땅 남의 집에서 더부살이하는 아관파천이라는 초유의 사태가 벌어지며, 이틈에 친 러시아 세력이 집권하자 김홍집 내각은 총사퇴하고 그 자신은 비참한 최후를 맞았다.

이때 어윤중은 고향 땅에서 큰 원한을 살 일을 하지 않았다고 판단, 일본 망명 대신 성장지 충청도 보은으로 피신하던 중 그 역시 군중들에 살해당하는 비운을 맞았다. 당시 비극적 상황은 이러했다. 1896년 몹시도 추운 섣달그믐날 어비울이(어비리魚肥里 또는 어비읍魚悲泣의 우리말로 살진 물고기가 많은 마을이라는 뜻과 또는 물고기가 사람에 잡아 먹혀 슬피 운다는 뜻이며, 안성과 용인 경계에 있었는데 지금은 수몰 지역임) 마을 입구에 왠 낯선 부인용 가마가 나타났다. 그런데 가마에서 내린 사람은 여자가 아닌 남자, 바로 어윤중이었다. 그 역시 아관파천 직후 고종의 포살령을 받고 보은으로 피신 중 이곳 주막에서 하룻밤을 묵을 생각이었다. 저녁상을 물리고 나서 어윤중은 주모에게 마을 이름이 무어냐고 묻자 주모는 "어비리 또는 어비울이라 하지요, 그러나 외지에서는 살찐 물고기가 사람에 잡혀 죽는 마을이라 해서 어사리라 한답니다"라고 무심코 말했다. 어윤중은 이 말을 듣고 내심으로 놀라며 불길한 생각이 들었다. 자기 성이 어魚씨 아니겠는가. 이에 어윤중은 부랴부랴 행장을 챙겨 어비울이에서 떨어진 이웃 마을 사랑채로 옮겼다. 그러나 그게 화근이었다. 당시 과객이 한 마을에 묵게 되면 그 과객은 관심의 대상이 되었다. 그도 그럴 것이 혹시 과객이 벼슬아치일 경우 소홀히 대접했다가는 후환을 당할 수가 있고, 반대로 융숭하게 대접하면 큰 덕을 보거나 예기치 않은 피해를 볼 수도 있기 때문에 당연히 민감한 사안이 아닐 수 없었다.

결국 마을 사람들은 과객이 탁지부 대신 어윤중이라는 것을 알아내었고, 그 사실은 순식간에 이웃 마을까지 퍼졌다. 야릇한 운명이라 할까. 때 마침 유진구라는 사람이 이웃마을 송전리 정원로 집에 식객으로 와 있었다. 유진구는 을미사변 후 고종 구출 작전 소위 춘생문春生門 사건 당사자인 김재풍 등과 함께 죽은 민비의 원한을 풀어주기 위해 경복궁으로 침입하여 일본군 포위되어 두려움에 떨고 있는 고종을 구출하려다가 실패한 후 울분을 삭이지 못하고 이곳까지 피신해 온 참이었다. 김재풍은 그때 어윤중 휘하의 사계국장司計局長이었다. 유진구는 사랑채 손님이 바로 탁지부대신 어윤중이라는 사실을 듣고 놀라 기뻐하였다. 그가 기뻐하지 않을 수 없는 경위는 이렇다. 당시 '남촌'의 무인들은 러시아 공사 베베르와 가까운 이범진과 내통하여 거사(춘생문 사건)를 모의했다. 이들이 경복궁 후문에 집결하면 이범진의 조카뻘인 시위대장 이진호가 신무문을 열어주기로 되어 있었다. 궁내부 순사인 유진구도 이 모의에 가담했다. 이때 이범진의 지시를 받은 이진호는 상관인 어윤중과 상의 끝에 문을 열어주지 않았다. 당연히 거사는 실패로 돌아갈 수밖에 없었고 유진구는 도주하는 신세가 되어 이곳까지 피신해 온 것이다. 이 사건으로 특별재판(재판장 법부대신 장박)에서 주모자 임최수와 이도철은 사형, 이민굉과 이충구는 종신유배형, 김재풍 등은 태형 100대에 3년형을 선고받았다.

　유진구는 거사를 그르치게 한 장본인이 어윤중이라고 생각하고 복수할 기회를 노리고 있던 참이었는데 그 어윤중이 '제 발로' 여기까지 온 것이 아니겠는가? 정원로는 유진구로부터 전후 이야기를 듣고 흥분하였다. 그도 그럴 것이 정원로는 산소 송사 문제로 어윤중 문중과 불편한 관계에 놓여 있는데 어윤중이 또 '역적'이 아니겠는가? 그는 곧 동네 청년들을 불러 모아서 어윤중이 묵고 있는 사랑채를 덮쳤다. 그러나 어윤중은 아무래도 심상치 않은 분위기를 직감하고 이에 앞서 마을을 황급히 떠나고 있었다. 마을 청년들은 곧바로 가마를 추격하여 마침내 어비울이 주막 앞에서 어윤중을 붙잡아 천변에서 무참히 살해하고 그의 시신을 장작더미에 올려놓고 불태워버렸다. 어윤중으로서는 참으로 허망한 죽음이었다. 그때 그의 나이 불과 49세였다. 어비울이 마을 전설이 현실로 될 줄을 누가 알았겠는가?(이 부분 이광린, 『한국사 강좌』 근대편, 일조각, 2002, 374~375쪽; 신동준, 『개화파 열전』, 푸른역사, 2009, 113~115쪽 및 윤효정, 박광희 옮김, 『대한제국아 망해라』, 다산초당, 2010, 348~350쪽 참고) 어윤중은 때로는 고집이 세고 원칙논자였지만 외세 의존이 아닌 자력 부강과 실리외교를 꿈꿔 오다 끝내는 동지 김홍집과 함께 운명을 함께한 조선 (온건) 개화파 마지막 인물 중 한 사람이었다.

망국의 소용돌이 속에서도
천수天壽를 다한 현실주의자 김윤식

마지막 (온건) 개화파 3인 중 운 좋게(?) 살아남아 천수天壽를 다한 김윤식의 경우는 어떤가? 따지고 보면 김윤식을 개화파 대열에 포함시키기가 애매한 면도 없지 않다. 그 자신은 '개화'라는 용어를 별로 달갑지 않게 여겼으며, 동도서기론적 입장보다 더 강하게 '근본에 힘쓰지 않고 서구의 지엽 말단적인 것만 모방'하려는 당시의 '시무時務'를 경계하였으며, 그 대신 박지원과 박제가 등 한국적 실학에 근거한 실용적인 개혁을 견지하였다. 그러면서도 온건 개화파 김홍집·어윤중과 정치적 동지 관계를 유지하면서 이들보다 시류에 영합하는 정치적 행보를 걸었다. 그렇다고 그는 수구파는 아니었으며, 그보다 동양적 가치관, 더 나아가 한국적 토양에 맞는 점진적 개화 내지 개혁을 모색한 것으로 볼 수 있다. 그런 점에서 역사에서는 편의상 그를 온건 개화파로 분류하고 있는 것으로 보인다.

본관이 청풍淸風인 김윤식金允植(1835~1922. 호 운양雲養)은 서울에서 태어나 박규수 문하에서 김홍집과 문우文友로 가깝게 지내다 후에 그와 평생의 정치적 동지 관계를 유지하였다. 그러나 김윤식 역시 아관파천 후 역적으로 몰려 동료 김홍집과 어윤중이 참변을 당하는 와중에도 운 좋게 살아남았지만, 그의 삶도 무려 17년의 유배 생활(대원군 환국 주동에 연루되어 1887~1894까지 7년, 아관파천 후 1897~1907년까지 10년)이 말해주듯이 결코 평탄치는 못하였다. 김윤식은 개화파 다른 동료들보다 늦은 나이인 25세(1859년) 때 스승 유신환俞莘煥(1801~1859. 이이李珥의

김윤식

학설을 추종하는 경기·충청 지방의 유생들이 주축이 된 기호학파畿湖學派 거두로 개화 성향의 학자)의 사망 후 박규수 문하로 들어가 김홍집과 만나게 되었다.

그는 1865년(고종 2년) 31세 때에서야 초시에 합격한 후 미관말직을 전전하다가 나이 40세 때인 1874년 대과에 급제하였다. 공교롭게도 당시 우의정 박규수가 시관試官으로 있었기 때문에 항간에서는 그가 김윤식의 필적을 알아보고 합격시켰다는 설이 있었으나 정확한 증거는 없다. 어떻든 그는 대과 급제에 늦었지만 그해 12월 병조정랑이 된 후 5년 만에 정 3품 벼슬인 형조참의에 올랐는데 이러한 초고속 승진은 동문수학한 실세 민태호와 민규호 등의 입김이 크게 작용하였다는 설이 파다했다.

1879년 9월 김윤식은 영선사領選使 대표로 69명의 유학생(그 중 38명은 관비 유학생)을 이끌고 두 달 후 북경에 도착하였다. 당시 영선사 유학생은 일본으로 간 시찰단과 달리 순전히 무기 제조 학습을 목표로 선발된 학생들이었다. 이때 김윤식은 고종으로부터 밀명을 받았다. 조선은 일본에 문호를 개방한 뒤 미국 등 서구 열강과의 개항 문제를 청국과 논의하여 지원을 얻을 생각이었다.

당시 청국은 조선을 소위 '화적신지세火積薪之勢', 즉 불이 번지는 복판에 쌓여 있는 섶과 같은 존재로 인식하였다. 이러한 인식을 가진 대표적 인물은 초대 주일 청국 공사를 지낸 허루장何如璋으로 그는 조선을 명목적인 조공朝貢 관계에서 실질적인 지배관계로 바꿔야 한다는 논리를 펴고 있었으며, 반대로 리훙장은 조선이 서구 열강과 관계를 맺으면 일본이 조선을 쉽게 넘볼 수 없기 때문에 그때까지는 조선의 힘을 길러주어야 청국이 동북아에서 안전해진다는 논리였다. 수가 높고 옳은 판단이었다. 그가 조선 유학생을 받아주고 미국과 수교를 적극 도와주려는 의도도 바로 이 점에 있었다. 이런 맥락에서 리훙장과 김윤식의 의견은 맞아 떨어졌고 대미 수교협상을 적극화했다. 대미 수교와 관련해서 리훙장은 "조선은 청국의 속방屬邦이라는 문구를 삽입하자는 것이었다. 소위 '누이 좋고 매부 좋은'것으로 청국은 조선의 바람막이를 해주고 조선은 지금처럼 조공 체제를 유지하며 외교의 자주권을 보장 받으면 된다는 논지를 폈다. 이는 김윤식이 평소 생각한 양득兩得론과 일치하며 김윤식도 이에 공감하고 고종의 윤허를 받아냈다. 이후에도 김윤식은 그의 양득 실리 외교 노선을 견지하였다.

김윤식은 그의 저서 『운양집雲養集』(운양은 그의 호)을 통해서도 양득론을 기조로 한 '자강론自强論'을 역설하였으며, 이러한 논리는 그가 청국에 있으면서 리훙장과 주변 인사들과의 필담을 통해서 얻어진 결론이었다. 김윤식은 리훙장과의 회담이 끝난 1882년 초 유학생들을 직능별로 구분해 동국과 남국, 수사학당 등에 배속시켜 이론과 실무를 연마토록 하였다. 그러나 갈수록 유학생 비용이 커지자 학생 규모를 대폭 줄이고 무기 구입과 관련 서적 구입에 전념하였다.

이런 상황에서 조선에서 임오군란이 터지게 되었고 이때 일본을 거쳐 청국에 온 김홍집과 합류하여 톈진을 관장하는 저우푸周馥와의 필담에서 고종의 밀서를 받고 군란이 '불궤不軌'(반역)로 발전하여 조선의 개화가 중단될 소지가 있다고 판단, 청군의 파병을 요청하였다. 이 때 일본에 머물고 있던 윤치호와 유길준도 같은 맥락에서 일본의 파병을 요청하기도 했다. 물론 이러한 청국군 파병 요청은 조선이 스스로 자초한 자업자득 행위였지만 민비 측 수구 세력이 실권을 장악하기 위한 속셈이었다.

1882년 12월 김윤식은 군국사무협판에 임명되어 기기국 총판까지 겸하면서 제물포에서 도성으로 진입하는 부평에 해방사海防使를 두어 심류沁留(강화)유수를 겸하며 도성의 방비를 튼튼히 하는 등 자주국방, 즉 자강론을 폈다. 그의 자강론은 1884년 3월 통리교섭통상사무아문이 되면서 더욱 꽃을 피웠다. 갑신정변 때는 예조판서로 임명되었으며, 정변 후에는 교섭통상사무의 독판이 되어 군사외교 실무를 관장하였다. 그러나 이 무렵 그는 한때 정치적 위기를 겪기도 하였다. 앞서 잠시 언급한 바와 같이 정변이 실패로 돌아가고 정변 주모자 박영효와 박영교가 역적이 되자 부친 박원양은 겨우 열 살 된 손자(박영교의 아들)를 자신의 손으로 죽이고 부인과 함께 자살했다. 이 때 어윤중과 김윤식은 박원양의 시체를 거두어주었다. 일이 그렇게 된 것은 어윤중은 어릴 때 박원양에게서 글을 배워 사제지간이었고, 김윤식은 매부의 형인 박원양과 사돈 관계였기 때문이었다. 이 일로 두 사람은 역적을 장사지내 주었다는 이유로 거센 비난을 받아야 했다. 그 일로 김윤식은 경기도 광주로 내려가 대죄하며 근신을 해야만

했다.

사태가 어느 정도 진정되자 김윤식은 대원군의 귀국 문제를 공론화하는 데 앞장섰으며, 이로 인해 그는 민비로부터 밉보이게 된 것은 당연지사였다. 더구나 그 무렵 부산첨사 김완수가 김윤식이 실무 총책을 맡고 있는 외아문의 연대 보증을 받아 일본 상인으로부터 사채를 빌려 쓰고 이를 갚지 않게 되어 일본 대리공사가 강력히 항의하였으며, 민비 측근에 의해 이 소식이 고종의 귀에 들어가 고종은 진노하여 마침내 그는 1887년 사실상 '괘씸죄'로 면천(충청도 당진)으로 유배되는 어려움에 직면하였다. 이 작은 일로 인해 김윤식은 1894년 갑오동학농민전쟁으로 인한 청일전쟁 후 풀려날 때 까지 무려 7년 간 유배 생활을 해야만 했다.

1895년 8월 을미사변 후 김홍집의 새 내각이 구성되자 김윤식은 외무대신으로 발탁되어 외교적 역량을 채 발휘하지도 못하고 그 이듬해 2월 발생한 아관파천으로 김홍집 내각이 무너지면서 총리대신 김홍집과 농상공부대신 정병하가 백주에 살해되고 어윤중도 도피 중에 피살당하였으나 그는 용케도 살아남아 한성병원에서 생명을 부지하였지만 여론에 밀려 그 역시 1897년 12월 제주도로 종신 유배형을 받았다. 1901년 '이재수의 난'(프랑스 선교사를 등에 업고 횡포를 일삼은 일부 불량 신자들을 응징하기 위해 일으킨 의병의 난)으로 그는 전라도 지도智島로 유배지를 옮겼다. 그는 특히 유배 기간 중 많은 시문을 남겨 문학적인 소양을 발휘하기도 했는데, 1902년 섣달 그믐밤을 지도에서 쓸쓸히 보내며 다음과 같은 시 한 수로 자신의 참담한 심경을 달랬다.

292

지도智島에서 섣달 그믐밤을 보내며 智島除夕

고향 떠나던 지난날 영연靈筵*을 만들 때	離鄕昔日奉靈筵
어찌 계묘년을 다시 맞을 줄 알았으랴	豈意重逢癸卯年
외롭고 고생스럽던 어린아이	孤苦伶仃自髫齓
간난 끝에 흘러 흘러서 늙은이 되었구나.	艱難漂泊到萃顚
머리 돌려 지난 세월 돌이켜보며 뽕밭 지나가니	往塵回首桑田過
낯선 땅 무심한 사람 잣 술 권하네.	異域無心柏酒傳
오는 해엔 어디에 살게 될 것인지	來世不知何處卜
망연히 점쟁이에게나 물어 보려네	欲詢詹尹意茫然

그의 유배지를 지도로 옮긴 것은 천주교에 비판적이었던 그가 의병과 내통했을 정황이 포착되었기 때문이었다. 이에 대한 정확한 근거는 없으나, 그의 저서 『속음청사續陰晴史』에서 탐관오리들의 가렴주구 배격과 개항 이후 발생한 미곡의 국외 유출 금지 외에 당시 제주 민란과 천주교의 폐단 등이 기록되어 있어 후에 의병과의 내통을 의심받을 수도 있었으나 이는 추측일 따름이었다.

1904년 2월 마침내 일본은 러시아에 선전 포고하고 1905년 9월 승리한 후 미국 대통령 루스벨트 주선으로 포츠머스에서 러·일 강화조약을 체결함으로써 조선에서의 우월적인 지위를 점하였다. 그해 10월 일본은 조선주둔 사령부 통역 송병준과 동학의 이단아 이용

* 영연靈筵: 죽은 이의 혼백을 모셔 놓는 곳.

구를 앞세워 '일진회―進會'라는 친일 단체를 조직토록 하여 일본의 조선 보호조약, 즉 을사조약의 기반을 다져나갔다.

마침내 일본은 그해 11월 특명전권대사 이토 히로부미伊藤博文를 파견, 일본천황의 친서를 고종에 전하고 학부대신 이완용을 매수한 후 참정(총리)대신 한규설·탁지부대신 민영기·법부대신 이하영의 반대에도 불구하고, '을사오적乙巳五賊' 즉 학부대신 이완용·군부대신 이근택·내부대신 이지용·외부대신 박제순·농상공부 대신 권중현의 동의를 끌어내 11월 18일 새벽 2시 대한제국과 '을사조약乙巳條約'을 체결, 외교권을 강탈하고 통감부統監府를 설치하기에 이르렀다. 을사조약의 본래 명칭은 제2차 조·일협상조약, 또는 제 2차 조·일 협약, 을사보호조약 등으로 부르기도 하는데 지금에 와서는 '을사늑약乙巳勒約'으로 많이 부르고 있다. 그 이유는 조약이란 것이 쌍방 대등한 입장에서 이루어져야 하는데 본 조약은 제목·날짜도 없이 불평등을 넘어 일제의 강압에 의한 일방적인 조약이었기 때문에 본 조약을 원인 무효로 보는 견해에서 '을사늑약'으로 칭하게 된 것이다.

일본은 이듬해 2월 통감부를 통한 조선의 전권을 완전 장악하였다. 1907년 4월 고종의 헤이그 밀사 파견 이유를 트집 잡아 7월 18일 고종을 퇴위시키고 순종純宗(1874~1926)을 즉위시켰다. 고종은 무려 43년 7개월(1863년 12월~1907년 7월)이란 긴 세월 집권하였지만 그 기간은 수난과 치욕의 역사였다. 그의 뒤를 이어 조선 제27대 왕으로 등극한 순종은 대한제국의 제2대 황제로 즉위하였으나 이름뿐인 황제로 3년 뒤 1910년 8월 29일 한일합병조약으로 그나마 황제의 위치에서 왕으로 강등되어 사실상 폐위되고, 고종은 이태왕으로 불리다가 1919년 정월 68세를 일기로 한 많은 생을 마감하였다. 순종 또한 1882년 세자빈으로 맞은 순명효태후 민씨가 1904년 죽은 후 1906년 12월 순정효태후 윤씨(1894~1966)를 황태자비로 맞이하였으나 이들 사이에서 후사後嗣를 두지 못하고 창덕궁에서 유폐 생활을 하며 갖은 수모를 당하다가 1926년 4월 53세를 일기로 사망하며, 순종비 윤씨는 1966년 12월 71세를 일기로 낙선재에서 사망하게 된다.

　1907년 7월 4일(음 5월 28일) 조선 정부는 고종의 퇴위 직전, 김옥균·홍영식·어윤중에게 정 1품 대광보국숭록대부大匡輔國崇祿大夫와 규장각 제학을 증직하고, 김홍집에게는 충헌忠獻, 김옥균에게는 충달忠達, 홍영식에게는 충민忠愍, 어윤중에게는 충숙忠肅, 정병하에게는 정 2품 규장각 제학에 증직贈職하고 충희忠僖, 서광범에게는 익헌翼獻, 군부대신이었던 안경수에게는 의민毅愍이라는 시호諡號를 각각 추증追贈하였다.(정교 지음, 김문철 역주, 『대한 계년사』, 권 9, 소명출판사, 2004) 하지만 정변에 가담했던 그 밖의 이름 없는 '작은 별들'은 아무것도 남기지 못하고 죽음을 당하거나 낭인처럼 떠돌다가 생을 마감하였다. 그래도 그들은 좀 나은 편이었다 할 것이다. 천인 신분으로 영문도 모르고 주인 심부름이나 하다가 모진 고문 끝에 억울하고, 참혹하게 죽음을 당한 이들 정변 주동자 하인들의 혼백들은 오늘도 구천九泉을 떠돌고 있을 터인데 누가 그 가련한 영혼들을 위로해 줄 것 인가?

　1907년 7월 순종이 즉위한 후 농상공부대신이 된 송병준은 김윤식이 70세 이상 고령이라는 이유를 들어 총리대신이 된 이완용에게 그의 사면을 건의하는 선심을 써서 마침내 김윤식은 10년의 유배생활을 끝내고 이듬해 중추원의장에 임명되었다. 이후 1908년 7월 그는 영친왕 위문칙사로 이토 히로부미와 함께 일본으로 건너가 영친왕을 방문하고 일본 정계와 교분을 쌓으며 친일 행보를 보이기도 하였다. 이런 김윤식에 대해서 황현은 『매천야록』에서 이렇게 썼다. "김윤식은 일본 방문 때 이토의 사위가 주관한 일본 문인들의 환영연에서 극진한 대접을 받았고, 그 곳 문인들이 김윤식의 시문을 모아 『지성납량집芝城納凉集』이라는 문집까지 간행하여 그가 귀국 후 보내왔는데, 그때 김윤식은 이를 조금도 부끄러워하지 않고 친구들에게 나누어 주며 예우받은 것을 자랑했다."(앞의 책, 『매천야록』, 804쪽)

이런 김윤식은 1910년 합방 직전 8월 22일 창덕궁 회의에서 대신들에 대한 의견을 묻는 자리에서 그는 '不可, 不可'라는 애매한 의사표시를 하였다. 즉 앞의 말을 '不可不, 可'로 끊어서 해석할 경우 합방을 부득이 찬성할 수밖에 없다는 뜻으로 해석될 수도 있었다. 즉 그 표현이 조선이 일본과 합병하면 안 된다는 것인지, 아니면 일본이 불가불 조선을 합병하지 않으면 안 된다는 뜻인지 애매모호했기 때문이었다. 그러나 그의 이 말은 그가 일본에서 준 작위를 거부함으로써 오해의 소지가 풀린 점도 있었으나 당시의 속뜻은 그 자신만이 알 수 있지만 그 뒤 그의 행적으로 볼 때 오해를 받을 만한 표현임에는 틀림없다. 상황 판단이 빠르고 현실적인 김윤식은 합방 후 중추원 부의장 자리를 사양하고 성균관의 후신인 경학원 대제학 직책 외에 별다른 대외 활동을 하지 않았다.

한편 1910년 7월 일본은 조선통감 데라우치寺內正毅를 통해 '대한제국의 일본에의 합병 방침'을 총리대신 이완용·농상공부대신 조중

응과 밀회토록 한 후 8월 22일 형식상 어전 회의를 마친 뒤 8월 29일 황제의 어새御璽를 합방조약에 날인케 함으로써 조선 왕조는 27대 519년 만에 비극적인 종지부를 찍게 되었다. 망국의 비보가 전국 방방곡곡에 알려지자 우국지사들이 잇따라 순국殉國하였다. 사실 우국지사들의 순국은 이에 앞서 1905년 11월 17일 을사조약 체결 직후부터 일어났다.

그해 11월 30일 시종무관장 민영환을 필두로 12월 3일에는 전 대사헌 송병선宋秉璿이 자결하였고, 1907년 7월 14일 전 평리원 검사 이준李儁이 헤이그에서 순절殉節하는 등 많은 우국지사들이 순국하였다. 그리고 1910년 3월 26일에는 하얼빈에서 초대 한국 통감 이토 히로부미伊藤博文(1841~1909)를 저격, 살해한 안중근 열사가 뤼순 감옥에서 일제에 의해 처형 순국하였다. '합방' 체결 후 1910년 9월 10일 매천梅泉 황현黃玹은 절명시絶命詩 『목숨을 끊으며』를 남기고 음독자살하였으며, 이어서 공조참의 이만도李晩燾가 의분하여 자결하였고, 매국노 이완용을 습격한 이재명이 체포된 후 곧바로 처형, 순국하였다. 그리고 이듬해 1월에는 조선 초대 러시아 공사를 지낸 이범진도 자결하였다.

1919년 3·1운동 직전 김윤식은 최남선으로부터 독립선언 참여 제의를 받고 '독립선언'은 독립 이후에 하는 것이 옳다며 '독립청원서' 제출 의견을 제시하였다. 이때 일본측은 파리강화회담에 제출하려던 '독립불원증명서'에 그가 이완용, 송병준 등과 함께 유림 대표로 서명했다고 발표하자, 이에 놀란 김윤식은 즉각 이를 부인할 목적으로 '대일본장서對日本長書'를 만들어 3월 28일 조선총독과 일본 총리대신 앞으로 탄원서를 보냈다. 이로 인해 그는 투옥되었으나 85세의 고령이라는 이유로 풀려나고 대신에 그의 손자가 옥고를 치르는 해프닝이 일어났다. 그런 뒤 그는 이전에 고종과 순종의 권유로 자의반 타의반 받은 작위는 물론 경학원 대제학 자리도 박탈당하였다. 그리고 1922년 1월 28일 88세를 일기로 긴 삶을 마감하였다.

그의 기나긴 행적을 추적해볼 때 그는 맹목적인 친일이나 친청 행각을 벌이지는 않았다 하지만 중대한 때에 시류에 영합하는 행동을 취하였으며, 특히 말년에 노추老醜를 보이기도 했다. 이처럼 김윤식은 망국의 길에서 김홍집·어윤중과 동행하면서도 이들과 달리 현실 순응·실리주의 경향을 보였으며, 이들이 죽은 후에도 끈질기게 살아남아 때로는 정책 집행자로서 때로는 관망자로서 조선 역사의 마지막 현장까지 지켜보며 굴곡 많은 삶을 살다 갔다.

"죽는 것은 어려운 일이 아니다, 죽음에 처하는 것이 어렵다(非死者難也 處死者難)." 사마천司馬遷의 말이다. 이 말은, 인간은 어차피 한번은 죽는다. 그러나 죽음에 처했을 때 어떻게 대처하고 처신하느냐가 더 어렵고 중요하다는 뜻으로 풀이할 수 있다. 가슴을 저미는 이 한마디는 후세의 선현先賢들에게는 물론 오늘을 살아가는 우리들 범인凡人들에게도 새삼스레 강한 울림으로 다가온다.

에필로그

인간 김옥균의 빛과 그림자
― 왜 이 시대에 김옥균을 다시 이야기 하는가?

　인간 김옥균, 그를 어떻게 평가하고, 왜 이 시대에 김옥균을 다시 이야기하는가? 한 역사적 인물에 대해서 김옥균만큼 다양하고 상반된 평가를 받아온 예는 그리 흔치 않다. 그런 점에서 김옥균에 대한 보편타당한 평가를 내리기는 어려우나 지금까지의 연구와 증언, 사실史實적 자료 등을 통해서 분석, 기술한 내용을 중심으로 그의 참모습을 종합 정리해보고, 왜 이 시대에 김옥균을 다시 이야기하는가라는 물음에 대한 답변으로 맺음말을 찾고자 한다.
　김옥균에 대한 옳고 그른 평가에도 불구하고 인간으로서의 김옥균은 다재다능하고 '인간적인, 너무나 인간적'이었다는 것이 일반적인 평가이다. 김옥균에 대한 기록과 증언을 종합해 보면 그는 정적들로부터 '허다한 비방'을 듣기도 했으나 개인적인 관점에서 보면 시문과 바둑, 서예 등 다방면에서 뛰어났고 사람을 사귀는 데 있어서 남녀노소, 신분의 높낮이나 종교, 국적을 따지지 않고 두루 만나 교분을 맺었으며, 누구든 한 번 그를 접하게 되면 그의 남다른 흡인력과 카리스마에 감전되어 그로부터 멀어지기가 쉽지 않았다. 1882년 수신사 박영효와 김옥균의 일본 방문 수행원으로 인연을 맺은 무관 출신 유혁로, 동남 개척사 시절 울릉도개발 사업에 참여했던 백춘배와 이의(尹)고, 온갖 고문을 당하며 죽을 때까지도 주인을 배신하지 않은 하인 이점돌, 이들은 사선을 넘나들면서도, 그리고 죽는 순간까지도 김옥균에 대한 의리를 저버리지 않았다.

그런가 하면 일본인으로서 김옥균 사후 그의 모발과 옷가지를 입수하여 자비로 김옥균 묘지를 만들어 수시로 참배하고 사후 그의 곁에 묻힌 사진사 가이군지, 오가사와라 섬에서 어린 시절 김옥균을 만나 김옥균이 홋카이도로 추방지를 옮기며 한때 해어졌으나 성장 후 다시 만나 상하이까지 동행, 그의 최후를 지켜본 청년 와다 엔지로, 오가사와라 섬까지 불원천리 멀다 않고 찾아와 석 달 가량이나 머물며 그와 바둑을 두며 망명객의 한(恨)을 달래 준 일본 바둑계의 명인 혼닌보 슈에이, 정변 실패 후 우편선 치도세마루에 단 김옥균에 내해 다케조에 공사의 하선 명령에 굴하지 않고 그를 나가사키로 무사히 안내하고, 훗날 홋카이도까지 찾아와 외로운 망명객을 위로해준 스지카쿠 사브로 선장, 홋카이도에서 만난 연인 스키타니와 다른 많은 여성들, 그 밖에 수많은 사람들이 그와 교분 또는 그 이상의 관계를 맺었으며 그러한 인간관계를 변치 않고 오래 오래 지속하였다. 그런 점에서 그의 혁명동지이며 라이벌인 박영효가 그런 김옥균에 대해 "덕이 부족했다"고 평한 것은 맞지 않은 증언이라고 보아야 할 것이다.

러시아 '10월 혁명'의 주역 레온 트로츠키는 혁명에 동참하는 동지는 많았으나 포용력이 부족한 차가운 성품 때문에 진정한 친구를 두지 못했다. 이런 트로츠키에 대해 그의 전기 작가 아이자크 도이처(1907~1967)는 "그(트로츠키)는 인간과 사상을 구분하지 못한 약점을 지녔다."(아이자크 도이처 지음, 愼洪範 옮김, 『트로츠키』, 도서출판 두레, 1985, 116쪽)고 평하였다. 그런 면에서 볼 때 인간 김옥균은 트로츠키만큼 사안에 대한 냉철함이 부족했을지 모르나 인간적으로는 따뜻한 '훈남'이요, 다재다능한 '아티스트'였다고 말할 수 있을 것이다.

그러나 한편으로 김옥균은 자신을 인정해주고 호의를 베푸는 사람에게 쉽게 마음을 주는 약점이 있었으며 무릇 천재들이 범하기 쉬운 '자기 확신'이 너무 강했다. 더욱이 매사를 자기방식으로 유리하게 판단하는 고질적인 낙관론에 빠져 있었고, 사안을 빨리 해치우려는 조급한 성격 때문에 일을 그르치기 쉬웠다. 『역경易經』, 즉 『주역』에 "용이 때에 이르지 않았다면 성급히 뜻을 펴지 말고(潛龍勿用), 용이 때가 왔을 때는 큰 조력자를 만나야 하며(現龍在田 利見大人), 용이 하늘을 나를 때, 즉 큰 뜻을 이룰 때도 큰 조력자를 만나야 한다(飛龍在天 利見大人)"는 말이 있다.(서대원, 『주역강의』, 을유문화사, 2008, 40~44쪽 참고) 즉 재능이 뛰어난 사람도 때를 기다릴 줄 알아야 하고 유능한 조력자를 만나야 성공한다는 점을 거듭 강조하는 말이다.

김옥균은 문사文士로서 학문적으로 뛰어나고 인간적으로 매력이 있는 사나이였지만, 자신의 목숨과 국가의 명운을 좌우하는 '큰일'에서 때를 선택하는 데 너무 성급했고 뛰어난 작전참모를 두지 못한 것이 그로서는 결정적인 불운이었다. 즉 김옥균은 혁명가로서 이상은 숭고했고 행동도 과감했지만 이를 뒷받침하는 상황 판단과 이에 수반된 전략·전술이 부족했고, 혁명 수행 과정에서 레온 트로츠키·체게바라·보구엔 지압 같은 유능한 작전지휘관을 두지 못했다. 그런 점에서 김옥균은 정치적·혁명적 이상주의자요 로맨티스트였으나 전술적·전략적 리얼리스트가 아니었다. 이 점이 혁명가로서의 그의 약점이요 한계였다.

그렇다면 왜 이 시대에 이런 김옥균을 다시 이야기하는가? 김옥균은 임오군란을 통해서 본바와 같이 외세의존이 후에 얼마나 값비싼 대가를 치러야 하는지를 충분히 알았을 것임에도 그 자신이 그런 우행愚行을 답습하였다. 그리고 그런 우행을 그 뒤 조선 당국자들도 갑오동학농민전쟁 때에 또다시 되풀이하였고, 분단시대의 한국과 북한에서도 별로 달라진 것이 없다. 남쪽의 한국은 전반적으로 삶의 질은 향상되었으나 미국에 편향된 정치적·경제적 의존도를 개선하지 못하고 있으며, 극심한 경제난에 시달리고 있는 북한은 기형적인 통치체제를 이어가며 중국에 대한 의존도를 더욱 확대·심화하는 방향으로 나아가고 있다. 이러한 경향은 남북이 낡은 이데올로기의 미망迷妄에서 벗어나지 못하고 강대국의 그늘에서 명분도 실속도 없이 상호간 기 싸움을 벌이며 긴장관계를 유지하고 있기 때문이라고 보아야 할 것이다. 어쩌면 이러한 남북관계는 이들 강대국들이 내심으로 바라는 전략일 터인데 안타깝게도 남북 모두는 그들의 전략에 알게 모르게 말려들어 오늘에 이르고 있다.

그렇다면 남북관계는 어떻게 개선되어야 하며, 21세기 '조선책략朝鮮策略'은 어떤 방향으로 나가야 할 것인가? 남쪽의 한국은 우선 소득의 양극화로 더욱 심화하고 있는 계층 간의 갈등구조를 최소화하여 분열된 국론을 하나로 결집해 나가야 하며, 북한에 대해서는 포용정책을 복원하여 상호 소모적인 대결구도를 조속히 해소해야 할 것이다. 따라서 그들보다 형편이 나은 우리로서는 이러한 위기상황에서 보수와 진보가 따로 없으며 정권이 바뀔 때마다 우왕좌왕하는 대북정책의 혼선을 야기하며 북한의 자존심을 자극하는 우행을 반복하지 말아야 할 것이다. 대부분의 보수층은 물론 알만한 식자들 까지도 '퍼주기 식' 대북정책에서 얻은 것이 무엇이냐고 반문하며 강한 불만을 나타내고 있다. 그러나 이 점에 대해서 우리는 깊은 성찰과 지혜가 필요하다. 엄밀히 말하면 '퍼준다'는 표현이 적절치 않으며, 지금까지 우리의 대북지원이 무턱대고 퍼준 것도 아니다. 동족 북한에 대해서 넓은 도량을 가지고 접근할 때 남북의 화해는 물론 분단의 어려움을 극복하고 장기적으로는 평화통일도 가능하다고 본다. 그것이 급팽창하고 있는 중국에 대한 북한의 의존도를 줄이고, 중국의 북한에 대한 종주국宗主國 행세를 억제하여 우리민족의 동질성과 자주권을 회복할 수 있는 길이 될 것이다.

 남북이 소모적인 대치상태로 나아갈 때 막대한 군사적 비용이 뒤따른다는 점을 생각하면 그 해답은 자명할 것이다. 따라서 우리가 언젠가는 이루어야 할 통일문제도 '봉산개도逢山開道 우수가교遇水架橋 (산을 만나면 길을 내고 물을 만나면 다리를 놓듯이 난관을 차근차근 돌파해 간다는 뜻)'라는 말이 있듯이 인내심을 갖고 꾸준히 추진해나가야 할 것이다. 남과 북이 서로 극한 대치하며 대미·대중국 의존도를 심화시킬 경우 한반도가 또다시 1894년 청일전쟁이나 1950년 한국전쟁과 같은, 아니 그보다 더한 열강의 각축장이 되지 않는다고 어느 누가 장담하겠는가? 특히 포스트 김정일 체제에서 예측불허의 변화가 야기될 수도 있는 현 상황에서 우리는 한반도의 안정과 미래의 평화통일을 위한 대북對北 정책 패러다임paradigm을 슬기롭게 짜 나가야 할 중대한 시점에 와 있다고 본다.

중국은 김정은 체제 북한과의 결속을 대외적으로 더욱 과시하려는 듯 2012년 1월 외교부 공식 채널을 통해 양국간 "전통계승傳統繼承, 미래지향未來指向, 목린우호睦隣友好, 협력강화協力强化"를 공표하였다. 이런 상황에서 우리는 대對 중국 관계에서 중국의 값싼 노동력과 결합된 한국의 자본·기술 협력, 중국의 저급상품 수입 등 재래식 협력관계는 이제 한계에 이르렀다고 보는 것이 외교 전문가들의 의견이다. 따라서 우리는 북한과 중국의 발 빠른 움직임을 강 건너 불구경하듯 바라만 볼 것이 아니라 대對 중국 관계에서 통상은 물론 정치·외교·사회·문화 모든 면에서의 적극적이고도 세련된 외교 전략을 추진해나가야 할 것이다.

냉엄한 국제질서에서 볼 때 영원한 우방도 영원한 적도 없다. 국익에 따라서 오늘의 우방이 내일의 적이 될 수 있고, 반대로 어제의 적이 오늘에는 우방이 될 수도 있다. 그것이 변화무쌍한 국제 정치·외교의 현실이다. "한 겨울의 얼음 석자가 하루 사이에 굳어진 것이 아니다(氷凍三尺非一日之寒)"라는 말처럼 북한과 중국과의 관계, 한국과 미국과의 관계도 단기간에 이렇게 된 것은 아니다. 따라서 우리는 열강의 틈바구니에서 지금까지의 대미 우호관계는 견고히 하되, 초강대국으로 발돋움하고 있는 중국에 대해서는 물론 인접 러시아에 대해서도 실리적인 외교 전략을 강구해나가야 할 것이다.

'연미화중聯美和中'이든, '결미연중結美聯中'이든, 또는 '공동진화共同進化'이든 실리에 맞게 대미·대중국 관계를 차분하고 지혜롭게 풀어나가야 할 것이다. 그런 점에서 우리의 위정자들은 대미관계에서 이슈가 생길 때 마다 우호관계를 과시하며 허장성세虛張聲勢하는 일을 삼가야 할 것이다. 외교 전략은 어느 무엇보다도 '표정 관리'가 중요하다는 뜻이다. 지금 우리의 지척에는 욱일승천旭日昇天하고 있는 중국이라는 거대 '공룡'이 도사리고 있다. 현재 중국은 제대로 힘을 갖출 때까지 소위 '도광양회韜光養晦(실력을 감추고 힘을 기름)' 전략으로 나가고 있으나 때가 오면 하시라도 '돌돌핍인咄咄逼人(기세등등하게 몰아침)' 전략으로 전환할 수 있다는 점을 인식해야 할 것이다. 이 점이 저자가 김옥균과 그 시대를 타산지석他山之石'과 반면교사反面敎師로 삼고 새삼스럽게 김옥균을 다시 이야기하는 이유의 하나이며, 맺음말로 강조하고픈 말이기도 하다.

참고문헌

李光麟, 『開化黨硏究』, 一潮閣, 1997
李光麟, 『開化期硏究』, 一潮閣, 1997
李光麟, 『韓國史 講座Ⅴ-近代篇』, 一潮閣, 2002
愼鏞廈, 『初期開化思想과 甲申政變硏究』, 지식산업사, 2000
愼鏞廈, 『한국근대지성사연구』, 서울대학교 출판부, 2005
愼鏞廈, 『갑오개혁과 독립협회운동의 사회사』, 서울대학교 출판부, 2002
李完宰, 『初期開化思想硏究』, 민족문화사, 1989
孫炯富, 『朴珪壽의 開化思想硏究』, 一潮閣, 1997
한국근현대사연구회, 『한국근대 개화사상과 개화운동』, 신서원, 2001
박은숙, 『갑신정변 연구』, 역사비평사, 2005
박은숙, 『갑신정변 관련자 심문·진술 기록』, 아세아문화사, 2009
박은숙, 『김옥균 역사의 혁명가 시대의 이단아』, 너머북스, 2011
박은숙 외, 『시대의 디자이너들』, 동녘, 2010
琴秉洞, 『金玉均と日本-その滯日の軌跡』, 綠蔭書房, 2001
북한 사회과학원 역사연구소편, 『김옥균』, 역사비평사, 1990
한국학문헌연구소편, 『김옥균전집』, 아세아문화사, 1979(국립중앙도서관 디지털열람실 소장)

김영작, 『한말내셔널리즘』, 백산서당, 2006
강범석, 『잃어버린 혁명』, 도서출판 솔, 2006
김용구, 『임오군란과 갑신정변』, 도서출판 원, 2004
김옥균·박영효·서재필, 조일문·신복룡 편역, 『갑신정변 회고록』, 건국대학교 출판부, 2006
閔泰瑗, 『金玉均傳記』, 을유문화사, 1985
이종호, 『김옥균』, 일지사, 2002
김기진, 『청년 김옥균』, 문학사상사, 2000
신동준, 『개화파 열전』, 푸른역사, 2009
조재곤, 『그래서 나는 김옥균을 쏘았다』, 푸른역사, 2005
황현, 김준 옮김, 『梅泉野錄』, 교문사, 1996
황현, 허경진 옮김, 『목숨을 끊으며』, 동천사, 1985
유병용 외, 『박영효연구』, 한국정신문화연구원, 2004
유동준, 『유길준전』, 일조각, 2005
柳永烈, 『開化期의 尹致昊 硏究』, 한길사, 1985
尹致昊, 송병기 옮김, 『윤치호일기 1, 2』, 연세대학교 출판부, 2004 및 2005
朴才愚, 『緯山 徐光範 硏究』, 성신여자대학교 대학원, 1998
신복룡, 『한국의 정치사상가』, 집문당, 1999
이광린 외, 『한국사 시민강좌』 제4집, 1989, 일조각, 1997
송병기 외, 『한국사 시민강좌』 제7집, 1990, 일조각, 2003
김영작·유영익 외, 『한국사 시민강좌』 제31집, 2002, 일조각, 2003
黃遵憲, 趙一文 譯註, 『朝鮮策略』, 건국대학교 출판부, 2001
박노자·허동현, 『우리역사 최전선』, 푸른역사, 2006
묄렌도르프, 신복룡·김운경 역주, 『묄렌도르프自傳(외)』, 집문당, 1999
김충식, 『슬픈 열도』, 효형출판, 2006

노용필 외, 『개화기 서울 사람들 1』, 어진이, 2004
황민호 외, 『개화기 서울 사람들 2』, 어진이, 2004
이태진, 『고종시대의 재조명』, 태학사, 2005
리선근, 『대원군 시대』, 세종대왕기념사업회, 2000
유홍종, 『명성황후 이야기』, 해누리, 2007
최문영, 『명성황후 시해의 진실을 밝힌다』, 지식산업사, 2006
한영우, 『명성황후, 제국을 일으키다』, 효형출판사, 2006
박은식, 김승일 옮김, 『한국통사』, 범우사, 2000
윤효정, 박광희 편역, 『대한제국아 망해라』, 다산초당, 2010
공임순, 『식민지의 적자들』, 푸른역사, 2005
김유경, 『서울 북촌에서』, 민음인, 2009
姜萬吉, 『韓國近代史』, 創作과批評社, 1984
강만길, 『고쳐쓴 한국근현대사』, 창작과비평사, 2000
박영규, 『한권으로 읽는 조선 왕조실록』, 도서출판 들녘, 1996
남경태, 『종횡무진 한국사』, 도서출판 그린비, 2002
姜在彦, 『신편 한국근대사 연구』, 한울, 1995
이덕일, 『살아 있는 한국사 3』, 도서출판 휴머니스트, 2003
이덕일, 『성공한 개혁 실패한 개혁』, 마리서사, 2006
이덕일, 『조선최대갑부역관』, 김영사, 2009
정승교, 『미래를 여는 한국의 역사』, 웅진지식하우스, 2011
김현묵, 『반역의 한국사 하』, 계백, 1995
역사학연구소, 『강좌 한국근현대사』, 풀빛, 2001
한국민중사연구회편, 『한국민중사 2』, 풀빛, 1986
김영애, 『한국사 연표』, 다할미디어, 2003
김형광, 『인물로 보는 조선사』, 시아출판사, 2002

유용태·박진우·박태균, 『함께 읽는 동아시아 근현대사 1』, ㈜창비, 2010
정옥자, 『조선후기 역사의 이해』, 일지사, 2003
신복룡, 『전봉준 평전』, 지식산업사, 1998
우윤, 『전봉준과 갑오농민전쟁』, 창작과비평사, 1994
이이화, 『韓國近代人物의 解明』, 학민사, 1985
이이화, 『역사인물 이야기』, 역사비평사, 1991
이이화, 『민중의 함성 동학농민전쟁』, 한길사, 2003
이이화, 『이야기 인물 한국사 1~4권』, 한길사, 1993
박제가, 이익성 옮김, 『북학의』, 을유문화사, 1977
박성순, 『박제가와 젊은 그들』, 도서출판 고즈윈, 2006
고성훈 외, 『민란의 시대』, 가람기획, 2000
이영화, 『조선시대 조선사람들』, 가람기획, 2003
宮崎市定, 曹秉漢 編譯, 『中國史』, 역민사, 1985
야마구치 오사무, 남혜림 옮김, 『중국사-한 권으로 통달한다』, 행담출판, 2007
연민수, 『일본역사』, 도서출판 보고사, 2011
사마광, 박종혁 엮음, 『자치통감』, 서해문집, 2008
클라우제비츠, 김홍철 옮김, 『전쟁론』, 삼성출판사, 1998
손자, 해석하고 쓴 이 김광수, 『손자병법』, 책세상, 2000
손무, 유동환 옮김, 『손자병법』, 홍익출판사, 2011
손무, 유재주 역해, 『손자병법』, 돋을새김, 2007
서대원, 『주역강의』, 을유문화사, 2008
韓春燮, 編著, 『고시조해설』, 홍신문화사, 2005
丁若鏞, 『新譯 牧民心書』, 홍신문화사, 2004
司馬遷, 丁範鎭 외 옮김, 『史記列傳』·『史記世家』, 까치, 1997 및 1994

정공채, 『오늘은 어찌하랴』, 학원사, 1985

아이자크 도이처, 愼洪範 옮김, 『트로츠키』, 두레, 1985

홍순민, 『우리궁궐 이야기, 청년사, 2003

김병기, 『조선의 명가 안동김씨』, 김영사, 2007

후고 후퍼드, 김희숙 옮김, 『나의 혁명 나의 노래』, 역사비평사, 1993

안승일, 『열정의 천재들 광기의 천재들』, 을유문화사, 2000

안성(승)일, 『혁명에 배반당한 비운의 혁명가들』, 도서출판 선인, 2005

안승일安承壹

한국외국어대학교 독일어과와 동 대학원에서 수학하였으며, 한국은행에서 근무했다. 현재는 자유기고가로 저술 활동을 하고 있다. 저서로 『열정의 천재들 광기의 천재들』(한국간행물윤리위원회 추천도서, 을유문화사, 2000), 『혁명에 배반당한 비운의 혁명가들』(KBS 화제의 책 선정, 도서출판 선인, 2004)이 있으며, 연구 논문으로 「소외의식의 극복」, 번역문으로 고트프리트 뷔르거의 담시 『레노레*Lenore*』 등이 있다.

조선 엘리트 파워
김옥균과 젊은 그들의 모험

2012년 4월 5일 초판 1쇄 인쇄
2012년 4월 10일 초판 1쇄 발행

지은이 | 안승일
펴낸이 | 권오상
펴낸곳 | 연암서가

등 록 | 2007년 10월 8일(제396-2007-00107호)
주 소 | 경기도 고양시 일산서구 대화동 2232번지 장성마을 402-1101
전 화 | 031-907-3010
팩 스 | 031-912-3012
이메일 | yeonamseoga@naver.com

ISBN 978-89-94054-23-0 03910

값 15,000원